# 幼児教育と対話

# 幼児教育と対話

子どもとともに生きる
遊びの世界

榎沢良彦
Yoshihiko Enosawa

岩波書店

# まえがき

私が幼児教育の世界に足を踏み入れてから四〇年になる。この間、私が関心をもち続けてきたことは、幼児教育の当事者である子どもと保育者がどのようにその世界を生きているのかということである。すなわち、幼稚園での生活を通して、子どもたちや保育者はどのような体験をし、どのように人として成長していくのかを知りたいというのが私の関心事だったのである。それは人(の体験)を理解することに他ならない。私がそのような関心をもったのは、東京大学教育学部学校教育学科特有の雰囲気のお陰である。この学科の研究領域は授業・教育実践であり、先生方は自ら教育現場と関わりをもち、教育現場から学ぶことを大事にしておられた。今では、研究者と教育現場との共同研究が広く行われるようになっているが、当時は、そのような取り組みは少なかったように思う。ましてや大学の研究者が小学校で授業を行うことは極めて珍しいことだった。学科の先生方は、実践者に敬意を抱いており、少しでも実践者の域に近づこうとされていたように思う。

このような、実践を大事にする学科の雰囲気に浸ることで、私は大学という閉じられた世界で研究をするよりも、大学から飛び出し、教育現場の一員になることで教育を考えたいと思うようになった。それは大学四年の頃である。幸運にも、私は、当時お茶の水女子大学で教鞭を執られていた津守真先生と出会い、障がい児教育の現場に導いてもらうことができた。教育現場に入ったことで、当然のことながら、私は教育の当事者としての意識をもつことになった。そして、一人の実践者として子どもと向き合うことにより、私はともに生きる掛け替えのない一人一人の子どもを理解したいという欲求を強く抱くようになった。それが私の研究の始まりであった。

未熟ながらも教育現場に保育者として入らせてもらったことで、私は教育が子どもの内面への働きかけであることを実感することができた。そして、子どもの内面の動きが読み取れないかぎり適切な教育はできないこと、子どもの内面の動きを読み取れるか否かが教育の質を左右することを確信するようになった。

子どもの内面は行動に表れるのだが、内面と行動は単純な関係ではない。誰の目にもわかるように、内面の動きが行動に表れることもあるが、そうでないこともある。内面は大きく動いていても(戸惑ったり葛藤していたり)、注意深く子どもの内面に目を向けていないと、それに気付けないこともよくある。言い換えれば、行動の変化だけに注目していたのでは、少しもこの子は成長していないと評価してしまうことがあるのである。このことは誰もがわかっていると思うのだが、世の中には、行動の変化しか見ない人、行動の変化ばかりを重視する人もいる。もしも教師が行動の変化(結果)しか見ていないならば、子どもの成長を過小評価し、延《ひ》いては子どもが精一杯生きていることを否定してしまうことにもなりかねない。しかし、幸いにも教師は子どもとともに生きる者である。教師が子どもとともに生きていると、外見的には変化が見えなくても、内面的には成長していると感じられることがよくある。その時、教師は心の底から喜びが湧き上がるのを感じるし、感動もする。それは教師が子どもの生きる姿に強く影響されたということである。すなわち、教師として、一人の人間として成長したということである。

このように考えると、教育という営みは、子どもと教師がともに生きることを通して掛け替えのない人生を築いていくことであると言える。そして、子どもとともに過ごす一刻一刻は宝物のように思えてくる。教育は無数の宝物が詰まった宝物殿なのである。しかし、その宝物は、宝物殿を眺めているだけでは見えない。扉を開けて、中に入ることで、初めて数々の宝を眼にすることができる。教育の素晴らしさは、教育の世界に入ることで鮮やかに見えてくるのである。掛け替えのない子どもの生を理解しようとすることは、教育の世界の素晴らしさを理解しようとすることに他ならない。その意味で、今日までの私の研究は、一貫して教育の世界の素晴らしさを探究することであった。

今日までの道程を振り返ると、教育の世界の探究は自分を知ることであったことに気付かされる。何故なら、教育の世界の探究は子どもの生の理解にとどまらず、子どもとともに生きる教師の生の理解でもあるからである。私は、時には教師として子どもとともに生き、時には子どもと教師の生に立ち会う者として彼らとともに生きた。いずれの場合も、私は教育の情況を自ら生きた。その体験を省察することにより、子どもと教師が教育の世界をどのように生きているのかを明らかにしてきた。言い換えれば、それは、教育の世界の探究を通して、私は教師である私自身を理解してきたということである。その意味で、本書は四十数年の私の自己理解を整理し、まとめたものである。

ところで、過去の研究をまとめることは容易な作業ではない。単に論文を集めて、並べれば済むわけではないのである。何故なら、本書に収録された諸研究は、最初の研究がなされる時点でその後の四〇年間を展望し、計画的になされたわけではないからである。個々の研究テーマはその時どきの体験から触発されて生まれたものである。それ故、各論文は相互的な関連性の下に執筆されたわけではない。また、各論文は必ずしも内容的に完結しているとはかぎらず、その一部が重なっていることもある。したがって、諸論文を機械的に並べれば内容に統一のある書になるわけではない。一書としてまとまりをもたせるためには、各研究に共通するテーマの下に全体を再構築する必要がある。さらに、不足している内容があれば、新たに書き加える必要がある。それ故、本書を構想するに当たっては、まず全体を統括するテーマを設定した。そして、そのテーマの下に諸論文の内容を吟味し、新たな論考を加え、一つの研究として内容を構成し直すことをした。

さて、本書は幼児教育をテーマにしているのだが、実は私は幼稚園での教育のみを考えているわけではない。

本書では「保育」という仕方での教育を論じているのである。一般的には幼児教育と保育を形式的に区別し、幼稚園の営みは教育であり、保育所の営みは保育であると認識されている。しかし、これは法令上の区別にすぎない。私は「保育とは大人の子どもへのある関わり方（態度）によりなされる教育である」と考えている。したがって、この概念に一致するのであれば、幼稚園での教育も、保育所での保育も、小学校での教育も、特別支援学校での教育も、保育と考えることができるのである。それ故、本来、本書のタイトルは「保育と対話」とするのが適切である。しかし、「保育」という言葉を使用すると、本書が保育所保育の問題を取り上げていると誤解される可能性が高まると懸念される。私はあくまでも保育という仕方による幼児期の教育を論じたいので、本書のタイトルを「幼児教育と対話」とした次第である。

以上の理由から、本書で紹介するエピソードは幼稚園でのものだけではない。保育の営みに該当すると思われるかぎり、特別支援学校でのエピソードも数例取り上げられている。

# 初出一覧

本書は以下の論文をもとに、新たな論考を書き加え、内容を全面的に構成し直したものである。それ故、論文がそのまま本書に収録されているわけではなく、論文が分割されて本書に収録されていること、また論文の一部だけが収録されているものもあることをお断りしておく。

①「『保育者であること』について——保育実践体験に基づく、子供と保育者の相互性についての一考察」『学ぶと教えるの現象学研究』＊＊(吉田章宏編集)、東京大学教育学部教育方法学研究室、一九八九年、三二—五〇頁。

②「保育実践における理解について——解釈学的視座からの実践体験の考察」『学ぶと教えるの現象学研究』＊＊＊(吉田章宏編集)、東京大学教育学部教育方法学研究室、一九九一年、一—二九頁。

③「保育における開在性について——実践体験に基づく、子どもと保育者の関わり合いの基盤についての考察」『学ぶと教えるの現象学研究』四(吉田章宏・中田基昭編集)、東京大学教育学部教育方法学研究室、一九九二年、一三一—一五八頁。

④「保育者としての自明性に生きること——実践体験に基づく、子どもと保育者の関わりの考察」『学ぶと教えるの現象学研究』六(吉田章宏・中田基昭編集)、東京大学教育学部学校教育学研究室、一九九五年、一一七—一三九頁。

⑤「『共に生きる』における子どもと保育者の在り方」『学ぶと教えるの現象学研究』一一(中田基昭編集)、東京大学大学院教育学研究科学校教育開発学コース、二〇〇六年、六五—八一頁。

⑥「保育における共同性と他者経験」『学ぶと教えるの現象学研究』一五(田端健人編集)、宮城教育大学学校教育講座教育学研究室、二〇一三年、二九—四三頁。

⑦「子どもの活動を支える保育者の両義的在り方」『淑徳大学総合福祉学部研究紀要』第四三号、二〇〇九年、一—一六頁。

⑧「園生活における身体の在り方——主体身体の視座からの子どもと保育者の行動の考察」『保育学研究』第三五巻第二号、一九九七年、三八—四五頁。

幼児教育と対話

# 目次

# 凡　例

一　引用文の出典明記に際して、外国語文献に関しては原著文献とともに翻訳文献も併記した。例えば「Husserl 1950/1979, S. 63/133 頁」と記載されている場合、「/」の後は翻訳文献の出版年と頁数を表している。

二　引用に際しては、翻訳文献から原著文献の該当箇所を記載した。

三　文中に引用されている文言には「　」を付してある。ただし、広範囲にわたる文章の内容を要約して引用した場合は、「　」は付さず、出典箇所のみを明記してある。

四　本文で紹介しているエピソードは五三場面ある。その内、三九場面は幼稚園でのエピソードである。残りの一四場面は特別支援学校でのエピソードである。特別支援学校でのエピソードは次の場面である。

場面5、6、21、22、23、29、30、31、32、34、38、39、40、46

五　エピソードに登場する人物は、プライバシー保護のため、アルファベットで表記した。これらのエピソードは長年にわたり収集したものである。それ故、表記名が同じであっても同一人物とはかぎらない。基本的に、各エピソードは独立したものとして読んでいただきたい。エピソードが関連している場合はその旨を述べてある。

六　「　」は引用文を文中に挿入する場合、及び言葉を強調する場合に使用している。

# 序章　幼児教育における「対話」の意味

## ――子どもと保育者の関係を見るために



近年進められている教育改革においては、教育の成果を客観的に示すことが求められている。すなわち、子どもたちの能力の向上を目に見える形で示すことが求められている。もしも、教師が目に見える成果を示そうとするなら、知らずしらずのうちに効率性を追求するとともに、教育を教師の専門的仕事として捉え、その主体は教師自身であり、子どもは教育活動の対象であると思うようになるだろう。その結果、教師と子どもとの関係を「主体（教育する者）―客体（教育される者）」の一方向的関係として見る傾向が強まる。教師と子どもの関係がそのような一方的な関係になると、相互理解という意味でのコミュニケーションに支障が生じる可能性が高まる。不十分なコミュニケーションの下では、豊かな教育成果は期待できないであろう。一方、教師と子どもが互いに理解し合うことを教育の前提とするなら、教育活動は教師と子どもの共同作業となり、教師も子どもも教育における主体として、その主体性を発揮することになる。その時、教育はより豊かな成果をもたらすであろう。

このように、教育の成果を豊かなものにするためには、教師と子どもの関係を「主体―主体」の相互関係として捉えることが肝要である。当事者同士が「主体―主体」の関係において行うものに「対話」がある。対話においては当事者同士の相互理解が前提である。教育においても教師と子どもの相互理解は不可欠である。それ故、対話の概念は教育を考える上で多くの示唆を与えてくれる。そこで、今日求められている教育改革を実り豊かなものにするために、対話の視座から教育実践を捉え、その内実を明らかにしてみたい。本書では、特に幼児教育に焦点を当て、その世界を対話の世界として捉え直すことを試みる。

ところで、本論に入る前に用語について整理しておきたい。我が国には幼児の成長・発達に関わる機関・施設として幼稚園と保育所がある。(1) 法令上、幼稚園において幼児の教育に当たる者は「教員」「教諭」「教師」と呼ばれ、保育所において乳幼児の保育に当たる者は「保育士」と呼ばれる。この法令上の呼称とは別に、「保育者」という呼称も存在している。これは、教師と保育士を区別することなく、幼児の成長・発達を促す仕事をする者のことである。また、「保育」という用語は、「乳幼児の世話」だけではなく、「乳幼児期の子どもの特性に合った教育」という意味も有している。(2) そこで、本書では、幼稚園教育を指して「保育」と呼び、幼稚園教員を指して「保育者」と呼ぶことにする。そして、子どもと保育者がともに生き、保育が展開する世界を「保育世界」と呼ぶことにする。

## 一　物象的世界に定位することの問題

私たちが身の回りを見渡すと、様々なものが視野に飛び込んでくる。ものは知覚することが可能である故に、容易にその存在を確認できる。それ故、私たちは世界とは様々なものにより成り立っていると考えやすい。科学的思考に慣れている私たちは、一般的に、ものは人間が存在しようがしまいが一定の空間を占有し、そこに存在し続けることができると考えている。すなわち、ものは人間との関係の中で存在するのではなく、人間から自立して、それ自体として存在していると考えるのである。

一方、私たち人間はものとは異なり意識をもっている。その意識によりものの世界を対象化し、認識することができる。それればかりではなく、私たちは自分自身をものと同じ存在と見なし、対象化している。対象化されるのは身体という物理的側面だけではなく、精神的な側面もである。例えば、意識とか心に関して、私たちはそれらを持っていると考える。あたかもそれらが身体という空間の中のどこかに、一定の場所を有して存在しているかのように思うのである。これは、意識や心をものと同様の存在と見なしていることを意味する。性質とか性格というものについても、私たちはそれらをものを所有するのと同様の存在と考える。さらには、日常生活において私たちは様々な役割を担っているが、それらを自分自身の中に持っていると見なしている。例えば、教員免許を取得して教師として採用されると、それだけで私たちはいつでも教師であると思う。これも役割を所有物と見なしていることを意味する。

このように、私たちの日常生活はものと同様の存在と見なされているものに満ちている。様々な事象や現象をものと同様の存在と見なすことを「物象化」と呼ぶ。日常生活において、私たちは物象的世界に生きているのである。では、物象的世界に定位すると、教育という営みはどのように見えるのだろうか。

物象的世界においては、存在するものはすべてそれ自体で自立的に存在すると考えられている。そして、もののもつ特性・機能・役割などはそれ自体が有していると見なされる。さらに、世界を認識したり働きかけたりするのは人間であり、ものはその作用を受けるだけであると考えられる。その結果、作用を働かせるものと作用を受けるものとの間には「主体―客体」「主観―客観」の図式が作られる。この図式に立って教育を見ると、教育作用の主体である教師にとっては、子どもは教育作用の客体として捉えられることになる。すなわち、教師と子どもは「主体―客体関係」に立つことになるのである。その結果、教師は常に子どもを自分の働きかけにより変えるべき対象と見なすことになる。教師のまなざしは終始対象である子どもへと向けられ、自分自身を振り返って見つめることを忘れる。そして、実は働きかけている自分自身が子どもにより働きかけられながら子どもに働きかけている存在であることに気付けなくなるのである。言い換えれば、教育の営みは教師と子どもの「主体―

主体関係」、相互規定的関係の下に成り立つものであることが忘れられてしまうのである。

このように、物象的世界においては、私たちは自分以外の存在を対象として措定して生きている。そして、自分と他者との関係を「主体—客体関係」として捉えているのである。教師が子どもを対象として捉えることは、両者が関係を生きている存在ではなく、それぞれが自立して生きていることを前提とするということである。それ故、教師は「教師」「子ども（児童、生徒）」などの役割はそのような関係の生成により可能になるのではなく、はじめからそれらの存在自体が所有している役割であると考えることになる。そして、教師は自分は常に教師であり、子どもは常に子どもであると思い込むことにより、教師は教師としての自分の役割にこだわり、子どもには子どもとしての役割の遂行を求めるようになる。延いては、教師は子どもを自分の思うように動かそうとするのである。思うように子どもが動かなければ、教師はさらに強く子どもに働きかけるようにもなる。それでも子どもが教師の思うようにならなければ、教育は不全に陥ることになるだろう。

以上のように、物象的世界とは、教師が教師であることと子どもが子どもであることとを自明のこととする世界なのである。物象的世界においては、「教師—子ども関係」が既に成り立っていることを前提にして教育が行われているのである。すなわち、物象的世界を生きる教師は、自分と子どもとの間に本当に「教師—子ども関係」が成り立っているかどうかを問うことをしていないのである。もしも、教師が「教師—子ども関係」が成り立っていないにもかかわらず成り立っていると思い込んで教育活動を行うのであれば、当然、教師と子どもの間に相互理解は成り立たず、両者の間には様々な教育上の問題が生じるであろう。それ故、教師と子どもの間の相互理解を確かなものにし、教育を真に有意義なものにするには、物象化以前の世界、すなわち生成の世界に立ち返り、教師自身が「教師—子ども関係」の生成に目を向け、その関係の内に自分がいかに生きているのかを自覚することが必要なのである。

## 二　生成としての保育世界への定位

物象的世界にのみ生きているということは、私たちが保育者であることの根源を見ることなく（保育者であることがいかにして可能であるのかを考えることなく）、自分を保育者であると思い込むという素朴さの内に生きているということである。日常の世界とはこのように私たちが素朴に生きている世界である。フッサール（Husserl, E.）は、私たちの日常的な生き方を「自然的態度（die natürliche Einstellung）」と呼び、自然的態度においては、「「現実」というものは、（中略）現にそこに存在するものとして、眼前に見出すものなのであり、そして私は、その現実を、それが私に対しておのれを与えてくる通りに、実際また現にそこに存在するものとして、受け取るのである」（Husserl 1950/1979, S. 63/133頁）と言う。すなわち、事象の存在だけでなく、価値や意味など、私にとって現れてくるもの（現実）を、私は何ら疑うことなくそれが現実であるとして受け入れているということである。これが私たちの日常の態度なのである。保育者も自然的態度において保育の世界を生きている。それ故、保育者は自分が教育者であり、目の前にいる者が教育される者であることを素朴に信じて疑わないのである。このような態度は、私たちが日常的には物事の本質・根源を見ようとせず、表面的に見えるものに安住する生き方をしていることを意味する。したがって、私たちが物事の本質を見ようとするなら、自然的態度を取ることを一旦中止し、素朴にその存在の妥当性を信じている物象的世界が構築される以前の生成の世界に回帰することが必要なのである。

生成とはもののように、一定の空間に無時間的に固定することはできないものである。それは「こと」である。「こと」とはそれが生起するかぎりにおいてのみ存在するものであり、生起をやめた途端に消滅するものである。例えば、走ることは、どこかの空間に無時間的に陳列できる「もの」ではない。走る行為がなされる（生成している）かぎりにおいてのみ、私たちはそれがどういうことであるのか知ることができる。走ることを止めるや否や、もはや私たちはそれがどういうことであるのか知ることができなくなる。それ故、保育者として生成の世界を生きるということは、保育者として私自身がその場に生まれ出る瞬間を体験し、かつその瞬間の連続を生きることを体験することである。また、同時に私にとって子どもが子どもとしてその場に生まれ出て、子どもであり続けることを体験することでもある。保育者と子どもがともにその場に生成し、そして生成し続ける事態を体験することは、保育世界の根源を体験するということである。そのことにより、保育者は物象的世界への囚われから解放され、子どもとの関係の内に存在し得る者として、「主体―主体関係」を生きることが可能になるのである。

このように、生成としての保育世界に定位することは、日常の自然的態度においては覆い隠されている自己の本来的在り方に目覚めることを意味する。そして、子どもを対象として眺めやる（子どもに対して距離を取る）ことを止め、相互主体的な関係の下にともに生きることを意味するのである。

## 三　対話により開かれるともに生きる世界

保育者と子どもが生成の世界を生きることとは、両者が主体としてともに生きることを意味している。関わり合う者同士がともに生きることを前提としているものに「対話」がある。対話の概念は保育者と子どもの関わりを考える上で有意義な観点を提供してくれる。そこで、本節では対話の概念について大まかに理解しておきたい。

### （1）対話の理論

#### ①　M・ブーバー

人と人が関わる分野において今日まで大きな影響を及ぼしてきた人物の一人にブーバー（Buber, M.）がいる。ブーバーは、世界は人間の態度（相手との関係）により二つに分けられると考え、次のように言う。

> ひとは世界にたいして二つのことなった態度をとる。それにもとづいて世界は二つとなる。
> ひとの態度は、そのひとが語る根源語(der Grundworte)の二つのことなった性質にもとづいて、二つとなる。(中略)
> 根源語の一つはわれ―なんじ(Ich-Du)であり、他はわれ―それ(Ich-Es)である。ただし、この場合、それのかわりに、かれ、あるいはかの女という言葉を使っても、根源語にかわりはない。(Buber 2010/1958, S. 9/1 頁)

根源語とは私たちの世界への態度(世界との関係)を表すものである。すなわち、ブーバーは私たちが「我―汝《なんじ》」の関係を生きるのか、それとも「我―それ」の関係を生きるのかにより、世界は全く異なると言うのである。これは、我・汝・それは関係的存在であり、それ自体が実体として存在するのではないことを意味する。では、「我―汝」の世界と「我―それ」の世界とはどのように異なるのだろうか。ブーバーは次のように言う。

> われ―なんじという根源語は、全人格(dem ganzen Wesen)を傾倒してはじめて語ることができる。
> われ―それという根源語は、全人格を傾倒して語ることができない。(Buber 2010/1958, S. 9/2 頁)
> わたしはなにかを認める。なにかを意識する。またなにかを想像し、志向し、体感し、思惟する。しかし、人間生活はこのようなこと、あるいはこれと類似したことだけでできているのではない。
> このようなこと、あるいはこれに類似したことがあつまってこしらえ上げているのが、それの世界である。
> ところが、なんじの世界はこれとは違った基礎に立っている。

なんじを語る場合、それを語るひとにとっては、なにものも対象として存在してはいない。(Buber 2010/1958, S. 10/3 頁)

すなわち、「我―それ」の世界においては、私たちは世界を対象化して捉えているのであるが、「我―汝」の世界においては、汝は対象ではなく、私たちが全人格をもって関わる相手として現れているのである。ブーバーはそのような汝について「かれやかの女とすべてのつながりを断ち切って、自己のうちに全体を宿すことのできるものである」(Buber 2010/1958, S. 15/10 頁)と述べる。汝とは自己のうちに全体を宿すことができるもののことであるということは、それ(彼・彼女)が対象として分析されて認識されるものであるのに対して、汝は分析されたものの集合ではなく、全人格として出会われるということである。全人格とは、唯一無二の存在である。したがって、「我―汝」の世界においては、我と汝はともに唯一無二の人格として関わり合うのである。

このように、「我―汝」の世界において、私も相手も人格として生成するのであるが、ブーバーはそれは「出会い(Begegnung)」という「恩寵(Gnade)」によると言う(Buber 2010/1958, S. 18/16 頁)。我と汝は自立的に存在しているのではなく、私と相手が出会うことにより、同時に生成するものなのである。また、出会いが恩寵であるということは、出会いは私の意思を超えた出来事であることを意味する。何故なら「「出会う」ということは結局、「えらぶ」ことと同時に「えらばれる」こととともなる」(Buber 2010/1958, S. 18/16 頁)からである。つまり、出会いは私の意思だけで達成されるものではなく、相手により受動的に与えられるものでもあるのである。それ故、出会いはまさに恩寵なのである。汝が恩寵とともに私に現れるということは、汝が私の把握を超えた存在として、私の世界をさらに豊かにしてくれるということでもある。そして、私もまた汝にとって把握を超えた存在として生成し、汝の世界を豊かにするのである。

このように、出会いが私と相手が唯一無二の存在・人格として生成することを可能にするのだが、この時、両者は共同世界を生きるのである。ブーバーは「なんじと関係をむすぶものは、なんじと「現実（einer Wirklichkeit）」をともにするものである」（Buber 2010/1958, S. 76/94 頁）と述べ、我と汝は共同世界をともに生きる者であることを指摘している。

以上のことは、「我―汝」の世界においては、私と相手は相互的な関係をなし、互いを人格として、要素に還元されることのない主体として全面的に受け止め合っていることを意味する。我と汝は、主体として認め合っている故に、「まったく自由な立場から、因果律と無関係な純粋行為を互いに果たす」（Buber 2010/1958, S. 63/77 頁）ことができる。このことが創造性を生み出すことになるのであり、ブーバーは「文化の起源はなんじにたいする応答（Antwort）にある」（Buber 2010/1958, S. 66/80 頁）として、出会いにおける自由で相互主体的な応答が創造性を発揮し、文化を生み出したと考えるのである。

以上のように、ブーバーは出会いにより生まれる「我―汝」の関係において、私も相手も人格として主体的に生きることができ、その人格同士の関わり合い（応答）こそが創造的であると考えるのである。そのような関係を生きた人物として、ブーバーはソクラテス（Sokrates）を挙げて次のように言う。

> ソクラテスの語るいきいきとしたわれは、いかに心地よくひとの耳をうつことであろうか。それは、無限につづくわれ―なんじの対話（Gespräch）におけるわれであり、その対話の息吹は、ソクラテスの生涯を通じ、裁判官のまえにおいても、獄屋で最期をむかえるときにおいても、つねにかれのまわりに漂っていた。このわれは、なんじとの関係をまざまざと示すような対話に絶えず生きていた。（Buber 2010/1958, S. 80/98–99 頁）

すなわち、「我―汝」の関係において、互いに人格としてその唯一性を認め合うことにより相互主体的に関わり合う者同士が行う応答が対話なのである。ところで、対話における「汝」とは、人間のみを指すのではない。例えば、作り出された作品は「それを眺め、またそれを受け入れるひとにとって、かたちはしばしば、物的外観のもとに完全なるなんじとなってあらわれるのである」(Buber 2010/1958, S. 17/15頁)。芸術作品にしろ、自然や事物にしろ、私たちの世界に存在するすべては、私たちがそれに対して対象化して分析する態度をとらず、汝としてそのものの世界を生きようとする(例えば、芸術作品を味わおうとする)なら、そこには対話としての応答が生まれるのである。

### ② H-G・ガダマー

ガダマー(Gadamer, H.-G.)は哲学的解釈学の立場から、テクスト解釈に関して独自の理論を展開した。ガダマーの理論の核心は対話の概念である。ガダマーはテクストを「他者」と捉え、他者理解の問題としてテクスト解釈を論じる。ここで言う「他者」とは、自己とは異なる存在であり、その意味で唯一無二の独自な存在である。ガダマーはそのような他者の意見を理解するには「開かれた態度(Offenheit)」が必要であるとして、次のように言う。

> 他者の意見を理解するとき、事柄に関する自身の先行意見に盲目的に固執することなどできない。もちろん、だれかの言うことに耳を傾けたり、読書したりする場合、内容に関する先行意見や自分自身の意見をすべて忘れなければならないというわけではない。求められているのは、ただ、他者やテクストの意見に対する開かれた態度だけである。しかし、このような開かれた態度は、他の意見を自分自身の意見全体に関連づけたり、逆に自分の意見をその意見にかかわらせたりすることを、いつもすでに含んでいる。(Gadamer

1975/2008, S. 253/426 頁）

理解しようとする者は、むしろテクストになにかを自分に向かって語らせようとする用意がある。それゆえ、解釈学的に修練を積んだ者は、テクストの他者性（Andersheit）に対する感受性をあらかじめそなえていなければならない。ただし、この感受性は客観的な〈中立性〉を前提とするものではないし、ましてや自己滅却を前提とするものでもない。むしろそれは、自分自身の先行意見や先入見を際立たせて真に自分のものにすることを含んでいる。肝要なのは、自分自身が先入見にとらわれていることを自覚することである。それによってテクストそのものが他者性を示すようになるのであり、またそれによってテクストは解釈者自身の先行意見に、テクストが語る事柄の真理を対抗させる可能性を獲得するのである。（Gadamer 1975/2008, S. 253-254/426-427 頁）

テクストを解釈する際には、テクストの他者性を認めなければならない。他者性とは相手が固有な考えや意見をもった独自な存在であるということである。独自な存在なのは、テクストという他者だけではなく、解釈する者自身もである。それ故、テクストも解釈者も独自な意見をもっていると言える。まず、テクストの意見も解釈者の意見も同じように価値があること（それぞれが妥当性を有しうること）を認めるところからテクスト解釈は可能になるのである。解釈者は自分の意見に固執するのでもなく、自分の意見を捨て去るのでもない。解釈者が有する意見には自分が気付かないまま有している先入見もあり得る。先入見には誤解に導くものもあれば、正しい理解に導くものもある。しかし、解釈者が先入見に囚われているかぎりそのことはわからない。そこで、適切な理解への可能性を開くには、先入見に囚われていることを解釈者自身が自覚する必要がある。それにより、解釈者は自分の意見に固執することもなく、かつ自分の意見が妥当性を有す可能性があるものとしてそれを保持するのである。こうして、テクストの意見と解釈者自身の意見が妥当性を有しうることを認め、解釈者はテクストの意見と自分の意見とを関連づけるのである。その結果、テクストの語る真理が明らかになるのである。このように、開かれた態度とは、解釈者自身がテクストの他者性を認め、テクストの意見と自分自身の意見のどちらにも従うことなく、両方の意見を同じように価値あるものとして平等に扱う態度なのである。

以上から明らかなことは、テクスト理解においてはテクストも解釈者も唯一無二の独自な存在であり、その独自性(他者性)を尊重して向き合っているということである。そして、その意味で両者は対等な関係にあると言える。ガダマーは、そのような関係においてなされるテクスト理解の営みを対話と考え、次のように言う。

> 対話(Gespräch)をするには、まずもって、対話者たちが互いに相手を無視して語ってはならない。対話をすることには、したがって、問い答(応)えるという構造が不可欠である。対話術の第一の条件は、その都度相手とともに歩むということを確保しておくことである。(中略)問答をするには相手を議論でへこますのではなく、反対に、相手の意見が事柄に照らしてどれほど重要か、ということを実際に検討することである。(中略)対話術の本質は、言われた事柄の弱点を突くのではなく、その本当の長所を生かすことにある。(Gadamer 1975/2008, S. 349/567-568 頁)

すなわち、対話においては、対話者は互いに相手の存在そのものを認め、その意見の価値(相手の存在の唯一性)を尊重しなければならないのである。そして、相手の意見を否定し拒絶するのではなく、全く逆に、相手の意見の中に積極的な意味(長所)を見いだそうとする姿勢で応答(問答)するのである。そのためには、相手の言わんとすることを理解しようとする姿勢が求められる。すなわち、相手に対して肯定的な関心をもつことが必要なのである。そして、「相手とともに歩む」と言うように、対話者は互いに受け入れ合ってともに生きるのであり、新たな理解に向かってともに考えるのである。したがって、対話には共同性・共同の生が不可欠な契機として含まれているのである。共同の生は人々がそれぞれ自己主張したのでは成り立たない。それは互いの否定につながる。まずは、対話者同士が互いにその存在を受け入れ合うことが前提である。すなわち、肯定的な受容が対話の基盤なのである。

## (2) 教育における対話論

### ① O・F・ボルノウ

哲学・教育学者であるボルノウ(Bollnow, O.F.)は対話を二つの形式に区分する。一つは「偶発的な対話(das zufällige Gespräch)」であり、他は「狭義における対話(das Gespräch im engeren Sinn)」である。偶発的な対話とは挨拶などをきっかけに始まる対話のことであるが、ボルノウは対話の始まりと思考の流れについて論じることを通して、対話の特質として「共同性(Gemeinsamkeit)」「非完結性(Unabgeschlossenheit)」「開かれた性格(Offenheit)」「閑暇的性格(Mußecharakter)」を指摘する。まず共同性から見よう。

人は、挨拶などの何気ない言葉により「対自存在(einem Für-sich-sein)から抜けだし、他者がそれに賛同してこたえることによって共同性を確認する」(Bollnow 1966/1969, S. 35/35 頁)のである。そして、それが「ひとつの対話の糸口が結びつけられる、きっかけ」(Bollnow 1966/1969, S. 36/36 頁)なのである。そこから対話が始まり、「『興味の共同性(eine Gemeinsamkeit des Interesses)』が形成される」(Bollnow 1966/1969, S. 36/37 頁)のである。すなわち、対話には共同性が必要なのだが、それは受動的に形成されるのである。その点について、ボルノウは次のように言う。

ひとは対話の「なかへと」あらわれ、そのなかへと入っていく、あるいは、ひとはそのなかへと引き入れられるといった方がよいかもしれない。それは決して活動性ではなく、たかだか、一つの対話への同意という行為である。（Bollnow 1966/1969, S. 36/37 頁）

すなわち、対話は主体の能動的・意志的な行為だけで成り立つのではなく、「引き入れられる」という受動性が不可欠な契機となっているということである。対話を能動性と受動性の絡み合いと考えることは重要である。さらに、ボルノウは対話に明確な答えを求めてはならないとして、次のように言う。

対話が発展すべきであるならば、その答えは、反問というような形で補足を必要とするある種の非完結性を帯びていなくてはならない。（Bollnow 1966/1969, S. 37/38 頁）

あらゆる主張は自己のうちに決定されて、そこにあるのである。こうして、そこにはいかなる対話も展開しえない。そのかわりなにか他のこと、すなわち一つの対決、だれの主張が正しいかという争いが生じうる。（Bollnow 1966/1969, S. 37–38/38–39 頁）

対話は、対話者同士が共同で思考を展開することであり、相手の思考内容を補い合うという仕方で、新たな思考を生み出すことなのである。それ故、対話は非完結性を特質とするのであり、創造的なものなのである。そして、対話が豊かな思考を生み出すには、対話者が互いの意見の主張をしてはならないのである。この豊かな思考が生まれることに関しては、「開かれた性格」として特徴付け、対話の中で言われることは「見渡しえぬほどにほの暗い未来へと拡がっている」(Bollnow 1966/1969, S. 38/39 頁)と言う。ボルノウは対話の中で言われることが開かれていると述べているのだが、それは、対話者自身が開かれていることに他ならない。閑暇的性格については、仕事の世界と対比して、次のように言う。

仕事の世界は対話の余地を示さない。対話はここでは真剣さを欠くことのしるしであろう。仕事の世界にあるのは、せいぜい目的のはっきりした論議への可能性である。しかし、対話は、くつろいだ、直接的な要求から解放された雰囲気のなかでのみ展開しうるのである。(Bollnow 1966/1969, S. 39/41 頁)

仕事の世界は目的志向的な生き方をする世界であり、効率的に結論を求める。それ故、いつ終わるともわからない対話は成り立たない。一方、対話は開かれた性格を有しており、最終的な結論を求めるものではないので、対話者は時間を気にせず生きられる。つまり、寛《くつろ》いでいられるのである。そこから、ボルノウは対話が成り立つには「心地よい雰囲気(eine behagliche Atmosphäre)」が前提であるとして、そのような雰囲気を醸し出すには「人間同士の好意的な関係(ein wohlwollendes Verhältnis der Menschen)」が必要であると言う(Bollnow 1966/1969, S. 40/42 頁)。ここで重要な点は、対話者同士が相手を好意的に受け止め合うということである。

以上の考察を前提に、ボルノウは狭義の対話について論を進める。具体的には「思索的な対話(das tiefsinnige Gespräch)」である。前述したように、対話には到達目標はない。したがって、「対話には、あらかじめ定められているような、きまった話題があるわけでなく、ひとはおのずからある対象に向かう」(Bollnow 1966/1969, S. 51/55 頁)のである。このことは広義の対話に関して言われていることなのだが、思索的な対話が、広義の対話と異なっている点は、緊張がある点である。何故なら、思索的な対話においては次のような事態が生じるからである。

思慮のある対話においては自己の立場が率直に明るみにあらわれ、共に語り合っている者に対して断固と主張される。ここでは、かくて相違なる見解がぶつかりあい、対話の運びはしばしば討論（der Diskussion）に近づく。（Bollnow 1966/1969, S. 51/56 頁）

対話者がともに思索する場合には、自分の意見を明確に述べる。それ故、対話が討論に近い様相を呈することもある。それでも、ボルノウは対話の本質的要素は保たれていると考え、次のように言う。

一方が他方と争う立場が問題なのではなくて、一つの共同の事象の交互に相補う観点が問題なのである。相手は一つのあたらしい視点を付け加え、一つのさらに継続する考えを添え、対話にあらたな転回を与える何物かを思いつく。こうして対話はあらかじめ見通すことのできない進展をとげるのである。（Bollnow 1966/1969, S. 52/56 頁）

すなわち、どのような対話であろうが、それが対話である以上は、対話者は相手を否定し、打ち負かし、自己の立場を固持しようとすることはない。互いの考えを認め合いながら、それを互いに補い合い、新たな思考を展開するべく創造的に生きるのである。それ故、人間関係についても広義の対話に関して言われたことが当てはまる。ボルノウは、対話がいかに激しくなったとしても、そこに友情（Freundschaft）があれば、対話は成り立つとして、「おそらく友情とは結局このような対話をおこないうる力なのであろう」（Bollnow 1966/1969, S. 54/69 頁）と言う。そして、相手を承認することの重要性について次のように言う。

自己の見解がどれほど断固として主張されようとも、他人の意見をも承認するということは、このような対話の不可欠の前提である。ある人が自分自身の意見に、無制約な妥当を請求すれば、そのとき対話は必然的に断絶せざるをえない。(Bollnow 1966/1969, S. 53/58 頁)

友情という言葉からもわかるように、対話においては、まず相手を認め承認することが不可欠なのである。絶対に自分が正しいと主張し合ったのでは、対話にはならない。相手の考えに良さ・妥当性を見いだそうとすること、言い換えれば謙虚さが必要なのである。

以上がボルノウの対話論である。さらにボルノウは、教育に目を向けて、教育学上の成果について論じる。彼は教育的に有意義なものとして「自由な対話(das freie Gespräch)」を取り上げる。自由な対話は、教師の意図により統制されるいわゆる授業の中には存在しないが、それ以外の教師と生徒の関係の中には存在する。その点について、ボルノウは次のように言う。

真の対話は原則的には、ただ完全な平等の権利の承認のあるところにおいてのみ可能であるゆえに、それは年長者が年少者に完全な平等の権利を承認し、年長者が年少者と人間対人間として歓談するかぎりにおいてのみ展開しうるのである。このことは、対話はただ、あらゆる教育的な意図が除外されているような空間においてのみ展開しうるということを意味している。というのは、教育しようとする意志は必然的に平等の権利を破棄するからである。(Bollnow 1966/1969, S. 67/75-76 頁)

教育において対話が成り立つとするなら、教師と生徒は、教える者と教えられる者という役割を担った存在として関わるのではなく、完全に対等な関係に立って、一人の人間として向き合わなければならないのである。その時、意図的ではない教育の効果が期待できるのである。このような教師と生徒の関わりにおいて重要なことは、「自己を打ち明けること（das Sich-Aussprechen）」である。生徒が自己を打ち明ける際には、聞き手である教師の在り方が重要である。それは「聞き手が明らかな期待の様子をみせること」（Bollnow 1966/1969, S. 68/77 頁）である。そして、聞き手の「他者に対する開放性（Offenheit）、理解に満ちた聴取、寄せられた信頼はそれだけですでに解放的なはたらきをもち、さらに先をつづけるようにと励ますはたらきをもつ」（Bollnow 1966/1969, S. 68/77 頁）のである。すなわち、教師が生徒の話を聴こうとする姿勢、生徒を理解しようとする姿勢をもつことが、生徒が自分を開示し語ることを促すのである。そして、自己を打ち明ける者である生徒は、聞き手である教師にさらに次のような期待をする。

かれは自分の熟慮に他者が積極的に関与することをも期待するのである。ただ、このような関与によってのみ、それは方向がまったく一方的であるにもかかわらず一つの真の対話なのである。それは打ち明けにおいて同時にまた熟慮をともにする一つの共同態（eine Gemeinsamkeit）なのである。（Bollnow 1966/1969, S. 68/78 頁）

すなわち、生徒は教師が自分と一緒に生きてくれること、自分の考えを聞き、問題をともに考えてくれることを期待するのである。それ故、教育的な対話においては、生徒と教師は共同体を成し、対等な関係を生きていると言えるのである。そのような共同的な生により、「自己を打ち明ける者は自分の先入見と誤謬から抜けでるのである」(Bollnow 1966/1969, S. 69/78 頁)。

以上のように、教育において対話は重要な意義をもっているのである。このような教育的な対話が展開するには、「どこまでも開かれた心(eine grenzenlose Offenheit)」が、生徒と教師の両者に必要なのである(Bollnow 1966/1969, S. 70/79 頁)。そして、教育実践において、実際に子どもと教師は開かれた在り方でともに生きることをもしているのである。

### ② 中田基昭

ボルノウは授業外の学校生活において、対話が重要であると言うのだが、中田基昭は小学校の授業実践そのものに切り込み、子どもと教師がいかに対話を生きているのかを明らかにしている。中田は入学したばかりの一年生と高学年の子どもたちの授業における対話を比較するのだが、その前に、一対一の対話の例として遊んでいる時の子どもたちの在り方を考察する。中田は、遊びにおいて「彼らの行為が同時に相互に補完し合っている時には、各行為は遊びのパートナーの行為に作用しつつ、同時にパートナーの行為を蒙っているため、両者の行為は一体となっている」と指摘し、この相互依拠性を有する故に「遊びは、たとえ言語活動を伴わないとしても、対話の一様式である」と論じる(中田 一九九七、二〇一頁)。そして、入学したばかりの一年生の授業における対話にも、遊びにおけるのと同様の相互依拠性が見られると言い、「彼らの対話においては、自分の行為を汝に何らかの仕方で引き受けてもらうことにより、あるいは逆に汝の行為を自ら引き受けることにより、自分の対話行為が対話のパートナーの行為と相互依拠的となることさえもが、彼らによって委ねられたり引き受けられたりしている」(中田 一九九七年、二〇二頁)と、相互依拠性が重層的であることを指摘する。さらに、「入学したばかりの一年生のなかには、教師から指示され求められている活動や課題遂行のための能力がすでに備わっているにもかかわらず、集団に対する教師の働きかけに対し何らかの仕方で対応できない子どもたちがいる」（中田 一九九七、二〇三頁）として、教師のクラス集団全体に対する働きかけに対して、子どもたちがクラス集団の一員として対応している対話を「一対多の対話」と呼び、教師と子どもが互いに個として対応している対話を「一対一の対話」と呼ぶ（中田 一九九七、二〇三―二〇四頁）。

こうして、対話には二通りあることを明確にした上で、中田はさらに入学したばかりの一年生が真に一対多の対話を生きているのかを考察する。その結果として次のように言う。

彼らは、他の子どもが教師と対話している時には、勝手気ままに振舞うことがないため、一見するとその対話を聞いているように思われる。しかし、だからといって、彼らは、その対話において委ねられていることを自ら引き受けるという仕方で、その対話を聞いているのではない。（中略）彼らは、他の子どもと教師との間で営まれている一対一の対話を聞いているのではなく、自分が教師と一対一の対話を営む順番を待っているだけでしかない。（中田 一九九七、二〇五頁）

すなわち、授業において、入学したばかりの一年生は教師との一対一の対話しか生きられないのであり、クラス集団の一員として対話に参加しているのではないのである。このように、相手と一対一の対話を生きている対話行為を、中田は「直接的対話」（中田 一九九七、二〇七頁）と呼ぶ。

教師との一対一の対話を生きることにこだわっていた子どもたちも、次第にそのことにこだわらなくなる。つまり、自分が教師に向かって発言することにこだわらず、他の子どもの発言で問題が決着すれば満足するようになる。こうして子どもたちは高学年になるにつれ、「対話のパートナーと一対一の対話を自ら営んでいない時にも、他者間で営まれる一対一の対話に間接的に参加できる」（中田 一九九七、二〇八頁）ようになるのである。このことは子どもが自分の話を聞いている他の子どもの存在を意識していることを意味するとして、中田は次のように言う。

> 他者間で営まれる一対一の対話に間接的に参加できる子どもは、立場が代わって、自分が話し手としてパートナーと一対一の対話を営んでいる時には、直接的には当のパートナーに語りかけていても、間接的にはこの語りかけがクラスの他の子どもたちにもその子どもたちの自由において引き受けられていることを意識しながら、対話を生きている。（中田 一九九七、二〇八頁）

これは、子どもたちがクラスの一員として、集団的に思考することができるということである。このような他者の存在を意識し合った対話は一斉授業において典型的であり、それを中田は「間接的対話」（中田 一九九七、二〇九頁）と呼ぶ。

さらに中田は「一対多の対話」について考察する。中田によると、間接的対話は一対一の対話ではない。間接的対話を生きるためには、目の前に二人の人間による一対一の対話が生起している必要がある。高学年になると、教師が子どもたちに背を向けていても、子どもたちが教師の指示に適切に対応できるようになるという姿に見られるように、「顕在的なパートナーと対峙することのない対話がしばしば生起する」のである（中田 一九九七、二〇九頁）。そのことから、中田は次のように言う。

> 彼らは、対話のパートナーが彼らにとっては顕在的に存在していないため、パートナーとは切り離された言

葉に、あるいは少なくとも、対話のパートナーの顕在的存在が空間内に定位できないために語り手が不在な言葉や、その存在が非顕在的な他者の言葉にも対応できる、ということが明らかとなる。（中略）

例えば、特定のパートナーに語りかけるのではなく、「クラスの子どもたち」という、もはや誰か一人を一対一の対話のパートナーとして特定できない状況で語りかけなければならない時にも、彼らは事柄について論述できる。（中田 一九九七、二一〇頁）

高学年の子どもたちは他者の存在が特定できなくても対話を生きられるということは、不特定の他者と対話ができるということである。それは事柄そのものを問題として考えられることである。中田はこれを真の意味での一対一の対話と考えるのである。

以上のように、中田は小学校の授業における対話を分類した上で、さらに対話における子どもの生を深く解明していくのだが、本書ではそこまでは立ち入らないことにする。本書のテーマに関わり、中田の考察から明らかになったことは、幼児は一対一の対話・直接的対話を生きているということである。

### (3)保育世界における対話の可能性

以上、対話の理論について概観してきた。ボルノウは教師と生徒の間に対話の可能性があることを指摘している。それでは保育世界においてはその可能性はあるのだろうか。ブーバーの理論において重要なことは、人が出会いにより生じる「我―汝」の関係を生きることである。その時、我と汝は対等な人格として向き合い、ともに生きている。このことは素朴に幼稚園での生活を振り返ってみれば、日常的に生じていると思われる。例えば、保育者は毎朝、登園する子どもたち一人一人と挨拶を交わす。それは出会いの機会である。そして、保育者は子どもの遊びに参与し、互いに「あなた」と呼びかけ合っている。

ガダマーの理論においては、人が互いに相手の存在を認め、その意見に長所を見つけようとする肯定的な受容が重要であることが言われている。幼稚園において、保育者と子どもが対立し合う場面はほとんど見ることがない。それ故、両者は互いに受容し合っているように思われる。

ボルノウもガダマーと同様のことを述べているのだが、特に教育において対話が成り立つには、教育者が教育的意図をもたずに、子どもと対等な関係に立ち、人間対人間として関わる必要があることを指摘している。保育においては、保育者が子どもの遊びに参与し、一緒に遊ぶことがよくある。この時には、保育者は教育的意図をほとんど有していないように見受けられる。

中田は小学校の授業における対話に焦点を当てているが、その視線は幼児にも向けられている。中田が論じたように、遊びを対話の一様式と捉えるならば、幼児はまさに園生活において対話を生きていると言える。

以上のように、対話の理論に照らしてみると、保育世界においても対話は存在していると考えられる。実際に、保育世界においては、対話の必要性がしばしば説かれている。特に、幼児教育・保育研究の専門家は対話の必要性を強調する。例えば、加藤繁美は保育においては対話的関係が重要であるとして、保育実践を「対話的保育カリキュラム」の展開として構想し、保育現場の実践を踏まえてその理論を展開している(加藤 二〇〇七、二〇〇八)。加藤は、子どもを「意味を作り出す主体」として捉え、その「意味」の世界を保育者が受け止め、保育者の思いを子どもに伝えていく関係を「対話的関係」と呼び、そのような関係での両者のやりとりを「対話」と捉え、保育の課題は子どもたちを「対話的主体」に育てることであると言う(加藤 二〇〇七、四頁)。ここで加藤の言う「対話的主体」とは、環境、人、自分自身と対話しながら活動する人格であり、「自分とは違う考えを持った相手を尊重し、対話的関係を通して共有しうる新しい価値を創造する人間」のことである(加藤 二〇〇七、四頁)。このような考えに立ち、加藤は、当為としての対話を保育実践に導入しようとするのである。

一方、佐藤公治は現実を学理的態度で考察し、子どもたちがどのように成長しているのかを対話の視点から明らかにしている。佐藤は、自己と他者の相互作用を対話と考え、発達論、認識論、コミュニケーション論、現象学的遊び論など、様々な理論に基づき保育園での観察事例を考察し、子どもたちがどのように学び成長しているのかを明らかにしようとしている(佐藤 一九九九)。その結果、幼児の協同遊びと相互行為において何が生じているのかを詳細に明らかにしており、保育実践にとって有意義な知見を提供している。

以上のように、保育における対話の重要性を指摘する研究には、対話を実践に応用する方向と実践を対話の概念で分析する方向とがある。本書では、後者の方向で保育の世界を明らかにすることを目指している。そのためには、まず対話の概念について明確にすることが肝要である。何故ならば、対話の概念が曖昧であるならば、本書で取り上げられるエピソードや実践において、真に対話と呼べる出来事が生じているのかどうかが不確かになるからである。また、仮にそこで対話が生じているとしても、対話とは何かという根本的な問いを探究しないのならば、その対話がいかにして生じているのかを十分に明らかにすることはできないからである。

本書では対話の理論について概観することにより、保育世界においても対話は存在しうるとの見通しを得た。そこで、本書では前述の対話の概念に即しながら保育世界が対話により成り立っている世界であることを明らかにしたい。具体的には、保育世界において対話を可能にしている諸契機は何か、対話により子どもと保育者の間に何が生じているのか、対話を生きることで子どもと保育者は何を体験しているのか、保育者という役割存在であることと子どもと対話することとは両立可能なのかという問いなどを探究したい。すなわち、対話の概念に立って、保育世界がどのような世界であるのかを明らかにすることが本書の目的である。その目的を達成するために、私は努めて保育世界の当事者、すなわち対話者の一人となるように心掛けることにする。

# 第I部

# 子どもと保育者の共同の世界

対話をするということは、対話の相手とともに生きることである。すなわち、共同世界を生きることである。第I部では、対話の世界としての共同世界がいかにして生成し、かつその存在が支えられているのかを明らかにしよう。

# 第１章　子どもと保育者が出会う契機

子どもと保育者がともに生きるということは、そこに両者により共有された一つの世界が生成していることを意味する。それを本書では「共同世界」と呼ぶことにする。本書では、言わば、子どもと保育者がいかに存在しているのかを「対話」をキーワードとして明らかにするのであるが、そのためには共同世界がいかにして生成するのかを問わなければならない。何故ならば、共同世界の生成ないしその存在と子どもと保育者の在り方ないし存在の仕方は不可分な関係にあるからである。つまり、「ともに生きる」における子どもと保育者の在り方は、共同世界の生成とともに始まるのである。そこで、本章では、共同世界の生成の契機について明らかにしよう。

## 一　その場に腰を据えて落ち着くこと

子どもと保育者の生がともに流れ出すためには、両者が出会うという出来事が生じなければならない。慣れ親しんでいる者同士の場合、動きの中で出会うことも可能である。しかし、私たちが確かに出会うためには、あるいは「確かに出会った」という実感をもつためには、「その場に落ち着くこと」が必要である。少なくとも、子どもと保育者が初めて出会う時には、保育者はその場に腰を据え、落ち着くことが必要である。何故ならば、保育者が腰を据え落ち着いていることで、子どもと保育者の間に手応えのある「互いの存在の把握」が可能になるからである。そのことが次の場面から理解できる。

### 【場面1】子どもたちと私が初めて出会う

今日はまず三歳児クラスに行ってみる。私はテラスの階段に腰掛けて、靴を履き替える子どもたちを笑顔で見守り、視線の合った子どもには「おはよう」と挨拶していた。子どもたちは見知らぬ人が見ているので、訝しげな顔で私を見る。Ma子もそのような表情で私を見る。私が「おはよう」と声をかけると、硬い表情で「おはよう」と答えてくれる。恐る恐るという様子であり、私の方に向かってくる勢いが感じられない。距離的には間近にいるのだが、彼女との間に大きな隔たりを感じる。Ma子は私を敬遠していると感じられる。それ故、私はこの場所を動かず、しばらく座ったまま子どもたちを見ている。そのうち、少しずつMa子の警戒心も薄らいでくる。担任のI先生や副担任が来て、子どもたちに関わることで、子どもたちは快活になっていく。私が「Maちゃんの靴下にクマさんがいるのかな」と話しかけたことがきっかけで、Ma子は勢いのある声で「これがイヌで、これがウサギ」と話すようになる。私はMa子としっかりつながった手応えを感じる。Ma子はI先生と話すと、スキップする。心が弾んできている。

これは幼稚園での四月の出来事である。三歳児たちは入園したばかりであり、一般的には、子どもたちが園生活に慣れ、安定して過ごせるように保育者が腐心する時期である。ようやく子どもたちにとって保育者が心を許せる存在になってきたところである。

この日、私は初めて三歳児たちと十分に関わろうとした。つまり、彼らと出会おうとしたのである。私は子どもたちの警戒心を少しでも和らげようと、笑顔を向け、穏やかに挨拶の言葉をかけた。しかし、当然のことながら、子どもたちが見知らぬ人に対してすぐに心を許した応答をするはずはない。彼らは私に距離を置いて応答してくるので、彼らの応答に「この人と関わりたい」という意欲が感じられない。それ故、私は子どもたちと出会えたという手応えを感じることができなかった。子どもたちと出会えないまま私が彼らに積極的に関わっても、彼らの警戒心を和らげることはできない。また、子どもたちと出会えないまま彼らに関わらずに行動するなら、私は保育者として存在することができない。それ故、私が保育者として存在するためには、子どもたちとの出会いが訪れる瞬間を待たなければならないのである。つまり、子どもたちが意欲をもって私の存在を捉えてくれる瞬間を待たなければならないのである。子どもたちが私の存在を捉えるためには、それがより可能であるように私は存在する必要がある。それが、その場所に動かずにいるということだったのである。

子どもたちにとって、私はいわば「得体の知れない存在」である。子どもたちが、私が何者であるのかを探ることができ、その結果「気の置けない存在」として私を見いだしてもらうためには、私は私自身の存在を包み隠さず子どもたちの前に提示しなければならない。それは、私の彼らに対する好意を私自身の身体とともに彼らに示すことである。私の笑みは好意の表現であるが、それは私の身体への注目により発見される。

動かずにそこにいるということは、第一に、保育者の身体を子どもたちに明示することである。確かに保育者の身体がそこに存在していること、つまり「身体の存在の厳然性」を示すことである。保育者の身体が厳然としてそこに存在することにより、子どもたちの注意がその身体に注がれるのである。すなわち、子ども自身の自発性により保育者の身体が発見されるのである。

身体の存在の厳然性は、物の存在の厳然性とは異なる。身体は保育者がいかなる在り方をしているのかを表現している。すなわち、保育者が子どもたちに対してどのような態度をもって生きているのかを表しているのである。このように、保育者の在り方は物のように存在するわけではなく、絶えず生成するという仕方で存在する。

したがって、第二に、動かずにそこにいるということは、生成する在り方の存在を明示することである。つまり、「生成の存在の厳然性」を示すことなのである。子どもたちは保育者の身体を発見すると同時に、生成する保育者の在り方・子どもたちに対する態度に触れるのである。その在り方が子どもに対する好意を表すものである時、子どもは保育者に出会ったという手応えを感じることができるのである。保育者もまた子どもの好意的注意が注がれることにより、子どもと出会ったという手応えを感じることができるのである。

このように、保育者がその場に腰を据え落ち着くことを通して、子どもと保育者の双方が相手の生成を発見し、それに触れ、相手が自分にとって何者であるのかを知る可能性が開かれるのである。人間が存在するということは、私たちが何者かとして生成しているということである。したがって、相手の生成を発見するということは、相手の存在を把握するということである。互いに相手の存在を把握し合うことが出会うことの始まりである。出会うことで共同世界が生成するのであるから、共同世界の生成を可能にする契機の一つは、保育者がその場に落ち着くことなのである。

そして、共同世界の生成を支え続けるのも、「保育者がその場に落ち着くこと」なのである。既に述べたように、その場に落ち着くことにより、生成が厳然として私たちに現れてきて、私たちがその生成に触れることを可能にするのだが、その場に落ち着くこと自体もまた生成である。つまり、それは、相手とともに共同世界を生きるという在り方をし続けるということなのである。

子どもと保育者が共同世界をともに生きている時、保育者は子どもと関心を共有し行動をともにする。保育者のそうした在り方が一つの世界の生成展開を可能にする。一例として次の場面を見よう。

### 【場面2】子どもたちがT先生と虫取りをする

先週から子どもたちは虫取りに熱中している。今日も、副担任のT先生が子どもたちと虫取りに行くことになった。子どもたちはT先生を囲むようにして、地面にしゃがみ込み、目を凝らして虫を探す。「ダンゴムシ！」「ムカデ！」など、子どもたちの歓声が飛び交う。子どもたちは捕らえた虫をそれぞれ虫かごに入れる。そして、「ほら、ムカデ」などと言って私に見せてくれる。私も顔を近づけて、「あっ、本当だ」と驚いたように応える。子どもたちは小さいアリまでも見つけて、「せんせい、アリ」と私に教えてくれる。土を掘ったりと、熱心に虫を探し続ける。T先生はその場所に腰を落ち着け、子どもたちと一緒に虫を探す。また、子どもたちの発見に興味を示してあげる。やがて虫取りも終わり、T先生はシャボン玉遊びをする子どもたちの許に行く。

この場面のような活動はよく見られるものである。子どもたちと保育者は一緒に地面にしゃがみ、目を凝らし、熱心に虫探しをしている。子どもたちは虫を発見すると、自ずから歓声を上げ、私や保育者に教える。保育者はそうした子どもたちの発見に興味を示してあげている。明らかに両者は意識し合っており、子どもたちの熱心な虫探しに保育者の存在が直接影響を与えている。子どもたちは保育者とともに言わば「虫の世界」に入り込み、その世界を共有して生きているのである。

子どもたちの虫の世界への入り込み、及び虫への注意の集中は、T先生が子どもたちの許に留まり、一緒に行動し、興味を共有しようとしていることにより支えられていると言える。子どもたちやT先生は決して場所を移動しないのではない。虫を探しながら移動する。しかし、T先生が子どもたちとともに行動しているかぎり、T先生が他所に行ってしまう気配は感じられない。子どもたちにとっては、T先生は常に自分たちの許にいると感じられるのである。つまり、「自分たちのいる場に落ち着いている」と思われるのである。

このように、生成した共同世界をともに生きている時には、「その場に腰を据え落ち着くこと」は、物理的に動かずに、一カ所に留まり続けることを意味するわけではない。それは、子どもたちに「保育者が自分の許にいてくれる」と思われることなのである。すなわち、共有された世界の内に留まっているということなのである。

## 二　子どもを見ること

保育者の存在の厳然性が感じられる時、子どもの注意は厳然とした生成へと引きつけられる。そして、子どもと保育者が出会う瞬間が訪れる。それは両者が互いに好意的なまなざしを向け合う時である。「まなざしが合う」ということがより生じやすいように、保育者は子どもからのまなざしに先立ち、自ら子どもにまなざしを向けている。【場面1】においても、保育者が子どもを見ることが大きな働きをしていることがわかる。

保育者がその場に腰を落ち着けることは、保育者のまなざしが自ずと子どもへと注がれることを意味する。何故なら、保育者であることは常に子どもに関心を向けていることを意味するのである以上、保育者が腰を落ち着ければ必然的に子どもへの注視は強まるからである。そして、そのまなざしは積極的に子どものまなざしを捉え、受け止めようとしている。子どもはそのまなざしを通して保育者の好意的な関心を感じ、保育者にまなざしを向け始める。私がそのようなまなざしをMa子に向けていた故に、彼女の警戒心が和み、私に対して好意的な関心を向けるようになったのである。したがって、二人のまなざしが合うという出来事はある意味では必然的であったと言えるのである。

人間にとっては、他者のまなざしを感じる時に初めて他者が存在し始める。何故なら、まなざしとは他者の意識の凝集に他ならないからである。その他者が「相手」として現れた時、私たちはその他者に能動的に関わるようになるのである。すなわち、共同世界が展開するのである。子どもも同様である。次のような場面はその典型である。

**【場面3】 ウルトラマンごっこをしている子どもたちが私に戦いを挑む**

子どもたちは園庭に散って遊んでいる。三歳児クラスの四、五人の男児と女児数人が副担任とテラスで遊んでいる。男児たちはウルトラマンの曲をかけて、めいめいがウルトラマンや怪獣になって遊んでいる。特に役割が決まっているのではなく、互いに動きに誘われるように一緒に動き回っている。私は近くにしゃがんで笑顔で見ていた。すると、私と目の合った子どもが私に挑みかかってくる。私は「やられた」などと言って応じる。子どもたちに「ウルトラマン何」と聞くと、「ウルトラセブン」などと口々に言い、それぞれが私に仕種を見せてくれる。私も一人一人に同じような仕種で応える。

この場面での子どもたちは、私のまなざしに気付き、私の意識を感じた途端にウルトラマンごっこの相手として私に働きかけてきた。それ以前にも私の身体自体はこの場所にあった。だが、それだけでは私が彼らにとって存在していたわけではないのである。私が彼らにとって「他者」として、つまり、「働きかければ応えてくれる相手」として現れ得た時に、私は存在し始めたのである。そして、私の存在が生成する契機が、子どもたちが私のまなざしに気付く瞬間なのである。

さて、子どもたちが私のまなざしに気付いた瞬間に、私の存在が「相手」として生成したということは、言動以前に既に見ること自体が子どもたちへの働きかけであるということを意味している。しかも、それは「相手となることを期しての働きかけ」なのである。保育者として存在するということは、そのようなまなざしを子どもに向け続けているということである。

子どもの立場からすると、保育者のまなざしに気付くことは、「関わっておいで」と誘われることを意味している。すなわち、保育者の「見ること」は子どもへの「呼びかけ」なのである。保育者が子どもに呼びかけているということは、その呼びかけに応じてくる子どもに応える準備があることを意味する。そうでないかぎり、私たちは他者に呼びかけることはできない。それ故、保育者は子どもを見ることにおいて、子どもの相手となることを期しているのである。

このように、保育における見ることは観察における見ることとは異質なものである。「観察における見る」は出会いを捨象する行為であるのに対して、「保育における見る」は互いにまなざし合うことを受け入れる在り方を前提にしており、出会いの到来を待ち望むものである。その意味で、見ることにおいて既に出会いが準備されているのである。つまり、保育者の見る行為は「相手となることを期しての呼びかけ」として、子どもとの出会いを内包しているのである。

## 三　子どもと目が合うこと

前述のように、保育者は既に子どもとの出会いを予期して存在している。保育者の在り方の内に出会いが準備されているのである。だが、その出会いは保育者の意志により自由にできるものではない。出会うためにはその到来、すなわち子どもがまなざしてくれる瞬間を待たなければならない。その意味で、それは偶然性と受動性を本質的契機としている。それ故に、子どもと目が合った瞬間は保育者にとって特別な瞬間であり、かつその前後で決定的な変化が生じる。

例えば【場面3】では、私はウルトラマンごっこに興じる子どもたちの様子を見ていたのだが、この時、子どもたちと私の間には共同者としての関わりはなかった。子どもたちにとって私は存在しておらず、彼らの視線は私を通り過ぎていくばかりであった。いまだ「子ども—保育者関係」にない者にとっては、滑りゆく視線が自分を捉えてくれる可能性はきわめて小さいものに思われる。したがって、私が子どもたちのウルトラマンごっこを見ていた時には、子どもたちと私は単なる共存者として、それぞれの世界を生きていたのである。そのように生きている者にとっては、子どものまなざしが自分を捉える瞬間は、偶然にもたらされた「幸運な出来事」と言ってよいくらいの感動的体験である。【場面1】でも【場面3】でも、実際に子どもたちと目が合った瞬間には、私は「つながった」という手応えを感じた。この手応えは、「個別の世界」が「共同世界」に変わったことを体験したことを意味している。出会いの瞬間とは、世界が変化する瞬間なのである。

個別の世界を生きているのか、共同世界を生きているのかにより、保育者の生き方は全く異なる。子どもたちのウルトラマンごっこを見ていた時、私は彼らに応答する必要はなかった。私の身体はその可能性を失っていた。その点で、私は子どもたちの行動に関わりなく、自由意志で行動することができた。自由ではあるが、私には子どもたちとともに生きているという実感はない。むしろ、彼らとは別の世界を生きているという、いわば疎外感を感じる。その意味でこの自由は、「疎外・孤立における自由」である。

ところが、子どもたちとの共同世界が生成した途端に、私は子どもたちとの連帯を生きることになった。ウルトラマンごっこの共同者として、私は彼らに応答することになったのである。子どもたちの行動により私の応答が制約されているという意味では、私は拘束されている。だが、この拘束性は私には不自由感をもたらすわけではない。拘束性が不自由感をもたらすのは、それが主体の意志に反するものとして受け止められる場合である。私が主体的に共同世界を生きているかぎり、私は主体的に拘束性を担っているのである。それ故、むしろ私は自由を感じるのである。このような自由は、「連帯・共同における自由」と言える。

以上のことからわかるように、目が合う瞬間とは決定的な瞬間である。その前後で、保育者の生きる世界は変化するのである。そして、その決定的瞬間は、幸運として子どもによりもたらされる。子どもがいつ保育者をまなざしてくれるかは、子どもに委ねるしかないのである。それ故、それは偶然で受動的な体験なのである。そして、子どもによりもたらされるものは、保育者として生きようとしている者にとっては喜ばしい変化である。喜ばしい変化が偶然に、受動的に与えられる故に、保育者はそれを感動をもって受け止めるのであり、共同世界を主体的に生き始めるのである。

# 第2章　共同の世界を支える根本的な相互関係

前章では、共同世界の生成を保育者の側に立って考察した。生成した共同世界においては、子どもと保育者は相互に何らかの影響を与え合いながら生きている。すなわち、両者の相互的な関係が保育世界の存続を可能にしているのである。そこで本章では、どのような相互性が保育世界を支えているのかを考えることにする。

## 一　相互的な存在承認

子どもと保育者が相互に存在を承認することは保育において重要なことであると思われるが、それは往々にして忘れられやすい。一般に、教育を社会化という観点で捉える見方があるが、この見方に立つと、教育とは未熟な子どもを成熟した教師が社会の枠組みの中に組み込んでいく営みということになり、教師が子どもに対して優位な立場にいることが前提となる。また、教師が子どもの気持ちを思いやることはあっても、教師が自分自身を対象化し自分の在り方を考える暇がないことが多い故に、教師と子どもは一方的な関係になりやすい。この二つの要因により、教師自身が存在承認の相互性を見失うのである。

しかし現実には、教師は子どもにより自己の存在を認められることに支えられているのである。例えば、ある母親は、脳腫瘍のために発達の遅れた娘が彼女の顔を見つめたり、手で触ったりするようになり、ある日彼女の呼びかけに振り向いてくれた時の喜びを記している（畑山 一九八六）。それは自分の存在が認められた喜びに他ならない。同様のことは、母親であれば誰でも経験しているだろう。

ボルノウはヘルマン・ノール（Hermann Nohl）の「教育的関係」の概念について次のように説明している。

簡潔に定式化すれば、〝人間を人間において〟承認することが問題なのである、と言わなくてはなりません。別の箇所でも言われているように、こうした人間がまずもって〝絶対的に肯定〟されなくてはならないものなのです。その際、この〝絶対的〟という言葉はその言葉の全き重みの中で摑まえられるべきなのです。つまり、もしとかしかしという条件をつけず、同情的に見下すことなく、生の幸福と生の充実への要求を持った相手を無条件に承認することなのです。（中略）しかしこのことは、教育者とはその際自ら人間として、相手と同じように傷つきやすい、助けを求める自己の全人間性をもって参加しなければならない、ということを教育者に要求しているのです。

しかし教育者がこのように相手を、彼も人間であるとして引き受けなくてはならないとすれば、また教育者の側から言えば教育者が相手によって、（中略）教え子というものによって人間として受け取られ、そして教育者の信頼に対し教え子が信頼をもって応える時初めて、正にそこから教育的関係が形成されて来ることが出来るのであります。（ボルノウ 一九八二、三九―四〇頁）

「全人間性」という表現から明らかなように、教育は子どもと教師がその存在すべてをもって関わる営みである。それ故、教育が成立するためには、子どもと教師が対等な人間としてその存在そのものを認め合うことが必要であると言うのである。このことは保育においても妥当するだろう。保育の根底には、まず子どもと保育者が相手の存在そのものを無視することなく認め合い、受容し合うことがなければならない。この相互的な存在承認が保育の根底であることは次の場面に現れている。

### 【場面４】緊張している子どもたちと私

三歳児のクラスで。今日から新学期が始まる。私が保育室に着いた時には、子どもたちと担任のＮ先生がテーブルで折り紙や描画をしていた。私はテラスから保育室に入る。初対面なので、私は子どもたちにいきなり関わらないようにし、笑顔で、少し離れたところに座り、見守る。私に気付き、チラリと視線を送ってくる子もいるし、ほとんど気付かないかのように私を見ることもなく、遊び続けている子もいる。どの子も硬い表情である。同じテーブルを囲んでいても、言葉数も少なく、緊張した様子で遊んでいる。みんなの側にいるが、のぞき見ているだけの子もいる。そんな中、Ｎ先生は笑顔で、優しく明るい声で話しかけたりしながら子どもたちと遊んでいる。

Ｓ男はみんなから少し離れて何もせずに見ている。所在なげに、Ｓ男が私の側に来たので、私が笑顔で「あっ、Ｓくんのシャツ、ミッキーさんがいるね」と話しかけると、Ｓ男は私の方にしっかり向き直って答える。そして「こっちにティッシュがはいってる」と言って、ポケットからティッシュを取り出し、私に見せる。私が「これ何かな」と聞くと、「カーレンジャー」と答える。こうして話しているうちにＳ男の硬い表情が少しずつゆるみ、笑みが浮かんでくる。すると間もなくＳ男も他の子どもたちの側に近づいていく。

この場面が展開された日は新学期の第一日目である。しかも子どもたちは全員新入園児である。したがって、この場面に集まっている者は疎遠な者同士である。それ故、子どもたちは皆緊張した様子なのである。私自身も子どもたちとは疎遠なので、幾分緊張して保育室に入ったのである。

さて、S男は保育室にいながらも、テーブルで活動している他の子どもたちや担任と関わることができないでいた。誰一人彼の存在に目を留め、遊びに誘ってくれる者がいなかった。そのため、S男は何もすることができず、ただ見ているしかなかったのである。友達の仲間に入ることができなければ、自分一人で遊べばよさそうなものだが、S男はそれさえできなかった。このことは、子ども(特に新入園児)が幼稚園で何らかの活動を始められるためには、まず他者によって自分の存在が認められ、承認されることが必要であることを示している。

一方、私は子どもたちに距離を置いて見ていた。私がそうせざるを得なかったのは、子どもたちと馴染みがないためであったが、同時に私の存在が子どもたちにとって無視できないもの(重要なもの)となっていないからでもあった。子どもたちは私に気付いて、一瞥してはくれた。しかしそれだけのことで、私は自分の存在が子どもたちによって認められたとは少しも感じられない。一瞥には、相手の存在を自分にとって有意味なものとして固定する力がないのである。それ故に、私は子どもたちへの働きかけを抑制せざるを得なかったのである。私が「自分の存在が子どもたちによって認められていない」と感じていたことは、私が子どもたちと出会えていないということでもある。私たちは互いに相手の存在を確実に自分の目で捉え合った時に、相手と出会えたと感じられる。そして、「私の存在が相手にとって意味をもった」と感じられる。その時交流が始まる。

私がS男に話しかけたことで、S男は私と向き合って会話を始めた。ここでは、二人とも「相手の視線の許に自分の存在が確実に捉えられた」と感じられたと言える。S男は彼の存在が私によって認められた故に、表情が見る見るうちに和らいでいき、活動できるようになったのである。私の方も、自分の存在がS男によって認められたと実感できているので、S男と会話を続けることができたのである。

このように、子どもと保育者の間には相互的な存在承認があり、それが保育の基盤をなしているのである。

## 二　相互的な存在規定

関係的存在である保育者はそれ自体において自立的に存在するわけにはいかない。保育者と子どもとの間に「子ども―保育者関係」が成立した時に、初めて保育者は保育者存在として存在できる。子どもも同様である。すなわち、子ども（であろうとする者）と保育者（であろうとする者）が互いに相手を「保育者」「子ども」として承認し合う時、それぞれ保育者存在、子ども存在という役割を担った存在になるのである。

廣松渉は、伝統的な「実体の第一次性」に対して「関係の第一次性」を説いて、次のように言う。

> 一切の物理的性質が、現代物理学の常識では、対他的関係規定性の結節なのである。――こうして、さしあたり「属性」について言えば、属性なるものはいずれも対他的関係性を俟《ま》って存在するものであり、〝実体〟が自分以外のものとの関係なしにそれ自身でそなえている性質ではない。いわゆる「属性」とは、実は、対他的関係規定が〝物性化〟され、〝内自化〟されて個々の〝実体そのものに附属〟するかのように錯認されたものである。（廣松　一九八二、四六三頁）

廣松は、男性・人性・動物性・生物性のような対他的区別関係、夫性・親性・教師性のような社会的関係、色性・音性・香性のような機能的関係、他物に対する作用的関係など、あらゆる対他的関係において属性が成立すると言うのである（廣松　一九八二、四六四頁）。「子ども」とか「保育者」は社会的関係において成立する属性である。したがって、「子ども―保育者関係」の成立をもって、子どもは子どもとして、保育者は保育者として生きることができるのである。この相互的な存在規定は【場面４】（緊張している子どもたちと私）によく現れている。

この場面では、離れたところからみんなの遊んでいる様子を見ていたS男に私が話しかけたことで二人の会話が始まった。それまでは二人とも特定の役割存在ではなかったのだが、互いに向き合った瞬間、S男が私にとっての「子ども」に、私がS男にとっての「保育者」になり、そのような存在として生きることができるようになったのである。

存在規定（保育者が保育者存在になり、子どもが子ども存在になること）には必ず他者が必要なのであるが、そのことは日常の保育においては気付きにくいことである。何故なら、そこには既に「子ども―保育者関係」が成立しており、保育者は自分を保育者であると思い込んでいるからである。そこで、初めて「子ども―保育者関係」が成立する場面を次に提示しよう。

**【場面5】私の最初の保育実習**

T夫という男児を任された。言葉のしゃべれない子のようである。T夫は登園するとバスの玩具で遊び始めた。私が近づいて話しかけても全然反応してくれないので、どう接したらよいのか戸惑ってしまった。とにかくあまり口出しせずにずっと側についていることにした。すると、やがてT夫は私になれ、手を取り連れて歩くようになった。

人は置かれている状況に応じて常に何らかの役割を取っている。そして、相手とのやりとりが円滑に進行している時（他者との間に関係が成立している時）には、人はその役割としての自己を強く意識してはいない。新しい状況に入った時、人は新たに自己の役割を規定しなければならないため、そこで他者によって期待されている役割を意識し、期待されているように行動しようとする。(1)

この場面において、私は初めて保育者として行動しようとした。この時、私は保育的状況に入る前から保育者としての役割を取ろうとしていた。すなわち、子どもと出会う前から保育者存在を先取りしていたのである。だが、私はまだ保育者存在ではなかった。T夫に対面した時、私の企図は見事に失敗した。T夫は私を無視し、私はどう行動してよいのか途方に暮れてしまった。私は保育者存在になろうとして保育者存在になりえなかったのである。それはT夫が私を保育者として認めなかったからに他ならない。そして、逆に、T夫も私にとって子どもとなっていない。私はT夫に子どもとしての役割行動を期待して接したにもかかわらず、T夫は私を無視し応答しないことで、期待された子どもとしての役割を引き受けなかったからである。

この出来事と類似したことは誰でも一度は経験したことがあるだろう。子どもと保育者が出会い、そこで一つの活動を展開し得るのは、相互に相手を「保育者」「子ども」として規定し合い、そのように規定された役割を自ら引き受けることによるのである。

## 三　相互的な主体性

保育において子どもと保育者は役割存在として関わり合っているのだが、実践に臨んでいる時、私は保育者という特別な役割を担った存在としてではなく、子どもの遊び相手・遊び仲間として、子どもの意図を理解し、それに即して応答しようとしている。すなわち、私は子どもと対等な存在として振る舞おうともしているのである。その意味では、私はいわゆる保育者という役割を排した存在として子どもの前にいるのである。

そうは言っても、やはり私は保育者としてそこにいる。何故なら私は保育者としての責任を感じるからである。私は、子どもが自己実現できるように、その子の活動を支えてやろうと思いつつそこにいるのであり、時にはどのように働きかけようかと考えることもある。子どもと同様に私が遊びに没頭している時は、私はまさしく対等な存在として遊びに参与していると言えるだろう。しかし、通常は保育者としての意識を保っているのである。したがって、私は純然たる対等な存在としているわけではない。実践中の私は、保育者としての役割を取りつつ対等な存在であろうとしている、というのが実態である。

このように反省してみると、「子ども—保育者関係」の背後には、対等な「主体—主体関係」が存在しているように思われる。むしろ両者は表裏一体をなしており、緊密に結びついていると言えるだろう。先ほど私は、遊び仲間同士という意味で、子どもと保育者が対等であると述べたのだが、これも役割関係であることに変わりはない。つまり、保育者は保育者としての役割を排して子どもと同じ役割を取ろうとしているという点で、子どもと対等であると言うにすぎない。実は、より根本的な意味での対等性は、子どもと保育者が「主体—主体関係」にあるという点にあるのである。しかも、この「主体—主体関係」と役割関係の一つである「子ども—保育者関係」は一体となっているのである。すなわち、子どもが子ども存在として、保育者が保育者存在として生成する時、両者はともに主体として存在するのである。

【場面4】(緊張している子どもたちと私)も【場面5】(私の最初の保育実習)も、どちらも子どもと私との間に「子ども—保育者関係」が生成した場面である。特に【場面4】のS男は、この関係が生成した途端に生き生きと私に応答するようになった。S男は自ら私に応答し、働きかけているのであり、まさに自分自身の存在の主人公として、活動する主体として生きており、私との関係における役割行動を主体的に担っている。そして、もちろん、私自身も仕方なくS男に働きかけ、応じているわけではない。彼と応答し合うことに私は喜びを感じて生き生きしている。すなわち、私も自ら保育者としての役割を担っているのである。

このように、子どもと保育者は自己の役割存在を自ら引き受けているのであり、それは同時に両者が主体として存在するということでもある。そしてこの主体としての存在は、「子ども—保育者」という役割関係の生成と不可分である以上、両者の主体性は切り離すことはできない。かつ、両者の主体性は相互に相手の存在を必要としているのである。

読者の中には、「幼児教育においては子どもの主体性を育てることを目的とすることが多い。ということは、子どもが主体的に生活していない場合もあるということだ。それ故、役割関係にある者は常に主体的だとは言えない」と考える人もいるだろう。もちろん、あらゆる対他的関係が「主体―主体関係」であると言うのではない。例えば、いじめる者といじめられる者の関係において、いじめられる者が主体的にその役割を担っているとは言えないだろう。もしもそれまで主体的であると言うのであれば、いじめを認めることにさえなるだろう。ここでは限定された役割関係が問題なのである。すなわち、保育という営みにおける子どもと大人の関係が問題なのである。私たちが保育とは何かということについて理解した上で、子どもとの間に役割関係を結ぶ時、そのもとに生成してくるそれぞれの役割存在は、主体的存在としても生成するのである。

## 四　相互的な存在支持

人間は誰でも常に空間の内に存在している。そして私たちは、子どもであろうが大人であろうが、その時によって今自分が身を置いている空間に存在できると感じたり、存在できないと感じたりする。人間にとって自分が存在している（存在できる）と感じられるのは、ものの存在と同じように、それ自体で完結して一定の空間を占有し続けるというような存在の仕方ではなく、実存として、自己の存在可能を絶えず投企しつつその可能性を選び取り実現していくという仕方で存在している時である。そのように存在している時、私たちは他者との関係の許に、ある役割存在として自己を実現することになる。ある役割存在として自己が実現し得ている時、私たちは自己の存在意義を実感している。あるいはそこに存在することに喜びや充実感を覚える。このような、自己の存在可能を実現するような仕方で存在することを通して、私たちが感じる存在することの喜び・充実感を「存在感」と呼ぶことにする。そして、この存在感を感じられる空間、私が存在し得ると感じられる空間を、竹市明弘の表現を借りて、「存在空間」(2)と呼ぶことにする。子どもと保育者は役割存在として生成することを通して、相互に存在感を与え合い、相手の存在を支え合っている。そして、存在感は存在空間と密接に結びついている。そこで、この相互的な存在支持について、保育者存在と空間との結びつきが端的に現れている次の場面で考察しよう。

**【場面6】一人でいる私の所にK夫が来て遊びが始まる**

今日は私のクラスは欠席の子が多く、私はついてやる子がいないので手持ちぶさただった。私が一人、教室でカーペットに座り絵本を見ていると、K夫がW実習生を伴ってにこにこしながらやって来た。K夫は私から絵本を取り、見るが、すぐに手放す。そして、微笑んでいる私に顔をぐっと近づけて額をふれ合わせる。K夫はけらけら笑いながら、私の方を振り返りつつ教室から出ていく。

K夫は広間の中央でW実習生とトランポリンを始める。私の教室と広間は隣接しており、開け放った出入口を通してK夫と私は互いの姿が見通せる。K夫と私はだいぶ離れている。しかし、私がタオルで顔の見せ隠しをすると、K夫は嬉しそうに笑い、私の方にしばしば振り向く。K夫と私は隔たりなど関係なく、「いないいないばあ」に興じる。K夫はトランポリンをしたり、他の保育者と関わりながらもしばしば私を見るので、私はこの場所に座ったまま動かないでいる。

この日、私はどの子とも個別的な関係を結ぶことができないまま、一人で教室で過ごしていた。そこにK夫が来て、私から離れていきながらも振り向いてくれたことで、K夫と私との間に結びつきができた。私はこの時ようやく特定の子どもと個別的な関係をもつことができたのである。

一旦二人の間に関係が生じた後、私の方から「いないいないばあ」の遊びに誘うと、K夫はそれにしっかり応えてくれる。K夫と私はかなり離れているのだが、それにもかかわらず、K夫は私と遊ぶのである。遊びを可能にしているのはK夫のまなざしである。私は一人の主体的存在であるから、行動の自由をもっている。確かに、K夫と出会うまでは私は自由だった。しかし、もはや私は自由ではない。私の行動範囲はK夫のまなざしによって厳しく制約されている。私はK夫を無視して勝手に動き回ることはできないのである。

このように、私の居場所はK夫によって限定されているのだが、そのことは私にとって不愉快なことでも不幸なことでもない。むしろそれは喜びである。何故なら、「居場所の限定」が私に存在感をもたらしているからである。確かに、一人でいた時、私は自由であった。しかし、私がここ（教室）にいる意味はなかった。居場所が限定された時初めて私の存在が意味をもったのであり、私の存在意義が生じたのである。

「ここにいる意味がなかった」ということは何を意味しているのだろうか。私は一人で教室にいた時、たまたまそこにいたにすぎなかったのであり、この教室は私が存在するべき場所としての価値を有してはいなかったのである。K夫と出会う以前においては、学校という空間の中に私の居場所はなかったのである。私は学校内のどこにでもいることができたのだが、そのことは、裏を返せば、どこにも私がいないことだったのである。私はどこにも属さない無所属な存在だったのである。

だが、今や私の居場所が限定されたことで私の存在意義が生じ、私は保育者としての充実感を味わうことができている。同時にこの教室はK夫と私がやりとりするための大事な場所として、かつ、私の存在するべき場所として、その存在価値を有しているのである。すなわち、初めは単なる空間にすぎなかった教室という空間が存在空間になったのである。

「私の存在意義の発生」とは、言い換えれば、「私が保育者として現出した」ということである。K夫のまなざしが私を保育者として存在させたのであるが、同時にその逆も言えるはずである。K夫は私と出会う以前に、他の場所で他の保育者と楽しい体験をしていただろう（実際、W実習生がK夫についていた）。その保育者との関係ではK夫は子どもとして存在していただろう。だが、私との関係においては、K夫はいまだ存在してはいなかった。私がK夫に注目したことにより、私との関係においてもK夫は存在し得たのである。その時、K夫は教室ないし広間を存在空間として生きることになったのである。その空間で私と遊んでいるK夫は、自己の存在感を充実感としてもち得ただろう。それ故、K夫と私は今や共有された存在空間において、役割存在として主体的に存在しているのである。

この事例は、障がい児と保育者の一対一の関わりを重視している学校での例である。それ故、この事例での私は保育的状況に身を置いた時から一人の子どもとの出会いを意識し、いわば求めていたと言える。一方、通常、幼稚園では保育者と複数の子どもとの関わりが当然のこととされる。しかし、集団での関わり合いが中心となる幼稚園においても、子どもと保育者が存在感を感じて存在し得るのは、やはり一対一の出会い（関わり）に基づいている。例えば、【場面4】（緊張している子どもたちと私）で、私は子どもたちと関わろうと思って（集団での関わりを前提にして）保育室に赴いたが、子どもたちと関わることができなかったために彼らを見守っていた。S男も、みんなと関わりたいと思っていたが、関わることができない故にみんなを見ていた。集団を志向しながら誰との関わりも生じていないために、S男も私も役割存在として存在し得ておらず、自己の存在意義・存在感を感じられてはいない。その二人が一対一でまなざしを向け合ったことでそれぞれ役割存在として現出することができ、二人とも生き生きとし、存在感を感じるようになった。存在感を感じるようになったS男は、次にはみんなと関わろうとする積極的な行動を起こしていった。すなわち、集団での関わりにおいても、その根底には一対一の出会いによる存在感の感得があるのである。それが感得されないならば、あるいは維持されないならば集団での主体的な関わり合いは困難になるのである。

さて、子どもと保育者が相互に存在意義・存在感を与え合うことにおいて、重要な働きをしているのは、この二つの場面からもわかるように、「まなざし」である。子どもと保育者は相互にまなざしにより存在を受容し、支え合っているのである。

中田基昭は、他者の存在そのものを認めるまなざしを「温かい眼なざし」と呼び、「他者に眼なざされていると感じることは、あるがままの自分を感じとることを可能にしてくれることがある」（中田　一九九六、一一五頁）と述べた上で、温かいまなざしについて触れる。そして、温かいまなざしは「他者の存在を肯《うべな》いそれを支える汝の光として、子どもたちの実存の可能性を開いてくれる」（中田　一九九六、一一六頁）と言う。「実存の可能性が開かれる」ということは、子どもが独自な存在として、その独自性において生きるということであるし、その可能性を自らのものとして実現していくのであるから主体性において生きるということである。つまり、温かいまなざしは、私たちが自己の存在可能を実現していけるような仕方で存在することを可能にし、そのことを通して存在感を感じることができるようにしてくれるものである。

中田の「温かな」という表現から私たちが思い浮かべるのは「笑み」である。私たちは相手の存在を肯定しようとする時には、自ずから「笑みを含んだまなざし」を送る。この笑みを含んだまなざしの中には、明るい気分があふれ出てくるような笑顔から、「にこやかな」とか、「柔和な」とか、「穏やかな」などと形容される表情を伴うまなざしまで含めることができよう。このような笑みに私たちは、まず直観的に、私の存在を傷つけたり消滅させようとする意志ではなく、全く逆に、包み、いたわり、見守ってくれるような優しさや温かさを感じとる。

吉田章宏が言うように、「『と』の世界」（との関係）は私たちが互いに対等な存在者として出会う世界であり、明るく美しい世界である（吉田 一九九六、四七頁）。私たちは対等な主体として相手とともにいたいと思う時、明るい気持ちで優しさや温かさを感じるまなざしを送る。既述したように、子どもと保育者は相互に主体として関わっている。つまり、保育者は対等な主体として子どもとともに過ごしたいという思いを常にもっている。それ故、子どもに向けられる保育者の表情は自ずから「にこやかな表情」になる。子どもも同じように、保育者とともに遊びたいという思いを抱いている。したがって、子どもと保育者がまなざしを向け合う時には、自ずから相手の存在をそのものとして認めることを意味する「笑みを含んだまなざし」を送るのである。そのまなざしを受けた時に、私たちは自己の存在そのものが承認された喜びを感じるとともに、そこから発して自己の実存の可能性が開かれ、その可能性を実現しようとする在り方を始める。すなわち、自己の独自性と主体性において生きるようになるのである。そして、そのように存在していることの実感として存在感を感じるのである。したがって、相手の存在そのものをまず認めようとする受容的まなざしは、存在感を生み出すまなざしでもあるのである。子どもと保育者は、絶えずそのようなまなざしを相互に交わし合っているのである。

　以上のように、保育的状況において、子どもと保育者は存在空間を共有し、相互に相手に存在感を与え合い、主体としてその独自性において存在することを可能にし合っているのである。

# 第II部

# 対話における共同性

保育世界において子どもたちは容易に遊びだす。すなわち、子どもたちは遊ぶ在り方において保育世界を生きているのである。序章で述べたように、園生活においては対話が生じていると考えられる。そこで、第Ⅱ部においては、遊ぶ在り方を対話の様態と捉え、対話を成立させている契機は何か、対話が保育の当事者に対して何をもたらしているのか、子どもと対話をしつつも子どもとは異なるどのような在り方を保育者はしているのかなど、子どもと保育者がいかに生きているのかを、明らかにしよう。

# 第3章　保育における対話の基本的特質

園生活において、子どもたち同士や子どもと保育者がともに関わり合う時、そこには対話が生起する。本章では、子どもと保育者の対話の特質を明らかにしよう。

## 一　共同的に生きられる世界の二重性

子どもと保育者がともに生きている時には、身体が常に同調し合っているので、両者は同一の情態感と志向性を共有している。つまり、ともに楽しい気分になるし、同じものや事象に関心をもっている。そして、同じものや出来事を見て、思わず顔を見合わせて微笑み合うというように、同じように感じ、同じ感情を抱く。それは、両者が感性的に共通の体験をしていることを意味する。この時、両者はそれぞれの感じたことや思ったことを細大漏らさず言葉で表現してわかり合うというような、言語的コミュニケーションを必要とはしていない。彼らは、いわゆる「気持ちが通じ合っている」という共通の情態感の次元を生きているのである。言語を必要としないという意味では、非言語的次元を生きていると言える。

その一方で、子どもと保育者は会話をしている。彼らは情態感を共有して生きているだけではなく、言葉により感情・思考内容・体験を伝え合い、相互に理解し合っているのである。つまり、言語によりともに生きる世界の認識を共有しているのである。それ故、子どもと保育者は会話において言語的次元を生きていると言える。

このように、子どもと保育者がともに生きる世界は二重の構造を持っているのである。そのことを以下の場面で具体的に考察しよう。

【場面7】外で花びらを使って色水づくりをする子どもたちと保育者

コンクリートの通路で、四歳児クラスの子どもたちが大勢で色水づくりをしている。すり鉢とすりこぎで朝顔などの花びらをつぶして色水をつくる。ペットボトルにたくさんの色水が入っている子どももいる。子どもたちは一列に並んで、楽しそうにおしゃべりをしながら花びらをつぶしている。担任のK先生は終始、笑顔で子どもたちに関わっている。子どもたちの色水づくりのペースは異なるが、K先生は一人一人に合わせて関わっている。子どもたちは色水を互いに見せ合うし、先生にも見せる。K先生は子どもたちに対して「きれいだね」と、気持ちを込めて話しかける。後から色水づくりを始めようとする子どもには、やり方を教えたり、一緒に作業を行ってやる。私も子どもたちの作業をのぞき込み、「色がずいぶん出てきたね」「少し色が出てきたね」などと、一人一人に話しかける。子どもたちは私に親しげな笑顔を向けて応える。ペットボトルにためた色水を見せてくれる子どももいる。私は思わず「わぁ、透明できれいだね」と応える。K先生が一人の子どものペットボトルの色水を見て「わぁ、きれいな紫ね！」と、感動したように言うと、側にいた他の女児が「ピンクのはなでオレンジになるよ」と教える。私は「不思議だね」と応える。子どもたちの色水は微妙に色が違う。私は「みんな、きれいな色水ができたね」と話しかける。すると、T子が私に「わたし、オレンジのみず」と言って、自分の色水を見せてくれる。

色水づくりに興じている子どもたちは、明るい気分に満ちた情態感を共有している。その子どもたちに関わっているK先生も私も同じように明るい気分である。それ故、子どもたちも保育者も同じ情態感で生きていると言える。そして、全員が色水を共通の関心事としており、無色の水に次第に色がついていくことを体験している。その体験自体は感性的な次元である。子どもたちの作った色水について、私は「色がずいぶん出てきたね」とか「透明できれいだね」と表現し、K先生も「きれいな紫ね」と表現した。これらは感性的に捉えた現象を言語化したものである。言語的に表現されたこれらの現象は、その場にいた者たちがともに体験していたことである。ただ、子どもたちはそれを言葉で表現していないだけである。子どもたちも保育者も感性的な次元（非言語的次元）においては共通の体験をしていたのである。

私たちは感性的な次元に生きている時には、世界の多様な現れ（多様な意味）を非言語的に（曖昧な仕方で）体験している。それらは、非言語的次元で体験されているかぎりは、その都度、私たちに感動や驚きなどをもたらしつつも、曖昧な意味の状態にとどまる。私たちが感性的に捉えた現象を言語化することにより、曖昧な意味は明確な意味へと変貌し、かつ分節化される。それにより、私たちは言語的に分節化された新たな意味の世界を形成し、それを生きるようになるのである。

K先生と私の言語表現は、色水の現象を明確にし、その現象に新たな意味を与えたのである。そして、その言語表現が子どもたちに向かって発せられることにより、その新たな意味が子どもたちにも共有される。その結果、子どもたちには言語的に分節化された新しい世界が開かれ、それを子どもと保育者が共有することになるのである。そして、ある言語的世界に開かれた子どもたちは、その世界の地平に立って出会う現象を捉え、表現するようになるのである。

例えば、T子が「わたし、オレンジのみず」と言ったのは、彼女がK先生の「きれいな紫ね」とか、私の「きれいな色水ができたね」という表現に応じようとしたからである。つまり、T子は保育者の「色」を主題化する発言により「水の色」という視点で現象を捉え、表現するようになったのである。こうして、子どもと保育者は色という視点から分節化された意味の世界を共有し、ともに生きるようになったのである。

以上のように、子どもと保育者がともに生きている時には、二重の世界を生きているのである。一つは、感性的に体験され、非言語的に生きられている世界である。他の一つは、言語的に分節化され、現象が明確な意味をもって捉えられる世界である。

## 二　対話を開く基礎的要件

### (1)話題の共有

一般的に、対話には話題(テーマ)が存在する。私たちは何かについて対話をするのであり、話し合うべき話題を欠くなら、それは単なる「おしゃべり」にすぎない。子ども同士ないし子どもと保育者の関わりにおいても話題が存在する。それは、子どもが興味をもっていることである。そこで、保育の当事者間で話題の共有がどのようになされるのか、出会いからたどって考察しよう。

【場面8】久しぶりに会ったM子と私が会話をする

私が玄関に行くと、五歳児クラスのM子がポケモンの絵が描いてあるカレンダーを見ていた。一枚一枚めくっては、ポケモンを見ている。私がM子に近づき、笑顔で「おはよう」と挨拶する。すると、M子は怪訝な表情の顔を向けて、「おはよう」と返事をする。気のない儀礼的な応答である。私が続けて「先生のこと、覚えてる?」と聞くと、M子は思い出したらしく、笑顔になって私を見つめ、「あっ、まえにきた」と言う。先ほどの返事とは違い、喜びの気持ちが感じられる。M子の気持ちを感じ、私自身も嬉しくなる。そして、M子は自分が見ているポケモンを指して、「これが～」と、私に教え始める。私はM子と並んで、のぞき込んで説明を聞く。M子が「これ、なんだかしってる?」と聞くが、わからないので「うーん、わかんない」と答えると、M子が教えてくれる。このようにして、二人でポケモンについて会話をする。

まず、話題の共有の前提として、「出会い」について考察しておこう。この場面でM子と私が真に出会ったのは、私が「先生のこと、覚えてる?」と聞き、M子が笑顔で答えた瞬間である。それ以前においては、M子は儀礼的な挨拶を返しただけであり、M子にとって私の存在はほとんど意味をもっていなかった。つまり、M子の生と私の生は異なるものとして流れていたのである。それ故、そこには話題を共有する可能性はなかった。

ところが、M子が私を思い出した瞬間から、私の存在がM子にとって意味をもつようになった。それ故、M子は私に能動的に働きかけるようになった。そのことが私の存在がM子にとって有意味であることを私に実感させる。すなわち、M子の能動性が私の有意味性を生み出しているのである。それは、私の存在がM子の生にとって不可欠なものとなっていることを意味する。そして、その逆も真である。すなわち、私の能動性がM子の有意味性を生み出し、私の生にとってM子の存在を不可欠なものとしているのである。

こうして、M子の生にとって私の存在が不可欠であり、私の生にとってM子の存在が不可欠であるという仕方で、両者の生は緊密に結びつき、共同で流れ始めたのである。出会いとは、両者の生がそれぞれにとって不可欠なものとして共同的に流れ始めることなのである。こうして、出会いにより、両者は共同の生を生きることになるのである。それ故、必然的に、話題の共有が生じるのである。

出会いにより、M子と私は「ポケモン」という話題を共有するようになった。二人の会話の中で、M子は私に

「これ、なんだかしってる?」と質問をしている。この時、M子は私から特定の答えが返ってくることを期待しているわけではない。私が「知っている」と答えようが、「わからない」と答えようが構わないのである。つまり、話題が共有されていることこそが重要なのであり、返事の内容はさほど重要ではないのである。

このように、保育における対話では、対話する者同士は話題に関して一義的な答えを追求してはいない。互いに、「話題の共有」「話題への関与」「話題への言及」を期待しているのである。そして、共有された話題に関して言及し合うことを通して、結果として新しいことの発見も起きうるのである。また、一義的な答えを追求するのではない故に、対話は常に答えの多様性に対して開かれている。その意味で、未完である。したがって、対話においては喜びや楽しさを味わうことはあっても、失敗とか失望を味わうことはあり得ないのである。

ところで、話題の共有は会話という形によってのみなされるのだろうか。確かに、言葉は極めて明瞭に話題を示してくれる。しかし、対話する者は話題の共有を言葉にだけ頼っているわけではない。そこには身体が大きく関わっているのである。【場面8】に続いて生じた次の出来事を見てみよう。

【場面9】T夫が私たちと一緒に行動する

M子と私は園庭に出る。M子が「せんせい、すべりだいにいこう」と私を誘い、私はそれに応じる。私がM子と行動していると、同じクラスのT夫が私に関わってくる。そして、私にいろいろと話しかけ、会話が生まれる。T夫はM子と話したいのではなく、私とである。M子はM子で、私たち二人の会話を聞きながら私に話しかけてくる。M子とT夫の間には会話はないが、私との会話を通して関心を共有している。M子が大きい固定遊具(通称「城」)に私を誘うと、T夫も即それに応じて私を誘う。同時にM子もT夫も城に登ろうとして動き出した。二人は元気よく走るように登っていく。M子もT夫も行動しながら、「せんせい、そっちからのぼって」などと、私に呼びかけてくる。私は二人の動きの速さに遅れて、ゆっくり付いていく。しかし、私の身体はもう既に二人の向かう方向に向かうようになっている。私は見晴台に立つと、「気持ちいいね」と二人に言う。二人とも、自分がどんな風に行動できるかを私に見せようと、滑り降りては他の場所から現れる。私は、「あれ、いつの間にそんなところに来たの」と、驚いて応じる。そして、「まるで忍たまだね」と言う。二人はますます自分の動きの速さを見せようと走り回る。

この場面で、M子もT夫も私と会話をしているが、二人の間での会話はほとんどない。しかし、二人は無関係に行動しているのではない。一方が私と交わす会話を他方が聞いているし、また、「城」での行動の仕方（動き回り、私に自分の速さを見せようとする）も同じである。つまり、私たち三人は言葉で遊びのテーマ（話題）を確認してはいないが、いつの間にかそれを共有して一緒に遊んでいるのである。二人は充実して遊んでいるのだが、その充実感は私との応答によるものであり、彼ら同士の応答によるものではない。だが、二人は同じテーマを私と共有することで結果的に一緒に遊んでいるのである。実際に二人は同じように行動している。つまり、一方が私との間で始めたことは、即座に他方も始めるのである。

このことは、他者と一つのテーマを共有しようとする主体身体の働きによる。つまり、M子の身体もT夫の身体も孤立的に閉じているのではなく、常に他者へと開かれている。そして、他者の身体と重なり合い融合し合い、そのようにして関心を共有し、他者の行動を自己の内に取り込んでいるのである。M子もT夫も私との一対一の関係だけを生きているのではない。私を中心としながらも、それぞれの主体身体は相手の身体と重なり合い、関心事を共有し合っているのである。それ故、二人は「一緒に遊んでいる」という共同の意識をもって遊んでいるのである。

では、私自身はどうだろうか。私はM子とT夫それぞれに対して応答していた。しかしながら、私は二人に対して全く異なる応答をしていたのではない。私は同一の地平に立って、二人に対して同様の応答をしていた。それ故、私は二人と同じテーマの下に遊んでいるという意識であった。私は二人から相反する相互に無関係な応答を期待されていたのではないのである。それ故、私は、二人がそれぞれ個別的に私に働きかけてはくるが、二人が連動して私に働きかけてくると感じられるのである。連動している以上、両者は同一のテーマ(関心事)を共有していると言えるのである。

このように、子どもたちと保育者は言語によるだけではなく、身体的な応答を通して、暗黙の内に何らかのテーマ(話題)を共有しているのである。すなわち、遊びにおいて子どもたちと保育者は、活動による対話を行っているのである。

子どもたちがともに活動している時には、相手の思念は具体的な行為として目に見える形で表現される。また、その行為の志向的対象としての事物などが目に見える形で存在している。つまり、思念と思念の対象とが遊び仲間により共有されうる状態にあるのである。そして、子どもと保育者はそれらを共有しつつ身体的に呼応し、互いに思念を伝え合う。そのような仕方で、子どもと保育者は活動を通して身体的に対話をし、さらには共同的な思考も展開するのである。

## (2)まなざし合いと親しみ合い

さて、子どもと保育者の間に対話が展開するためには、子どもの中に保育者に話しかけようとする意欲が生じなければならない。すなわち、子どもにとって保育者が「自分のことを語りたくなる相手」として存在しなければならない。それは保育者の「温かいまなざし」による。温かいまなざしにより、子どもは「受け止められていること」を感じ、自己を開く。そして、保育者の温かいまなざし自体を、保育者からの応答としても感じるのである。この温かいまなざしは笑顔という表情により示される。それ故、日常、保育者は子どもたちに笑顔を向けることを心がけている。保育者の笑顔に出会い、受け止められていることを感じ取った子どもは、同じように笑顔で保育者に応える。つまり、温かいまなざしを保育者に送るのである。その結果、保育者は子どもに受け止められていることを感じ、自己を開かされるのである。こうして、子どもと保育者は互いにまなざし合うことにより対話をするのである。そして、対話をしているかぎり、両者は同時に互いをまなざし合い、自己を開き合うのである。

したがって、対話の成立のためには、保育者のまなざしが重要であると言える。しかし、【場面８】を見るかぎり、それだけでは必ずしも十分であるとは言えないように思われる。何故なら、私とM子の出会いが生じる以前には、私のまなざし(笑顔により表現される温かさ)はM子との対話を開くことができなかったからである。その原因は、M子と私との間に親しみが欠如していたことである。久々に現れた私はM子にとって「見知らぬ人」である故に、私は疎遠な(遠い)存在である。それ故、温かなまなざしを向けられていても、M子の中に容易には親しみの感情が湧かないのである。言い換えれば、温かなまなざしを温かなまなざしとして受け止めることができないのである。M子が私のことを思い出した時、一気に親しみの感情が湧き上がった。それと同時に、私のまなざしがM子にとって温かなまなざしという特別な意味をもったのである。それ以降、M子と私は親しみの感情を抱きながらまなざし合うようになったのである。

以上のように考えると、温かなまなざしはそれを向けてくれる人に対して親しみを感じさせるものではあるが、必ずしも親しみと同義ではないと言える。基本的に、対話する者同士は温かなまなざしと親しみを一体のものとして感じるのであるが、親しみの感情が土台となって温かなまなざしがそのようなものとして生成するのである。

園生活においては、子ども同士も子どもと保育者も親しみ合う体験を積み重ねている。それ故、温かなまなざしは、即、親しみを意味するのであり、子どもと保育者はまなざし合うことと親しみ合うことを同時に行っているのである。そして、この「まなざし合うことと親しみ合うことの一体的生起」が対話を可能にしているのである。

### (3)保育者の期待

保育者は子どもの成長を促す者として、教育的な意図や配慮をもっている。すなわち、子どもに対して何らかの期待をもって関わっているのである。それは、対話に対してどのような影響を及ぼすのだろうか。次のエピソードを手掛かりに考えてみよう。

**【場面10】五歳児たちと担任がトマトを味わう**

五歳児クラスの子どもたちと担任のK先生が菜園で熟れたトマトを拾ったり摘んだりしている。K先生が探してやったり、子どもたち自身が探してもいる。子どもたちはトマトを手にすると、洗い場に行き、トマトを洗って食べてみる。抵抗なく食べる子どももいれば、躊躇する子どももいる。K先生は子どもたちに向かって「取れたてのトマトだからおいしいよ」と、明るい声で促す。躊躇していたK夫はその言葉を聞いて、トマトをかじってみる。そして、「ちょっとすっぱい」と言う。すると、その言葉を受けて、平気で食べていたN夫が、食べながら「すっぱいけど、かんでいるとあまい」と言う。さらに続けて、「トマトきらいだったけど、たべられるようになった」と言う。K先生は子どもたちに「食べられなければ、無理に食べなくてもいいんだよ」と言う。こうして、K先生はトマトを味わってみるように子どもたちを促し、子どもたちは食べてみる。

子どもたちとK先生は一緒にトマト摘みをし、会話をしている。それは極めて自然なやりとりである。そのやりとりはK先生のある期待（願い）により導かれている。K先生は子どもたちに自分で育てたトマトを味わって欲しいという願いをもっていると思われる。それ故、子どもたちに食べてみるようにと、働きかけているのである。K先生は、自分で育てたトマトを食べることは、店で買ってきたトマトを食べることとは異なる体験をもたらすだろうという期待をもっているのである。これは教育的な意図である。ただし、K先生は具体的な体験内容まで考えているわけではない。それは未確定であり、未定である。しかし、トマトへの関わり方がいつもとは全く異なっていることは明らかである。子どもたちは「自分でトマトを育て、自分でトマトを摘み、自分でトマトを洗って食べる」という関わり方をしている。K先生は、このようないつもとは違うトマトへの関わり方が子どもたちに新たな体験をもたらすことを期待しているのである。もちろん、「酸っぱい」「甘い」などの反応は予想しただろう。しかし、K先生はそのような具体的な言表そのものを求めていたのではない。K先生が期待していたことは、トマトがこれまでとは異なる存在として子どもたちに体験されることなのである。したがって、K先生は予め想定した（決めた）答えを子どもたちから引き出そうとはしないのである。

このような教育的な意図（期待）を背景として、子どもたちとK先生の対話は展開する。子どもたちとK先生は、みんなで育てたトマトを食べてみることを共通のテーマとして会話をする。子どもたちは「躊躇しながらかじる」とか「平気で食べる」など、それぞれの仕方でトマトに関わる。それは、トマトとの関係を各自が形成することを意味する。子どもたちはトマトと関わってどのように感じたのか（トマトはどのような味がしたのか）を表明する。彼らの発言は「トマトの味についての言表」だけではなく、「トマトと自己の関係についての言表」にまで及ぶ。例えば、「トマトは嫌いだったけど、食べられるようになった」という言表は、トマトと自己の関係の変化を主体としての立場から言語的に表現したものである。つまり、子ども自身が自己の成長を認識した（新たな自分を発見した)ということである。

一方、トマトの味についての言表はどうだろうか。子どもたちは「トマトを食べてみる」という行為を意識することにより、トマトへの注意が高まっている。つまり、いつも以上に味に鋭敏となり、それを明瞭に捉えようとする。そして、より繊細にトマトの味を分節化しようとする。「ちょっとすっぱい」「すっぱいけど、かんでいるとあまい」というように、子どもたちは豊かに味を表現している。このことは、トマトの存在が新たな意味をもつようになったことを意味する。

以上のように、子どもたちの自己の体験についての言語的分節化は、子どもたちと保育者が共通のテーマを巡り対話をすることによりなされている。各自の単独の思考によりなされているのではない。子どもたちは相手の発言を受けて、それに触発されて自己の体験の分節化をしているのである。そして、そのテーマをもたらし、それへの子どもたちの関与を支えているのが保育者の期待なのである。ただし、その期待とは新たな体験への期待であり、その体験の内実は未確定である。内容が未確定であるという意味で、対話を支える期待は開かれた期待であると言える。もしも子どものするであろう体験が保育者により確定され、閉じられているのであれば、もはや両者の間に対話は生じないのである。

## 三　対話がもたらすもの

### (1)事象の現れの豊かさ

本章第一節において「私たちは感性的次元に生きており、世界の多様な現れを非言語的に生きている。それを言語化することで明確な意味の世界を形成している」と述べた。このことは、私たちの生きる世界(事象の現れ)が豊かになることを意味する。その点について、もう少し詳しく考えよう。

### ①　存在の固定と世界の豊穣化

第一節で指摘したことは、言葉により曖昧な体験が分節化されるということである。それは、言葉が新たな存在を生み出すということ、今まで存在していなかったものを存在させるということを意味する。それを端的に示す出来事を以下に提示しよう。

**【場面11】Ｔ子が私に捕まえたアリを見せる**(1)

四歳児クラス。私は二カ月ぶりに幼稚園を訪れた。既に子どもたちは登園し、園内各所で活気に満ちて遊んでいた。私は動き回ることはせず、その場にとどまり、子どもたちに視線を向け、しっかりと子どもたちと出会おうと思う。すると、私の存在に気付いた子どもたちの何人かが自発的に私に視線を向け、話しかけ始める。Ｔ子はヨーグルトの空容器に、捕まえたアリを入れていた。彼女はそれを私に見せに来る。そして、自分で捕まえたことなどを話し、「クモみたいなアリ」と言う。見ると、確かにクモに似ている。私は「本当だ。クモみたいだね」と応える。Ｔ子は外に行ってはアリを捕まえて、私に見せに来る。そのうち、「これあげる」と言って、全てのアリをヨーグルトの容器ごと私にくれる。

この場面で私は「しっかりと子どもたちと出会おう」とする姿勢でいた。つまり、私は子どもたちと何らかの関心を共有しようとしていたのである。それを背景として、Ｔ子と私の関わりが始まったのである。そして、Ｔ子の捕まえたアリが共通の関心事となった。二人の関わりの中でＴ子はアリを「クモみたい」と表現した。私はそれを納得して受け止めた。私にはＴ子の表現により、確かにそのアリが「クモのようなアリ」として見えたのである。「クモのような」と形容されることにより、そのアリはクモのもつ様々な特性を帯びて捉えられるようになる。すなわち、子どもの表現がアリという事象に新しい規定を付与し、新たな存在として現象させ、新たな見方を生んだのである。

私がアリを「クモのようなアリ」として見ることができたのは、T子の表現のお陰なのだが、一方では、私がその表現を受け入れることができるように子どもたちに対していたことにもよる。つまり、私が子どもと関心事を共有しようとしていることにより、子どもの表現をそのまま子どもと共有することができるのである。その結果として、アリの新たな属性規定が存在することになったのである。もしも、私がT子の表現を無視したのであれば、彼女が表現したイメージは空しく消滅して終わったことだろう。私がT子に同意することにより、そのイメージ（属性規定）は確かなものとして存在を開始したのである。この時、新たな存在が二人により生み出されたのである。

このように、諸事物・諸現象の存在を確かにするのはそれに関わる者同士の共同性なのである。誰かの言説が相手に聞き入れられることにより、その存在が固定され、確かに存在するものとなるのである。そして、このことはその当事者の生きる世界が豊かになることに他ならない。つまり、生きられる世界の豊穣化は、対話する者同士の共同性によりもたらされるのである。

### ②　事象の現れの真新しさ

前記に論じたことは、事象が新たな意味を帯びて見えるということである。言い換えれば、事象の多義性に気付くということである。対話は、事象の多義性を生むだけではなく、見慣れた事象を新鮮なものとして現れさせもする。例えば、次のような場合である。

**【場面12】Y夫が森でいろいろな葉を見つける**

三歳児クラス。私が園庭にいると、Y夫が話しかけてきた。Y夫は左手に葉を何枚も持っている。そして、私に「まつのまるいのをみつけた」と話しかける。私は「丸いの？　どこにあるの？」と、興味をもって聞く。Y夫は「こっち」と言って、先に立って森(木々がたくさんあるので、子どもたちは森と称している)に向かう。私は彼の後を追う。Y夫のところにようやく私が到着すると、Y夫は上を指して、「あそこにまるいのがある」と私に教える。見上げると、松の木の枝分かれした部分が大きなボールほどに膨らんでいる。私は驚いて「あっ、本当だ。ボールみたいだね」と応える。その後、Y夫と私は連れだって森の中を歩き回る。Y夫は私に「これでなにつくるかわかる？」と、葉を見せて聞く。私が「わからない」と応えると、「ネックレスつくろうとおもう」と応える。私はY夫の葉を注視して、「いろんな葉があるから素敵なネックレスができそうだね」と応える。Y夫は周囲の葉に目を凝らしながら歩き、いろいろな葉を見つける。私に「あかいはっぱだ」と、奥まったところを指さして教える。赤紫の葉がある。さらに、一枚の葉が三色になっているものを見つけ、「これ、おもしろい」と言う。私も驚いて、「本当だ。面白いね」と、引き込まれて応える。こうして、Y夫は形や色など、様々な葉を見つけて集める。

園庭は子どもたちが日常的に遊んでいる場所である。「森」も子どもたちにとっては慣れ親しみ、見慣れた場所である。ところが、この場面では、Y夫はこの日初めて森に入ったかのように、森を新鮮なものとして体験している。

Y夫と私は一緒に森の中をさすらっている。そのようにしながら、Y夫はいろいろな葉に目を止めては面白いと感じる。私もY夫の発見するものに目を止め、同じように面白いと感じる。このように、私たちは一緒に「面白さ」や「驚き」を共有しているのである。私たちがそのような心情を覚えているということは、この日、森という環境がこれまで知らなかった姿（新鮮な姿）を見せたということである。すなわち、慣れ親しんだ日常性に収まらないという意味で、森が予測を超えた現れ方をしたのである。言わば、私たちは予測を超えた環境の現れに翻弄されているのである。それ故、驚いたり面白いと感じるのである。これらの心情は、環境により与えられるものである。つまり、私たちは環境により揺さぶられているのである。それ故、私たちは受動的に存在していると言える。その意味で私たちは客体である。しかし、一方で私たちは能動的に生きており、主体でもある。

私たちは森に誘われる（受動性）とともに、その誘いに乗り、森に目を凝らし（能動性）、面白さを見いだしている。それ故、私たちは主体的な存在でもある。つまり、私たちと環境とは「主体＝客体かつ客体＝主体」という「主客融合」の関係にあるのである。私たちの側についていえば、私たちは「主体＝客体の両義的在り方」「能動＝受動の両義的在り方」をしているのである。

この関係はY夫と私との間にも言える。Y夫と私は主従関係にはない。互いに導かれながら導くというように共同的に生きている。ともに、能動＝受動の在り方をしていることを通して、面白さや驚きを見いだしているのである。

このように、事象の現れの真新しさは、子どもと保育者の両義的な在り方（環境に対する両義的在り方および互いに対する両義的在り方）によりもたらされるのである。

### （2）意欲の昂揚

対話においては私たちはともに生きている。それ故、私たちは話題についての理解を共有するだけではなく、話題に対する関心の強さや心情・意欲など，心的状態・情態感をも共有する。すなわち，誰かの意欲は個人の内に閉じられることはなく，瞬く間にみんなの意欲となるのである。幼児たちは，遊びにおいてともに生きている故に，そのことが常に生じている。しかし，幼児は常に対話関係を生きられるわけではない。例えば，集まりの場合は，対話関係は生じにくい。そのような場合には，保育者の関与により意欲の共有が可能になる。わかりやすい例として，次の出来事を見よう。

### 【場面13】朝の集まりでＪ夫がみんなにオタマジャクシを見せる

降園の前に「お知らせタイム」という，子どもたちが仲間に知らせたいことを話す時間がある。先週の金曜日に，Ｍ先生が五歳児クラスの子どもたちに，今週「生き物ランド」を作ることを知らせておいた。今朝，Ｊ夫は登園するや否や，Ｍ先生に「おしらせタイムにいきものランドをつくるっていって」と頼んだ。今日は雨が降っているので，Ｍ先生は室内遊びの準備をしていたのだが，Ｊ夫の意欲の強さを知り，予定を変更して朝にお知らせタイムを設けた。

私がテラスから保育室に入ると，子どもたちは席に着いていた。Ｍ先生は前に立って子どもたちにＪ夫が持ってきたウシガエルのオタマジャクシやザリガニを見せて話をしている。Ｊ夫は興奮した様子で，それらをお父さんが捕まえたこと，どうやって捕まえたのかなどをＭ先生に話す。Ｍ先生はＪ夫の話を他の子どもたちに伝えるように，みんなの方を向いて話をする。すると，子どもたちの生き物ランド作りへの意欲が次第に高まっていく。そして，園庭に出て子どもたちの活動が始まる。

先週に引き続き「畑作り」と称して，シャベルで土に穴を掘り始める子どもたちもいる。生き物ランドにする場所に集まり，どのようにしようかと話し合いを始める子どもたちもいる。Ｍ先生は生き物ランド作りの子どもたちに関わる。子どもたちはオタマジャクシやザリガニに触ったり、エサは何がいいか考えるなど、興味が高まっていく。男児たちが中心となり試行錯誤しながら活動が展開する。M先生は子どもたちの活動に参加しながら、彼らの発案を助けるように新たに青いたらいを持ってくるなどする。子どもたちはそこに植木鉢を入れて、ザリガニの家にする。「ザリガニのいえはきれいなみずでないとだめだ」と一人の子どもが言うと、M先生は「でも、J夫くんは泥のあるところで捕まえたと言っていたよ」と言って、子どもたちの考えを揺さぶる。このようにして子どもたちは生き物ランド作りに熱心に取り組んだが、完成にはいたらず、明日に持ち越すことになった。

J夫は生き物ランド作りに強い意欲をもっており、そのために父親と生き物を捕まえてきた。この日の朝、M先生はJ夫の意欲の強さに触れて、その意欲に応えたいという意欲が湧いてきた。そこで、急遽予定を変更して、お知らせタイムを設けて、みんなと一緒にJ夫の話を聞くことにした。幼稚園などにおいては、このような集まりの時間を設けて、子どもの一人がみんなに向かって話をすることがある。その時、前に立って話をする子どもとその話を聞く子どもたちとの間には対話関係は生まれにくい。この場面では、J夫が熱心に生き物を捕まえた体験を語るのはM先生に対してであり、クラスの仲間に対してではない。子どもたちはひたすらJ夫とM先生の会話を聞いているだけである。それ故、なおさらJ夫と他の子どもたちとは対話関係にはなりにくい。しかし、子どもたちは生き物ランド作りの意欲を共有した。それを促したのはM先生の媒介である。

一般的に、子どもたちは保育者の話は聞こうとする。M先生はJ夫の話を傾聴しては、その話を他の子どもたちに投げかけた。子どもたちはその投げかけに対しては応答する。すなわち、子どもたち一人一人はM先生と対話関係を生きているのである。それ故、M先生の話しかけにより、子どもたちは生き物ランド作りに興味を持ち、

J夫と生き物ランドを作る意欲を共有するのである。このように、保育者が要として子どもたちを媒介することにより、子どもたちの活動への意欲が共有され、高まっていくのである。

ところで、J夫はM先生に対して熱意を込めて自分の体験を語っている。つまり、J夫は現在生じている出来事であるかのように、自分の体験を生きているのである。それ故に彼は興奮するのであり、そこに意欲が現れてくるのである。M先生はJ夫の話を聞きながら、彼の身体に現れる意欲に接し、それに引き込まれることで真剣に応答したくなるのである。つまり、M先生自身の意欲（J夫の活動に参与しようとする意欲・J夫とともに生きようとする意欲）がJ夫の話を傾聴することにより高まるのである。(2)

以上のように、保育者の媒介は子どもたちの意欲の昂揚と保育者自身の意欲の昂揚をもたらすのである。その結果として、子どもたちと保育者がともに活動に取り組むことになる。この場面では、実際に生き物ランド作りが始まると、子どもたちは話し合いをするなど意欲的に行動している。保育者自身も子どもたちの活動が発展するように環境を変えたり、子どもたちの考えを揺さぶるなど、やはり意欲的に行動している。このように、対話関係は、当事者の意欲を共同的に生成させ、高めるのである。

## 四　学びの可能性

### (1)体験の分節化

第二節と第三節においては、言語により体験が分節化されることで新しい意味が生まれるということを述べた。本節では改めてそのことを「学び」の視点から考察しよう。

私たちが今を生きている時には、何かを体験している。その体験そのものは絶えず過去へと流れていき、やがては忘却の彼方に消える。幼稚園教育では体験から学ぶことが重視されるが、流れ去る体験からは学ぶことは困難である。流れ去る体験に意識の光を当ててそれを捉え直すことにより、初めて私たちはその体験から学ぶことができる。私が自己の体験を意識により把捉した時、それは私にとって特に意味のある体験となるのである。シュッツ（Schütz, A.）はフッサールの意識流の分析に基づき、有意味な体験の構成について、次のように言う。

持続の流れの方向のなかで素朴に生を送る場合、そこにはただ流動的で、境界のない、相互に絶えず移行し合っている体験が見られるだけである。それぞれの今は原則的に言えばそれ以前の今から区別される。なぜなら今のなかにはそれ以前の今が過去把持的変様を受けて含まれているからである。けれどもこの事態について、私が素朴に持続流のなかでのんびり生を送っている間は、何も知らない。なぜなら私は過去把持的変様や同時にまたそれ以前の今を、反省的な配意作用においてはじめて眼差しに入れるからである。

（Schütz 1932/1982, S. 48/67 頁）

ところで、体験された体験に注意を向けることによって、私は反省作用において純粋持続流から、流れのなかで素朴に生を送ることから外に出る。そのようにして体験は、把握され、区別され、際立たされ、境界づけられる。位相的に体験作用のなかで持続経過の方向において構成された体験が、今度は構成された体験として眼差しのなかに捉えられるのである。位相的に構築されたものが、今度は反省もしくは再生（素朴な把握における）いずれかの配意によって、「既成の」体験として他のあらゆる体験から鋭く境界づけられるようになるのである。（Schütz 1932/1982, S. 49/68 頁）

すなわち、シュッツは、私たちが意識の流れに身を任せ、次々と生じる出来事を体験し続けている（連続する今を生きている）かぎり、連続した一つの体験があるだけであり、特に意味のある体験は存在していないと言うのである。有意味な体験は過去になった体験を意識が捉え（反省または再生し）、それを他のあらゆる体験から区別することにより生み出されるのである。私たちが体験から学ぶためには、まず有意味な体験が私にとって現象してこなければならない。それは、反省したり思い出したりなどの意識の反省的な作用によるのである。このような有意味な体験を生み出す意識の働きが体験の分節化である。そしてその分節化は体験の言語化により確実に遂行される。つまり、言語化により有意味な体験が明確に構成されるのである。

園生活において子どもたちは、自己の体験についての反省を頻繁に行うわけではない。しかし、子どもたちは様々な場面で自己の体験の言語化を行っている。例えば、【場面13】（朝の集まりでＪ夫がみんなにオタマジャクシを見せる）では、Ｊ夫はオタマジャクシを捕まえた体験を反省的に捉え直し言語化している。また、体験を言語化しないまでも、子どもたちは過去の体験を想起し、それを今の活動に活かすこともする。このように、子どもたちは園生活において、他者との対話を通して、知らず知らずのうちに体験の有意味化を行っているのである。

ところで、シュッツはすべての体験が有意味な体験に変様されるわけではないと言う。何故なら、体験には記憶できるものと記憶が困難なものとがあるからである。後者をシュッツは「「本質的に直接的な」体験（“wesentlich aktuell” Erlebnis）」（Schütz 1932/1982, S. 50/69 頁）と呼ぶ。それは内的知覚の体験であり、それには筋肉の緊張と弛緩、苦痛のような身体的体験や、気分・感情・情緒などの心理的諸現象の体験が含まれる（Schütz 1932/1982, S. 51/70 頁）。そして、「記憶できないもの――そして常に原理上口に出すことのできないもの――は、もっぱら「体験」されるだけで、決して「思考」されえない」（Schütz 1932/1982, S. 51/70 頁）のである。つまり、身体的緊張や感情は想起することはできないものなのである。想起できるのは、それらが生じた時の出来事・状況という外的な知覚体験なのである。したがって、有意味な体験となりうるものは感情そのものの体験ではなく、それらを引き起こした出来事の体験なのである。それらは記憶され、思い出されることを通して、子どもに影響を与えうる（子どもが学びうる）のである。

したがって、まず、体験を分節化し有意味な体験を生み出すことが重要である。しかし、「有意味な体験を生み出した」ということは、即「学んだ」ということを意味するわけではない。単に素朴に思い出すことに留まるだけでは、子どもが学びにいたるとはかぎらない。しかし、学ぶべき素材を手に入れたことは確かである。子どもたちは園生活のなかで、他者と対話をすることを通して有意味な体験を生み出している。それは学びに不可欠な素材である。それ故、対話は子どもの学びの可能性を開くと言えるのである。

### （2）事象についての認識の深まり

子どもたちは様々な現象を感性的に体験して認識しているのだが、それを言語化することにより明確な意味の世界を形成する。それ故、対話は子どもの生きる世界を豊かな意味の世界に変えると言えるのだが、それに留まるわけではない。それに加えて、対話は事象についての子どもの認識を深めてもくれる。その視点から【場面7】（外で花びらを使って色水づくりをする子どもたちと保育者）を見てみよう。

K先生がペットボトルの色水を見て「わぁ、きれいな紫ね」と言い、子どもが「ピンクのはなでオレンジになるよ」と答える。私が「きれいな色水ができたね」と言うと、子どもが「わたし、オレンジのみず」と答える。この場面での会話においては、参加者は互いに相手の発言を受けて、それに触発されて思いついたことを述べている。その内容は相手の発言内容に無関係ではない。そこには共通点（テーマ）があり、参加者はそれについての発見や考えを提示している。参加者は自分の発言に対して相手が具体的に何を言ってくれるのか予想しているわけではなく、相手が応答してくれることだけを期待している。それ故、相手の発言は事象についての私の認識を超えたものになる。すなわち、私の認識を広げてくれるのである。

例えば、K先生が「きれいな紫」と言った時、私はK先生の認識を共有した。したがって、「きれいな紫」は私自身の認識になったのである。さらに、その時に、子どもが眼前にないオレンジの色水を言葉で提示してくれた。なおかつ、子どもはそのオレンジ色がピンクの花からできることを教えてくれた。この子どもの発言は眼前にない色水へと、私の視野を広げるとともに、色水の不思議さに気付かせてくれた。このように、子どもの発言により色水に関する私の認識は深まっていったのである。同じことは他の参加者にも言える。この場にともにいる者たちは「色水」というテーマを共有することにより、そこで交わされる会話の中で、各自の認識が広げられる体験をしているのである。

【場面7】は遊びの中での出来事である。遊びとは異なる「集まり」においても、子どもと保育者の間に対話が成り立っているのであれば、同じことが生じる。集まりにおいては、保育者が中心となって会話を展開することが多い。その場合、話題は保育者が子どもたちに与えることになる。例えば、次のような場面である。

【場面14】保育者が子どもたちに栗を見せる

今日は集会室で園全体の誕生会が行われる。その前に、四歳児クラスで先生が子どもたちに話をしている。K先生は子どもたちにこれから誕生会が行われることを知らせた後、毬栗《いがぐり》がたくさん入ったポリ袋を掲げて、子どもたちに栗を見せる。先日の台風のせいで、園庭にたくさんの栗が落ちたそうである。今日、子どもたちの何人かがそれを拾ってきた。K先生は栗を見せて、「とげとげが袋から出ています」と言う。そして「このとげとげを栗の毬と言います」と教える。すると、一人の男児が「でもね、パカッとわれるよ」と応える。先生は「そうそう、毬が割れると栗が食べられるよ」と応える。栗についてはそこで終わり、みんなで集会室に向かう。

この場面で栗についてなされた会話は保育者が意図的に始めたものである。K先生は毬栗の実物を見せるという仕方で会話のテーマを提示した。先生が「とげとげを栗の毬と言います」と言うと、子どもの一人が「パカッとわれるよ」と応えた。その発言を受けて、先生は毬と栗の実の関係へと話を進めた。先生はまず、毬というものについて子どもたちに教えようとしたのだが、子どもの発言により、毬の中には栗の実があることまで話が進んだ。これはテーマについての認識が展開したことを意味する。

「パカッとわれるよ」と発言した男児は、過去に落ちた毬栗が割れて中に実があるのを見たことがあったのだろう。あるいは自分で毬を割り、実を取り出したことがあるのかも知れない。いずれにせよ、この男児は毬の中に栗の実があることを体験的に知っていたのである。つまり、この男児の発言は「毬の中には実があること」「その実は食べられること」を彼が知っていることを示している。したがって、K先生が「そうそう、毬が割れると栗が食べられるよ」と述べたのは、この男児に代わって述べたと言うことができる。子どもの言語表現に含意されていることを、保育者がより詳しく述べたのである。そのことにより、毬と栗の実と人間との関係についての認識が明瞭になったのである。

このように、遊びにおいても、集まりのような人の話を聞く場合においても、対話が成り立つ。そして、対話において子どもたちと保育者は共同的に事象・テーマについて認識を深めることができるのである。

## 五　対話における保育者の役割

ここまで園生活における対話の特質を検討してきた。一般的に言って、対話の参加者は基本的に対等かつ共同的な関係にある。したがって、参加者が果たす役割も同じである。しかし、園生活においては子どもと保育者が常に同じ役割を果たしているわけではない。園生活が保育の場である以上、保育者は常に教育的・保育的配慮を働かせている。そのことが園生活における対話に特有の色合いを添えている。

例えば、対話が可能になるための要件の一つは「まなざし合い」であるが、子どものまなざしと保育者のまなざしが合うためには、保育者が子どもと出会おうとする意思をもっている必要がある。意識的に子どもにまなざしを向けるという保育者の能動的な姿勢が必要なのである。

また、保育者は常に子どもたちの成長・発達を意識し、適宜子どもたちの成長を促す働きかけをする。その働きかけには成長に関わる期待が含まれている。その期待が場合によっては子どもたちに共通の話題を提供し、対話を生じさせる。それ故、保育者の子どもたちへの働きかけには意図的な話題の提示という意味合いがあるのである。しかし、それが対話の契機になるかどうかは、保育者の子どもたちに対する姿勢いかんによる。保育者が自分の期待に執着する時には、それは対話の話題として未確定な未来を開くのではなく、学習課題として確定された未来（既知の答え）を与えることになる。もしも、保育者が確定された未来を子どもたちに与えようとするのであれば、既知の答え以外は捨象され、事象の現れの豊かさは減じてしまう。それ故、期待が対話を豊かにする話題として作用するためには、保育者には期待の実現に執着しない姿勢が求められるのである。

さらに、保育者が子どもたちの会話を媒介するように関わることで、子どもたちの活動・会話への意欲が高まる。このような保育者の働きかけは、子どもたちの成長・発達を意識し、子どもたちの間に相互交流を生じさせようとする教育的な意図によるものである。保育者が媒介者としてではなく、共同者として子どもたちの活動に関わっている場合であっても、保育者は常に教育的な意図をもっており、子どもたちが相互に交流するようにと配慮している。

　このように、保育者は子どもと対等な関係で関わるだけではなく、育てる者としての専門的立場からも関わるのである。当然ながら、専門的立場は子どもには欠如している。それ故、その点から見れば、保育者は子どもに対して優越的立場にあり、両者は不平等な関係にあると言える。したがって、保育における対話は、対話者同士の対等な関係によってのみ成り立っているのではない。保育者の優越性も重要な要素として対話に関与しているのである。子どもと保育者の対等性の下で保育者の優越性が発揮されていることにより、対話が成り立つのである。その点が一般的な対話にはない、保育における対話に固有の特質なのである。保育者が子どもに対する対等性と優越性を有しているということは、保育者が両義的な在り方をしていることを意味する。この保育者の両義性については、第7章で改めて論じることにする。

# 第４章　子どもたちの共同性

保育世界は共同世界である。すなわち、子どもたちは共同的に遊び、共同的に活動している。その中で子どもたちは対話をしている。そもそも対話とは話題を巡っての共同的な思考なのであり、共同的な活動には不可欠なものである。それ故、子どもたちにとって共同的に遊ぶことと対話をすることとは表裏一体のことなのである。むしろ、子どもたちにとって対話とは言語活動に限定されるのではなく、身体的な活動までも含むものと考えるべきである。そこで、本章では、身体的な共同的活動を対話の在り方として捉え、遊びにおける共同性について考察しよう。

## 一　子ども同士の共同性

### (1)共同への志向性

人間は、本来、他者とともに生きようとする存在である。それが前提となって子どもの発達は可能になる。人間のもっているこのような本能的な志向性を、鯨岡峻は「繫合《けいごう》希求性」(鯨岡　一九九七、八七―九二頁)と呼んだ。鯨岡は子どもと養育者の間に働く繫合希求性がコミュニケーション、相互的な応答を生むと考えたのである。幼児たちの共同性は、本来人間がもっている繫合希求性が発展したものと言えるだろう。園生活における子どもたちの関わりをつぶさに見ると、幼児は互いにつながり合おうとする志向性、すなわち共同への志向性を有していると思われる。そのことを次の場面で考えよう。

【場面15】女児たちがシロツメ草でアクセサリーを作る

A先生が五人の女児（H子、A子、S子、K子、T子）とシロツメ草を摘みに行く。子どもたちは会話をしながらシロツメ草を摘み、その場でアクセサリーを作る。A先生は彼女たちにずっと付いているわけではなく、他の場所で遊んでいる子どもたちの様子を見に行っては戻ってくるというように行動している。

しばらくして、子どもたちは木陰のある場所に移動する。H子とS子が並んでベンチに座り、アクセサリーを編む。他の子どもたちは近くにある雲梯《うんてい》で遊んでいる。A子は自分の作ったアクセサリーを持って遊んでいたのだが、私の元に走ってきて「これあげる」と私に差し出す。私が「いいの?」と聞くと、「うん」とうなずき、雲梯に戻る。私はH子とS子に「こんなに長いのもらっちゃった」と言って見せる。すると、H子は「わたし、もっとながいのつくる」と言って、アクセサリーを編む。雲梯で遊んでいたK子がH子の元に戻ってきて、材料のシロツメ草が残り少なくなっているのを見ると、ザルを持ってシロツメ草を摘みに行く。今日は、A子、K子、T子の三人が一緒に行動している。結局、この三人がせっせとシロツメ草を摘んでくれる。三人は、「まだまだたりない」「もっと、もっと」と掛け合いのように言っては、シロツメ草を摘む。H子がしびれを切らしてやってきて、「まだ?」と聞く。私はH子に「こんなに摘んだんだよ。まだまだだって」と答える。すると、H子も一緒にシロツメ草を摘み始める。

この場面では、一緒にシロツメ草を摘んでいた女児の内、H子とS子の二人がベンチでアクセサリーを編み、

Ａ子、Ｋ子、Ｔ子の三人が材料のシロツメ草を摘むことになった。Ｈ子は、三人がシロツメ草を摘んでいるのを知っており、三人の元に催促にきた。ところが、私が「こんなに摘んだんだよ。まだまだだって」と答えたことがきっかけとなり、Ｈ子自身もシロツメ草を摘みだした。Ｈ子は三人の様子と私の応答により、するつもりのなかったシロツメ草を摘む行為を始めたのである。すなわち、Ｈ子は三人の活動に引き付けられ、その共同性に引き込まれたのである。このことは、子どもが他者との共同性を容易に生きることを示している。他者との共同的な生を生きようとするという、共同への志向性が常に働いている故に、子どもは自分の目的連関を離れ、友達の活動に容易に参与できるのである。

ところで、Ｈ子がＡ子たちの活動に参与するきっかけを与えたのは私の言語的応答であった。目の前に生じている事態を私は「こんなにたくさん摘んだけれども、まだ不足している」と意味付けたのである。その意味付けが、Ｈ子がＡ子たちの活動に参与する（共同性に入り込む）姿勢を強めたのである。つまり、共同への志向性を強めたのである。ここに、保育者の仲介的働きかけとしての言語表現の意義が見られる。保育者が状況をどのように言語的に意味付けるかが共同への志向性を左右するのである。

### （２）意欲の共有化と活動の共同化

互いに遊び仲間として意識し合っている者同士にとっては、仲間の誰かが思いついたこと（意欲）が即座に自分自身の関心の対象（意欲）となる。すなわち、共同性を生きている者は絶えず意欲を共有化しようとしているのである。そのことを【場面15】で検討しよう。

Ｈ子のためにシロツメ草を摘むことを思い立ったのはＫ子であるが、彼女とともに行動していたＡ子とＴ子も同じように熱心にシロツメ草を摘み始めた。Ａ子とＴ子はシロツメ草を摘む行為の目的はわかっていないが、Ｋ

子の「シロツメ草を摘もう」という意欲は共有しているのである。三人が掛け合いのように発している言葉も、A子とT子は同調的に発しているのであり、いわば、シロツメ草を摘む活動を活気づける掛け声のようなものである。一般的に大人は目的のために行動すること（目的がわかることで行動する意欲が生じること）が多いが、子どもの場合には目的がわからないまま意欲だけが共有されることがよくある。それは、共同への志向性が働いているからである。

意欲が共有されることにより、活動が共同的に遂行される。むしろ、共同への志向性が働いている子どもたちにとって、意欲の共有化は活動の共同化と同義と言ってもよいのである。共同への志向性の下にあらゆる活動が誘発され、子どもたちにより共同的に遂行されるのである。

例えば、K子、A子、T子の三人は掛け合いのように会話をしながらシロツメ草を摘むこと自体を楽しんでいるが、この時、彼女たちの内の誰かがその活動を導いているわけではない。彼女たちの活動を引き出しているのは、共同性自体である。共同性により彼女たちが導かれているという意味では、彼女たち各自の主体的意志や意欲（私の主張）が強く働いているというわけではない。むしろ、共同性の下に、主体的意志や意欲は喪失されていると言ってよい。自分の意志を実現することではなく、共同性を生きること自体が彼女たちの生を充実させているのである。すなわち、子どもたちは共同性を生きることの中で、対象への関わりに夢中になるのである。

このように、主体性を喪失しながら充実して生きることは目的遂行を目指して生きる者にはあり得ないことである。何故なら、目的遂行とは自己の意志の実現を意味するからである。三人のシロツメ草を摘む活動は、客観的には「H子がアクセサリーを作るための材料を用意するための活動」として位置付けることができる。すなわち、目的連関に位置付く活動である。確かに、K子は当初そのつもりで活動を始めた。しかし、シロツメ草を摘み始めるやいなや、三人はその活動自体に没頭している。「もっと、もっと」という言葉は活動への没頭から自然と発せられる掛け声であり、それが逆に活動への没頭を促しているのである。彼女たちはもはや目的遂行の在り方で自己の意志の実現を目指しているのではなく、それとは対照的に、遊ぶ在り方において活動そのものに夢中になっているのである。

このように、共同への志向性を生きている子どもたちは容易に遊ぶ。つまり、共同性と遊ぶ在り方は結びついているのである。したがって、ここで言う「意欲の共有化」とは、主に遊ぶ在り方においてなされる活動への意欲の共有化である。その意味では、「遊ぶ意欲の共有化」と言えるだろう。

### （3）相互的な受容

意欲が共有化されることにより共同的な活動が展開するのだが、それが崩壊することなく展開していくには、子どもたちが互いに相手を肯定的に受け止める姿勢、つまり相手を受容する姿勢が存在していなければならない。むしろ、共同への志向性においては、子どもたちは共同の相手に対して絶えず好意的な関心を向けている。好意的な関心を向けるからこそ活動を共有できるのである。そして、相手に対して好意的な関心を向けていること自体、相手を受容していることに他ならない。この受容性は意識的な努力としてなされるわけではなく、素朴な形で自然になされるのである。そのことを以下の場面で検討しよう。

**【場面16】子どもたちと保育者が一緒に砂山作りをする**

四歳児の保育室近くにある広い砂場で四歳児たちが遊んでいる。副担任のO先生が数人の四歳児男児と砂山作りをしている。先生はほとんど子どもたちの遊び仲間という様子である。子どもたちと先生はスコップで砂を叩いて固めたり、スコップの背で丁寧にならしたりする。特別、話し合った上で砂山作りを進めているわけではない。子どもたちは互いに友達の行為を見ては、それに応じて自分も行為するというように、共同で山を作っていく。A男が素手で優しく山を固めた後、「これでかんせい」と言う。すると、B男が釣られるように「かんせい」と言いかける。しかし即座に「まだだよ。もっとおおきくしようよ。ふじさんだから」と言い直す。A男はB男の提案を受けて「ふじさんができたらしろいすなかける」と返事をする。そして、側にいる私にも同じようなことを言う。私は「そうだね、白い砂は雪みたいだものね」と応える。

そうこうしているところに、他の遊びをしていたI男が自分もすると言ってやってきた。みんなで使っていたシャベルを四本持ってきて、特に誰に向かってというわけでもなく、砂場にいる人たちに対して、「四こでやる」と言い、両手に四本のシャベルを持ち、砂をすくおうとする。見ていた私は難しそうに感じながら、I男に「四こですくうのか。テクニックがいるね」と話しかける。I男は私に返事をするわけでもなく、シャベルで砂をすくおうと努める。A男が「これでかんせい」と言う。その言葉を聞いた後、I男はシャベルで砂を山の頂にかける。それを見たA男が「これでできあがり」と言う。

砂場で子どもたちが共同で砂山を作って遊ぶことはよくある光景である。その時、子どもたちが綿密な打ち合わせをすることは決してない。彼らは何となく、かつ自然に共同して遊ぶ。この場面もまったく同様である。この場面では、子どもたちと保育者は砂山を作るという遊びの目的は共有しているが、それをどのようにして作るかということまでは共有していない。と言うよりは、そこまで考えてはいないのである。つまり、彼らは役割分担をして活動しているのではない。それ故、彼らは砂山作りへの他者の関わり方を問題にすることはない。どのような関わりをしようが、砂山を作るという目的に適っているのであれば、全く構わないのである。むしろ、彼らは他者の関わり方を砂山作りの一つの仕方として容認し合っているのである。

そのことは互いに無関心であることを意味してはいない。子どもたちは相手の行為を見ている。そして、その行為に自分の行為を結びつけ、関連させるという仕方で行為している。すなわち、子どもたちの行為は互いに相手の行為に触発される仕方で生まれているのである。それ故、自分の行為に先立つ相手の行為は、自分の行為の根拠として、基本的に肯定的に受け止められるのである。つまり、子どもたちは「仲間」として相互に相手を受容し合っているのである。B男がA男の発言に釣られかけたのも、相手を受容するという在り方が基本的に存在するからなのである。

ところで、この場面で、子どもたちの意見の対立と見える出来事があった。例えば、砂山を完成とみなしたA男に対して、B男が「まだだよ」と反対した。また、A男が「これでかんせい」と言った後に、I男が山に砂をかけた。しかし、それらは山作りに関わる相手の行為自体への拒否ではない。共同の活動をどの時点で終了させるかについての意思表示であり、仲間同士の間で容易に合意が成り立つ問題である。一時的に意見の相違が見えたとしても、それは子どもたちの相互的に受容する在り方の中に吸収され、解消されてしまうのである。

このように、共同的な活動は相互に受容し合うという在り方を基盤として展開する。それ故に、子どもたちの共同は、相互に相手の行為を活かすという方向でなされるのである。

### (4)共同性における身体と言葉

私は、既に保育空間は身体の共同化により生み出されることを論じた(榎沢 二〇〇四)。そのことは、共同的な活動は身体の次元における共同性により生まれていることを意味する。身体の共同性とは、身体と身体とが呼応したり連動するという仕方で影響を与え合っているということである。身体の次元における子どもたちの共同性の特徴を、以下の場面で検討しよう。

【場面17】年長児たちが台車を引いて遊ぶ

年長の男児四人がロープをつけた台車で遊んでいる。一人が台車に乗り、Y男がロープを引き、他の二人が後ろから押す。車が地面に食い込むので思うように台車を走らせることは難しい。しかし、子どもたちはそれが面白いようである。子どもたちは台車を引いて直進したり、曲がったりする。台車がぎごちなく動いたり、バランスが崩れたりすることが面白いようである。そのうちに、他の男児二人が興味津々の笑顔で彼らの後に付いてくるようになる。そして、もう一台の台車を見つけると、二人も同じようにして台車で遊びだす。二台の台車が連れ立つようにして走る。

この場面では、最初、四人の男児が一台の台車を走らせて遊んでいた。その様子に他の男児二人が気付き、興味深そうに見始めた。二人が四人の後に付いて回っていることからわかるように、二人は台車遊びに強い興味を抱いている。しかし、台車で遊んでいる四人と彼らに付いて回っている二人との間には遊び仲間の関係は生じていない。二人は遊び仲間に入っていないという意味では、観客である。

一般的に、スポーツのプレイヤーと観客とは、立場は異なるものの、一つのゲームを成り立たせている共同者である。観客はプレイヤーのプレイに興奮し、声援する。その声援に鼓舞されプレイヤーはプレイする。プレイヤーと観客が互いに影響を与え合いながら、ゲームが展開していくのである。したがって、観客はゲームの一員であると言える。この場合、プレイヤー同士の身体が連動し、応答し合っているのと同様に、観客の身体はプレイヤーの身体と連動している。子ども達の遊びにおいても、全く同じことが成り立つ。

観客である二人の男児は台車遊びをしている四人の男児たちに付いて回っている。つまり、二人の身体は四人の身体と連動している。既に身体が相手の身体に連動している故に、きっかけさえあれば、二人は容易に四人と同じ遊びを始めることができるのである。実際に、二人は別の台車を見つけると同じように遊び始めた。そして、二台の台車が連れ立つように走った。ここには明らかに、彼らの身体の共同性が見て取れる。ただし、四人と二人は相互に会話をするなど、積極的な関わりをしているわけではない。やはり、四人と二人というグループの境界が存在している。したがって、四人と二人の間には明確な遊び仲間の関係があるとは言いがたい。しかし、共同的な関係は確かに存在しているのである。

この例のように、身体の共同性の次元で関わり合っている場合、必ずしも当事者には「遊び仲間」という明確な意識があるわけではない。しかし、互いに意識し合うことにより楽しい雰囲気を共有し、「遊び仲間のような関係」を生じさせるのである。子どもたちは、いわば「遊び仲間に準ずる関係」を生きるのである。

一方、子どもたちが相互に言葉を交わす場合、彼らは明確な遊び仲間の関係を形成する。通常、子どもたちは遊びに加わりたい時には、「いれて」と話しかけ、話しかけられた者は「いいよ」と答える。この「いれて―いいよ」の言葉による儀式が両者の間に遊び仲間の関係を生み出す。それ以降、子どもたちは仲間としての会話を展開する。言葉による儀式に始まり、子どもたちは言葉を交わすことにより、遊び仲間の関係を明確にし、それを確認し続けるのである。その意味で、言葉は関係を自覚させ、仲間意識を強化するのである。

この場面のように、子どもたちの間で言葉による儀式が行われていない場合は、自覚的な遊び仲間の関係は生じない。つまり、子どもたちの関わりは、身体の共同性の次元での関わりに留まることになる。身体の共同性にのみ依存した遊び仲間のような関係は強固なものではない。それ故、いつの間にか子どもたちが離れていき、自然にその関係が消滅することも容易に起こり得るのである。

## 二　子どもたちの共同性と保育者の存在

### (1)保育者の示す関心

子どもと共同的な関係にある保育者は子どもの行為やその結果に対して積極的な関心を示す。それが子どもの活動意欲を高めることにつながる。そればかりか、子どもたち同士の共同性をも高めるのである。そのことを、次の製作の場面に見てみよう。

【場面18】保育室で子どもたちが木工製作をする

五歳児の保育室。木工のコーナーでは、K夫、A夫、M子の三人が木片に釘を打ち込んでいる。M子は熱心に木工に取り組み、金槌の使い方もうまい。ウサギのような動物を作ると、それをしまい、他のコーナーに行く。K夫とA夫は苦労しながら進めている。A夫は釘がうまく打てない。K夫の方は比較的釘がうまく打て、木片をいくつもつなげていく。私は特にA夫に援助が必要と思いつつ二人の側にしゃがんでいる。K夫は私にしきりと話しかけてくる。私は彼に応じて会話をする。同時に、A夫のことも意識している。K夫とA夫の間には行動的な相互交渉はなく、それぞれが木工に取り組んでいる。しかし、二人は完全に独立しているわけではない。A夫は、K夫と私の会話を聞きながら、かつ頻繁に私たちを見ながら木工をしている。A夫はなかなか釘が打ち込めず、木工に取り組みながらも私に視線を送ってくる。私はA夫が援助を求めていると感じるが、できるだけ彼に任せようと思う。そこで、直接手助けするのではなく、「釘をまっすぐにしてごらん」などと助言するに留める。「(曲がった釘が)ぬけない」と言って木片を持ってくると、釘を抜いてやり、彼の意欲を支えるようにする。そうこうしているうちに、K夫が自分の指を打ってしまい、保健室に行く。

治療が済んで、Ｋ夫が戻ってくる。涙が頬に残っている。担任のＩ先生がやって来て、「涙ついてるね」と話しかけ、Ｋ夫を気遣う。そして、彼の作品を見て「お顔みたいだね」と話しかける。すると、Ｋ夫は微笑んで「ひみつのもの」と答える。そこに私が関わり、「秘密のものか。楽しみだね」と話しかける。再びＫ夫の気持ちが作品作りに向いていく。Ｋ夫は、作りかけだった二つの木片をくっつけて、「ふたつがったいする」と、Ｉ先生と私に言う。そして、木片の組み合わせ方を考え、試みる。木片がうまく組み合うと、「こういうふうにがったいする」と、明るい表情で言う。すかさず私は「おー、そういう風になるのか」と、感心して応える。さらにＫ夫は黄色の三角形の木片を手にして、「ここにつける」と言って、その木片を作品に付け足してみる。また、木片を尻尾のように並べてみたりする。

その間、Ａ夫はずっと木片を釘でつなげようとしている。やっとのこと、木片に釘を打ち込むことができた。その瞬間、Ａ夫は「できた！」と、いかにも嬉しそうに私に向かって叫ぶ。そして、私に「これ、いきものだよ」と教えてくれる。その作品を手に持ち、「むつかしいのができた」と、得意そうに私に見せる。私は微笑んで「できたね」と応え、拍手を送る。

そろそろ片付けの時間になる。Ｉ先生はそのことを子どもたちに告げながら、彼らの中に入り、自ら大型積み木などの片付けを進める。子どもたちは先生に誘われるかのように、片付けを進める。その中で、Ｋ夫は私に「あしたもやろう」と笑顔で言う。私は「そうだね。明日もやりたいね」と応える。Ａ夫は「めをかいてこよう」と私に言う。私が「お家に持っていくの？」と聞くと、「うん」と応える。

この場面には、子どもの意欲を支える保育者の二通りの関わりが見られる。一つは前半部における私のＡ夫に対する関わりである。うまく釘が打てないながらも、木工を続けようとするＡ夫の意欲を支えるために、私はＡ

夫を見守っている。すなわち、Ａ夫に関心を向けている。Ａ夫も私の関心を意識しており、私たちの方にしばしば視線を送ってくる。Ａ夫と私との言葉のやりとりは少ないが、苦労しながら木工をすることを巡り、Ａ夫と私が交流していることは間違いない。この時、私は客観的な観察者としてＡ夫を見ているわけではない。「見守る」ということは、相手の行為をあたかも自分の行為であるかのように受け止めることを意味する。すなわち、共同者となるということである。Ａ夫は共同者としての私の存在を意識しつつ、木工を続けたのである。Ａ夫と私が共同者であった故に、木工が完成した瞬間にＡ夫はその喜びを私に向かって叫ぶという仕方で表現したのであり、私もその喜びに共感をもって応えたのである。このように、子どもの活動に関心をもち、その過程をともに生きようとする保育者の存在が、子どもの活動意欲を支えるのである。

ところで、この場面での私の関心は、Ａ夫が何を製作しようとしているのか（表現の内容）にあるのではなく、どのように製作をしているのか（表現の過程）にある。木工に苦労しているＡ夫にとっては表現の過程は重要な問題である。したがって、保育者としての私は共同者の立場に立つことにより、Ａ夫の苦労と意欲を理解しようとするのである。この場合、保育者の関わりは子どもの意欲を支えることに焦点化されるので、子どもの意欲の有りようにより、見守ることもあれば、積極的に関与することもあるなど、関わりの仕方と程度は大きく異なる。

一方、保育者は子どもの表現の内容にも関心を示す。保健室から戻ったＫ夫に対するＩ先生と私の関わりは表現の内容への関心を示している。まず、Ｉ先生が製作への意欲を失っていたＫ夫の作品に興味を示したことで、再びＫ夫の中に意欲が湧き上がってきた。「お顔みたいだね」という言表は、Ｋ夫の作品に対する一つの解釈である。

解釈は常に私の解釈としてなされるのであり、作者の意図を正確に捉え、それが正しいか否かを作者に確認するためになされるのではない。つまり、作者の意図は問題ではないのである。それ故、私の解釈は他者にとっては新鮮なものであり、解釈に誘う一つの出会いとして体験される。すなわち、作者は自分の作品を他者に解釈されることを通して、無自覚的になしていた製作という行為の地平から、それを解釈するという新たな地平に飛躍するのである。今までの地平が新たな地平に変わる以上、それは出来事であり、出会いである。こうして、作者は新たな地平から自分の作品を見ることになり、製作自体が新たな地平の元に、新たな意味合いを帯びることになるのである。

K夫はI先生の解釈により、「あなたはどう解釈するのか」と問われたことになる。この時、初めてK夫は解釈の地平に立ったのである。「ひみつのもの」という答えは、問われる以前に用意されていたものではなく、問われることにより生まれた答えである。そして、彼の微笑みは新たな地平に開かれた楽しさを意味していると言える。こうして、I先生により新たな地平が開かれたK夫は、「ひみつのもの」という作品作りに取りかかった。K夫は、既に製作してあった二作品を、「ひみつのもの」というテーマの元に組み合わせようと試行錯誤し、新たな作品を創造した。このように、K夫の創造への意欲は、I先生と私の表現の内容(作品)への関心により引き出され、支えられたのである。そして、K夫と保育者が共通の関心をもっている点において、そこには共同性が存在する。すなわち、子どもと保育者の共同性が子どもの意欲を生み出しているのである。

そして、K夫とI先生の作品解釈という地平での関わり合いは、側で製作をしていたA夫にも影響を与えた。既に、A夫はK夫と私を意識しながら製作をしていた。それは、A夫がK夫の生きる地平を自分も生きようとすることを意味する。それ故、K夫が新たな地平に立てば、A夫もまた新たな地平に立つのである。「これ、いきものだよ」という発言は、A夫が既にK夫と同様に、作品解釈の地平に立っていたことを意味する。この時はいまだA夫とK夫の間には相互的応答は生じていない。しかし、二人が同じ地平を生きている以上、そこには相互的応答が生じる基盤が存在していることになる。また、A夫と私との間には共同性が存在していた。そしてK夫と私との間にも共同性が存在していた。すなわち、保育者を介して子ども同士が同じ地平を生きることが可能になっているのである。それ故、いつでもA夫とK夫との間に相互的応答が生じる準備態勢が整っていると言えるのである。

以上のように、保育者が子どもに示す関心が活動への意欲を生み出しているのだが、逆に、保育者自身の意欲も子どもにより引き出されている。この場面では、片付けの時間になっても子どもたちの意欲は衰えていない。K夫もA夫も「明日へ」と意欲を持ち越している。二人とも明日に期待をし、未来を積極的・肯定的に生きている。二人の未来に向かう意欲はI先生と私の関与により生じたのであるが、関与した私自身にも彼らと同様の未来に向かう意欲が生じている。K夫の「あしたもやろう」という意欲の表明に対して、「そうだね。明日もやりたいね」と応える私は、子どもとともに生きる者として、明日に期待をもっているのである。何故なら、子どもの明日は保育者の明日でもあるからである。こうして、子どもと保育者はその意欲を共同的に生み出すのである。

## (2)遊びの創造的展開

前記の考察から、子どもの製作活動、すなわち創造活動に保育者が関心を示し、その作品を解釈することにより創造的意欲が高まることがわかった。このことは、製作活動にのみ言えることではない。このことを他の遊びの場面をもとに考察しよう。

**【場面19】保育者の関わりで電車遊びが発展する**

四歳児の保育室。保育室の入り口に近い辺りで、R夫が一人、空き箱をつなげたものを床の上で動かしている。担任のK先生が彼の側に行き、「Rちゃんのこれ、何だろう?」と聞く。R夫は先生を仰ぎ見て「でんしゃ」とはっきり答える。先生は「線路作る？」と提案する。R夫はうなずいて同意する。K先生は青いビニールテープを持ってきて、「これを貼る？」と聞く。するとR夫は先ほどと同じようにうなずく。そこで先生はテラスの方に行く。R夫は床に電車を走らせながらK先生のところまで行く。K先生が先に立ち、R夫が後を追う形でテラスに出る。K先生は床にビニールテープを少しずつ貼る。するとR夫は電車を置き去りにして、テープの線路作りに視線を向け、K先生に付いて行く。先生は線路作りに関することをR夫に話しながらテープ貼りを続ける。先生はR夫によく聞こえるように「ここを駅にしよう」と言い、テープで四角を作る。そして、「ここ、何の駅にする？」と話しかける。R夫はずっとK先生の手元を見つめ続けている。次に、先生は枕木のようにガムテープを線路に貼っていく。そして、「Rちゃん、これ貼ってくれる？」と頼むと、R夫はガムテープを貼り始める。

先ほどからK子が線路作りに興味をもち、付いて歩いていた。K先生は彼女にも「貼ってくれる？」と頼む。K子は楽しそうにガムテープを貼り始める。そこに他の子どもたちがやってくる。その一人のY夫が線路作りに加わる。子ども三人でテープを貼っていく。テープの線路はテラスの端で行き止まりとなる。K子が「わたしも（電車に）のりたい」と言うと、K先生も「先生も乗りたい」と応える。テラスとコンクリートの通路の境を指して、Y夫が「ここふみきり」と言う。それを受けてK先生がR夫に「踏切作る？」と聞くと、R夫はうなずく。丁度この時防災訓練が始まり、遊びは中断する。

防災訓練から戻ったR夫は先ほどよりもずっと生き生きした笑顔でK先生に「ガムテープ」と要求する。先生がありかを教えると、走って取りに行き、テラスに出る。そして自らテープを切り、線路に貼り付けていく。仲良しのH夫と二人で熱心に線路を作る。K先生はその様子を見ながら関わる。先生は二人に「先生、チョーク持ってくるね」と言い、取りに行く。先生が戻ると、R夫は即座に青いチョークを手にし、コンクリートの通路に線路を描こうとする。R夫とH夫は二人で黙々と線路を描く。K先生はしゃがんで二人を見守り、「(チョークが)小さくなったらここから取ってね」と助言する。もはや、先生が線路を描くことはしない。R夫は実に楽しそうな笑顔で、線路作りを進める。見ている私も楽しい気分になる。

こうして線路作りが行われているところに、他の子どもたちがやってきて、K先生に「なにかいてるの？」と聞く。先生が「何だと思う？」と聞くと、「せんろ」と答え、次々と線路描きを始める。既に片付けの時間になっていることに気付いたK先生はR夫とH夫に「もう電車走らせた方がいいよ」と促す。やがて二人は一緒にR夫の作った電車を走らせ始める。H夫が「えきです。えきです」と言うと、R夫が「プシュ」と、ドアの開く音を発する。K先生は二人の様子を見て、「よかった。電車走らせられて」と言って喜ぶ。そして、「ばら組の駅に入ってください」と言う。やがて電車は保育室(ばら組)の駅に戻る。

この場面では、R夫の電車遊びが担任のK先生の関わりにより、徐々に創造的に発展していく様子が見られる。つまり、K先生はR夫が創造的に生きられるように意図的に関わったのである。そしてK先生の意図的な関わりも、実はR夫との共同的な関係の中で、創造的に生み出されたものである。

K先生は、R夫が床の上で動かしているものが電車であることを確認すると、線路を作ることを提案する。それはR夫にとっては魅力的なアイデアだった。K先生はR夫に聞く仕方で、次に何をするのかを提案し、R夫の同意を受けて、先生自身がそれを実行していく。ここではK先生が能動的に遊びを展開させていると言えるが、常にR夫の意思を確認している以上、「線路を作ること」は二人が行っている活動である。つまり、共同的な活動である。共同により線路が作られていくに過程を体験するにつれて、R夫の中に強い興味と意欲とが湧いていく。そして、ついにR夫自身がテープを貼ることをする。K先生の促しに応じて、R夫が作業の一部を自分で行ったのである。そのことは、現実の自分の能動的行為により線路を生み出すことを体験する、ということである。

何かを生み出す行為を自分が引き受け実行するということは、人が主体としてある世界の創造と生成に関与するということである。R夫はいわば「鉄道の世界」を創造し始めたのである。それまでは、R夫は鉄道の世界の創造をK先生に委ね、先生の行為を受け止めるという、受動的な生き方をしていたのだが、いまや、R夫は能動的に生きる行為の主体となり、鉄道の世界の創造を自ら行うのである。ここにいたって、R夫とK先生は対等な共同者となったと言える。

R夫は自ら能動的に遊びを展開し始めた。彼の中には次々と表象が生成し、それを自己の行為により表現された世界へと定着させていく。そして、表現された世界から新たな表象が生成し、表現された世界を一層豊かにしていく。R夫はまさに創造的に生きているのである。一方、K先生はそれまでのような能動的に遊びを展開させる在り方はせず、創造的に生き始めたR夫に対して、見守り、助言するという立場に立つ。K先生は、R夫とともに鉄道の世界に生きながらも、その世界を生成させる実際の行為はR夫に任せているのである。

こうして、この場面での前半と後半とで、K先生とR夫の在り方は逆転することになる。しかしながら、それぞれ遊びに参与し、自己の世界の展開として遊びを生きている点において、両者は共同者である。つまり、両者の間に共同性が成り立っていることにより、R夫により始められた電車遊びが創造的なものになったのである。

R夫の遊びが創造的である理由をもう少し考えよう。

K先生はR夫の電車遊びを発展させてやろうと思い、ビニールテープでの線路作りを提案した。この時、先生はコンクリートの通路にチョークで線路がダイナミックに描かれた様を考えていたわけではない。線路作りが進んだ結果として、それは生まれたのである。線路作りに関わってきた子どもたちも、その時点で最終的にできあがった線路の図全体を思い描いていたのではない。彼らは目の前に存在する線路の図に触発されて、次々と線路を描き足しているのである。

このように、K先生も子どもたちも次々と生成する線路に触発され、電車の世界を創造したのである。この創造を可能にしたのは、K先生と子どもたちの共同性である。彼らは線路作りの遊びに参与している者同士として「私―あなた」の関係をなし、相互に応答し合っている。つまり、互いに相手の提案に同意しては、それに触発される形で新たな表現をするというように、相互に影響し合いながら共有された遊びを展開しているのである。それ故、相互的応答の中には個人の発想を超えた発想が存在し、それにより新しい発想が引き出されていく。こうして、遊びは計画(未来)に基づく今の展開とは異なり、今を素《もと》に未来が創造されるというように、偶然性を契機とした創造的展開をするのである。その意味で、保育者と子どもの共同性は共有された遊びを、未来に開かれた、内容豊かなものにするのである。

### (3)遊びの世界を存続させる保育者の配慮

遊び仲間として、子どもたち同士の共同性が存続していくためには、共有された遊びの世界自体が存続していかなければならない。保育者は遊びの世界の存続が可能となるように配慮し、子どもの主体的な生き方を支えている。

【場面19】において、K先生はR夫の電車遊びを発展させるために関わり続けた。R夫の当初の遊びは、空き箱で作った電車を床の上で動かすことだった。それに対してK先生は「テープによる線路作り」を提案し、それに引かれて、R夫は「テープによる線路作り」から「チョークによる線路描き」へと遊びを展開させていった。やがて片付けの時間になったが、K先生は遊びを打ち切らせることはしなかった。むしろ逆に、先生の方から「電車走らせた方がいいよ」と、遊びの継続を促した。K先生は子どもたちが満足できるところまで電車遊びを展開させてやろうとしたのである。その結果として、「ばら組の駅」に電車が戻るという形で、R夫とH夫は電車遊びを自ら終了させた。

この遊びの展開の中で、R夫は「床で電車を動かす」「一本の線路を作る」「みんなで通路に何本もの線路を描く」「電車を走らせばら組の駅に戻る」という一連の遊びを展開し、電車の世界を生成させた。子どもたちにより表現された幾本もの線路は、広狭様々であり、所狭しと描かれており、躍動感を感じさせるダイナミックな絵である。その絵は、私たちに「何本もの列車が縦横無尽に線路を走るイメージ」を思い描かせる。すなわち、「電車が走る鉄道の世界」が目の前に生成してくるのである。K先生はそのような世界の生成と躍動感に満ちた楽しさを子どもたちとともに体験したに違いない。そして、そこに子どもたちの躍動する生を感じたのだろう。それ故、先生はその世界を無下に崩壊させたくはなかったのである。片付けの時間であるにもかかわらず、K先生が「ばら組の駅に入ってください」と言ったことで、鉄道の世界は存続した。そして、子どもたちは躍動感に満ちた楽しさを感じたまま、自ら遊びを終了させることができたのである。このことは、電車遊びが最後まで楽しい体験として保持され、それ故、子どもたちが行為の主体として生きたということである。かつ、遊びが遊びとして終焉を迎えたということである。

遊びが遊びとして終わるということは、その遊びの世界においてなした体験が肯定的なものとして子どもの生の中に位置付くということである。もしも、保育者が強制的に遊びを打ち切るならば、外力により遊びの世界が崩壊させられることになる。この時、子どもたちはそれまで遊びの世界に存在していたものや出来事の意味・価値が突然変容することを体験させられることになる。すなわち、遊びの世界はその象徴的意味を失い、単に「片付けるべきもの」に変質するのである。それはもはや子どもたちの心を揺さぶるものではなくなる。これは、現実の社会的世界により遊びの世界が否定されたということを意味する。遊びの世界が否定された瞬間において、遊びの世界を真剣に生きた子どもたちの生が「無駄なもの」として、葬り去られてしまうことにもなり得る。K先生は遊びの世界の価値を尊重することにより、子どもたち自身が主体的に展開する生の価値を担保し、子どもたちの共同性を維持したのである。

## (4)参入者の主体性を生み出す保育者の配慮

保育者が子ども同士の共同性を生成させたり、高めるためには、子どもたちに遊び仲間としての意識をもたせることが必要である。既に遊んでいる子どもたちのところに、後から他の子どもたちがやってくる場合、保育者を仲介として遊び仲間に加わることがよくある。では、仲介となった保育者は子どもたちに対してどのような影響を与えるのだろうか。保育者の働きかけが意味するところを【場面19】で考えよう。

チョークで線路を描くことに興味をもってやってきた子どもたちに、K先生は応答している。例えば、K子に対しては「(テープ)貼ってくれる?」と頼んだ。さらに、彼女が「わたしも(電車に)のりたい」と言えば、「先生も乗りたい」と応えた。場面の終盤にやってきた子どもたちとは、何を描いているのかに関して応答し合った。その結果、K子はテープでの線路作りに加わったし、他の子どもたちはチョークでの線路描きに加わった。すなわち、K先生の子どもたちへの働きかけが、子どもたちの「参入者としての主体性」を高める働きをしたのである。

一般的に、保育者が遊びに参与している場合、後から来た子どもたちは大抵保育者に話しかけ、遊びの切っかけをもとうとする。何故なら、子どもたちにとって保育者はその遊び集団の代表者として受け止められているからである。そのような重みをもつ保育者が、そこで展開されている遊びに関することを後から来た子どもたち(参入者)と話すことで、子どもたちは一気にその場を身近なものと感じるのである。すなわち、「他者の空間」と感じられていた場所が、「私の空間」と感じられるようになるのである。何故ならば、遊び集団の代表者である保育者は、その遊びの空間の接点だからである。子どもたちは保育者を接点として遊びの空間を自分自身のものとして、容易に遊びに参入するのである。遊びに参入した子どもたちは、その空間を私の空間として生きているのであるから、主体的に行動するようになる。

保育者が参入しようとする子どもに直接関わることは、その子どもを一人の主体として状況の中から浮き上がらせることになる。つまり、「地」という状況の中に「図」という主体が浮き上がるのである。何故ならば、私たちは相手との「私―あなた」の直接的な関わりにおいて、相互に相手を主体として認め合っており、それ故に、自分自身を主体として感じるからである。私たちは状況に埋没して生きているかぎり、その独自性を表すことはできない。他者のまなざしが私を捉え、状況から切り取ってくれる時、私は自己の独自性を表し、主体として存在し始めるのである。こうして、子どもたちは保育者との一対一の関わりにおいて、主体として立ち現れるのである。したがって、保育者の子どもへの応答は、「主体的な参入者」「主体的な遊び仲間」として子どもを認知するということを意味するのである。

### （５）共同体自体の応答としての個人の応答

前項で、保育者が遊びに参与している場合、保育者はその遊び仲間（共同体）の代表者として受け止められる、と述べた。このことは、逆に保育者自身が部外者である場合、保育者は共同体の一員の誰かをその代表者として捉えて、共同体との関わりをもつことを意味する。そのことを次の場面で考察しよう。

**【場面20】五歳児たちの砂場遊びに私が誘われる**

私がテラスで登園してくる子どもたちを見守ったり、言葉を交わしていると、年長組のY夫が「せんせい、きて」と言って、私を砂場に誘う。砂場では、五人の子どもたちがスコップで穴を掘っている。私が行くと、子どもたちが私を見て、一人が「おんせんつくっているの」と元気よく言う。私は「温泉か。深くなったね」と応じる。子どもたちは、互いにおしゃべりしながら穴を掘っている。Y夫は「せんせい、おきゃくさんになって」と言って、私に椅子を持ってきてくれる。私はそれに座り、子どもたちと温泉作りに関する会話をする。Y夫が、お客のためにと言って、ベンチを取りに行く。私も一緒に行き、ベンチを運んでくる。

Y夫に呼ばれた私は、子どもたちが温泉作りの遊びをしている砂場に行った。自然の成り行きとして、子どもたちは私に視線を向ける。まるで意思統一がなされているかのように、子どもたちは全員「客を迎え入れる」という仕方で、私に視線を送るのである。この瞬間に、私は子どもたちの共同体に受け入れられたと実感する。そして、子どもたちの一人が「おんせんつくっているの」と私に説明するのだが、その説明を私はその子どもの「個人的説明」とは受け止めていない。「子どもたち全員による説明」と受け止めている。他の子どもたちは、仲間の一人の発言に対して口を挟むことはしない。「その通り」と、無言の内に承認しているのである。一般的に、子どもたちにとっては、誰かの発言は「私の発言」でもあるのである。すなわち、子どもたちは仲間の誰かが発言すると、それに続けて関連した発言をするものであるが、それは、子どもたちが共同体として仲間の発言を自分の発言として生きているからなのである。それ故、私はY夫の私への発言と働きかけを、共同体が私に発言し、働きかけていると感じるのである。私には共同体としての意思を確認するために、一人一人の意思を確認する必要は全くないのである。

このことから、共同体に属している誰か一人と関わることは、共同体そのものに関わることを意味することがわかる。一般的に、子どもたちは遊びに参加したい時に「いれて」と言うが、その対象は常に特定の相手である。その相手が「いいよ」と答えると、遊びに参入していく。時には、誰に向かってなのか判断しかねるような言い方で、すなわち共同体そのものに向かって「いれて」と言うこともある。そのような時でも、答えるのは特定の子どもである。共同体をなしている子どもたち全員が答えることはない。子どもたちは誰か仲間が答えれば、その時に、その仲間に応答を委任するのである。したがって、子どもたちは仲間の返事に反対することはしない。むしろ、仲間の返事はそのまま自分の意思として肯定的に生きるのである。

こうして、子どもたちの共同体においては、子どもたちは仲間の意思を自分の意思として生きようとしている。したがって、個人の応答は共同体そのものの応答という性格をもつのである。それ故、保育者であろうが子どもであろうが、遊びの部外者にとっては、共同体の一員はすべてその代表者という意味をもつのである。

# 第5章　子どもと保育者の共同性

保育は、保育的な意図をもった保育者の援助であるという点では、保育者の優位性が重要な意味をもつ営みである。しかし、第Ⅰ部で見たように、子どもと保育者の間には対等な相互性が存在している。そのことは子どもと保育者の間にも共同性が存在し得ることを意味する。そこで、本章では、子どもと保育者の共同性の内実、共同性により両者の間にどのようなことが生起しているのかを明らかにしよう。

## 一　主体的存在としての自由性

役割存在としての保育者は、子どもとの関係において「保育者」として存在し得ている時、自己の保育者としての存在可能を自ら実現し得ているという覚識をもって生きている。それは自己が主体であるという覚識でもある。私が主体的存在として自己の存在可能を実現し得ている時、私は自己の存在可能を他者により束縛されたり、強いられているとは感じていない。その意味で、私は自由の内に存在していると覚識している。それが第三者には、生き生きしていると感じられるのである。子どももまた、保育者との関係において主体的存在として、自己の存在可能を実現し得ている時、自由の内に存在しているのである。そのことを、自由が失われている次の場面に注目することで、反照的に考えてみよう。

【場面21】私を煙たがっていたS夫が昼食時から私を受け入れる

S夫はお弁当を校長室のテーブルの上に置いたまま、隣の職員室にいた。そこには保育者は一人もいず、S夫は職員の机の上の物をいじっていた。私が入っていくと、S夫は私の方に振り向き、片手を差し出して「あっ」と言う。「近くに来るな」ということだ。さらにS夫は私を隣の校長室に連れていき、自分だけ職員室に戻り、「いたずら」を続ける。S夫は自分の行動を私に見られたくないのだ。そこで、私はできるだけS夫に近づきすぎないように、そしてS夫を見ていないかのように振る舞うことになる。私はS夫の行動を気にとめていないかのように、ぶらぶらと廊下に出てみたり、机の上の雑誌などを広げてみたりする。S夫は私の存在を意識して、神経をとがらせていたずらをしている。間もなくS夫は職員室でのいたずらを止め、校長室に入り、ソファーに座ってお弁当を食べ始める。S夫はおだやかな表情で落ち着いている。さっきのようにピリピリと神経をとがらせている雰囲気はない。私はS夫の反応を探りつつ近づく。しかし、S夫のすぐ側には行かず、離れたところに座り、「Sちゃん、お弁当おいしそうだね」などと話しかける。S夫はそんな私を十分に意識し、頻繁に私の方を向く。時どき嬉しそうに微笑んだりもする。もう私に見られていることを嫌がってはいない。むしろ、笑顔を私に向けてくれるので、私は「S夫に受け入れられている」と感じられ、先程のような気遣いから解放される。こうして、S夫と私は校長室を共有し、気持ちよく過ごす。

S夫は職員室から歯車式のドリルと替え刃を持ちだして二階に駆け上がる。私はふざけた調子で「S夫、待ってくれー」と叫びながら追いかける。S夫は面白そうに笑いながら走っていく。S夫はまっすぐ工作室に走り入ると、お茶箱の中から木片を取りだして工作用のテーブルの上に置く。そしてドリルに刃を取り付けようとする。うまくいかないと、S夫は私にドリルを差し出して、刃を固定するように求める。私はS夫のするのを見守っていて、うまくできないところを手伝う。

この場面において、S夫がいたずらをしている職員室に私が入ろうとすると、S夫は私の入室を拒否した。その理由は、S夫が自分の行っている活動（職員の机に置いてある物をいじること）を保育者である私に見られたくないと思ったからであると考えられる。すなわち、この時、S夫にとって私は「遊び相手」「保育者」ではなく、「監視人」にすぎなかったのである。

S夫のこの対応に私は戸惑った。S夫が私に拒否的な態度を示したことで、私は彼を刺激しないように気を遣って対応しなければならなくなった。私はたちまち気軽に振る舞うことができなくなってしまった。すなわち、私はS夫の視線を意識しつつ、彼の行動に神経を敏感にさせながら、あたかもS夫を意識していないかのように振る舞うという、きわめて不自然な在り方をせざるを得なくなったのである。

この「私がS夫の行動に敏感になっている」という事態は、言い換えれば、「私が私自身の在り方に敏感になっている」ということでもある。一般に、保育者は誰でも、子どもの様子・在り方に応じて対応の仕方をある程度は変えている。すなわち、意識的に自分の態度を調整している。例えば、積極的に子どもに働きかけていくこともあれば、子どもから動き出すことを待って見守ることもある。この保育者の態度の変化は子どもの様子・在り方に応じてなされているものである。

このように、保育者自身の態度を子どもの在り方に応じて変えることは、保育をするに当たり重要なことである。ところが、必要以上に自分の在り方や態度を意識するようになると、保育者はいつの間にか自分が子どもにどのように見られているのかということを、すなわち子どもの視線を意識するようになる。そうなると、保育者は子どもとともにそこにいることで「息が詰まるような気分」になってしまうことがある。すなわち、精神的に非常に疲れてしまうのである。「子どもとともにいることが苦痛になる」ということは，「保育者であり続けることが耐えられなくなること」，正確に言えば，「保育者でありたいと願いながら保育者になり得ていないという自己分裂の状態に陥っている」ということである。この「自己分裂の状態」に陥ったことで，私はS夫に対して保育者として自由に振る舞うことができなくなってしまったのである。すなわち，私は保育者としての自由性を失ったのである。

この「自由性の喪失」は，サルトル（Sartre, J.-P.）の言葉を借りるなら，「他有化（aliénation）」と言えるだろう。サルトルによると，ある種の他者のまなざしは私の諸可能性を私から奪い取って（他有化して）しまう（Sartre 1943/1958, p. 315/114-115 頁）。私は他者に見られていると感じる時，「他者にとってそうであるところの私（対象として即自的存在となっている私）」を意識しているのである。言い換えれば，私は他者のまなざしにより「対象化（即自化）」されているのである。世界を措定し，私の世界としてそれを構築することができる意識的な存在（対自）である時，私は自己の可能性を自由に投企しうる主体なのである。対象化された即自的存在としての私には，もはや主体としての自由は存在していない。私は道具と同様に，他者のまなざしに支配され，操作されてしまうのである。「居辛さ（malaise）」という意識も「私の身体が取り返しのつかないものとして他有化されていることの把握」（Sartre 1943/1958, p. 403/297 頁）なのである。私がS夫のまなざしを強く意識することで，保育者として自由に振る舞えなくなってしまった（保育者としての主体性を喪失した）のは，まさしく，私の身体がS夫により他有化されてしまったからに他ならない。

自由性の喪失あるいは他有化を被ったのは私だけではない。S夫もまた同様である。S夫は私を拒否することで，逆に私のまなざし（私の存在）を意識し[1]，私の様子を窺うことになった。すなわち，S夫は私のまなざしに拘束されてしまったのであり，私と同様に自由性を喪失してしまったのである。こうして，S夫も私もともに相手の存在に神経過敏な状態になっていたのであり、それ故に、二人は緊張した雰囲気を共有していたのである。互いに緊張感を感じている故に、両者は一つの活動を共同して展開させていくような、柔軟な相互的応答を行うことができないのである。

ところで、私が監視人になってしまったのは、共軛《きょうやく》的役割論から見れば、S夫が私に「監視人」であることを期待し、私がそれを引き受け、逆に、私がS夫に「監視される者」であることを期待し、S夫がそれを引き受けたからである、と言える。すなわち、S夫と私の一種の共同により、両者は緊張状態に陥ったのである。

他有化という現象は決して一方的なものではない。何故なら、人間は「見る者でありつつ見られる者でもある」という二重の存在様態を生きているからである。私が相手のまなざしを感じている時には、同時に、相手も私のまなざしを感じうるのである。保育においては、保育者が強圧的な権力を振り回し、子どもを支配するのでないかぎり、子どもと保育者はこのような相互的な関係にある。子どもと保育者が、本来このようにありたいと願う役割存在への生成が実現していない状態で互いの存在を感じ合う時には、両者は互いに窮屈で不自由な感覚に陥る。それは、一方のみが他方により自由を奪われている場合のような完全なる他有化ではないが、他有化に近い状態ではある。したがって、子どもと保育者が共同して相互に他有化するというようなことが起こりうるのである。(2)

この緊張関係から二人が解放されたのは、S夫が校長室でお弁当を食べ始めた時だった。S夫は先程までとは異なり、彼の中から私への警戒心は消え、好意に満ちた微笑みを私に向けてくれる。私はS夫の微笑みから、「私の存在が肯定的に受け入れられている」と感じられ、S夫への気遣いから解放されて、気楽に働きかけることができるようになっている。私の働きかけは、S夫にとっては「遊び的なもの」となり、彼はそれを「面白いもの」として受け止めている。ここにおいて、S夫と私はそれぞれ「子ども」と「保育者（遊び相手）」という関係になっているのであり、それ故、互いに相手の存在を意識するため自分の行動を拘束されるという息苦しさから解放され、生き生きと振る舞うことができているのである。二人は主体性・自由性を回復したのである。この主体性の回復も、保育においては決して一方的なものではない。それは子どもと保育者の共同により双方に生じるものである。

ところで、主体性を回復したＳ夫と私は相手のまなざしを気にすることなく、自由に振る舞えるようになったのであるが、二人とも自分勝手に振る舞っているわけではない。互いに共軛的関係により規定された範囲で自由に振る舞っているのである。簡単に言えば、「二人とも共有された活動を崩壊させることなく、展開させる方向で応答し合っている」のである。したがって、Ｓ夫も私もある程度自分の行動を自ら規制していることになる。すなわち、「行動の自由を自ら制限している」のである。これは、他有化された事態において相手により自己の自由が一方的に制限されるのとは全く異質なものである。何故なら、他有化における自由の制限は他者により強制されたものであるのに対して、この場合の自由の制限は主体性に基づくものであるからである。このように、子どもと保育者の関わり合いを支えている主体的存在としての自由性は「主体的に自己規制する自由」のことでもあるのである。一般的に、自由というものは、「何でも好きにできる」という「無制約さ」を意味するように捉えられる。共軛的関係においては、私たちはそのような自由を生きるのではない。役割存在へと生成することにより、「非役割存在であることの不自由さ」から、いわば「役割存在としての不自由さ」へと解放されることが自由になるということなのであり、そしてその自由を私たちは主体的に生きるのである。

## 二　明るい気分での前向きの姿勢

人間は常に何らかの気分の内に生きている。その気分のあり様により、環境世界への応答の仕方がかなりの程度左右されている。私たちが環境世界に対して、敏感に、かつ自然に応答していけるのは「明るい気分」「落ち着いた気分」の時である。もちろん、試合の場合のように、緊張した雰囲気に身を置き、注意が集中している時にも私たちは相手の動きに対して敏感に応答できる。しかし、幼稚園においては、そのように緊張した関係の許で子どもと保育者、あるいは子ども同士が関わり合うことはきわめて少ない。そもそも、保育における子どもと保育者の基本的な在り方は「遊ぶ在り方（戯れる在り方）」であるのだから、楽しさから沸き上がってくる「明るい気分」が支配的であると言える。したがって、子どもと保育者の相互的な応答を主に支えている気分は、この「明るい気分」であると言えるだろう。

この明るい気分が保育において非常に重要であることを、津守真は彼自身の実践体験に基づき指摘している。津守は「子どもとともにある現在の私の世界が、子どもに対して明るく温かく開かれるようにと願う。子どもを理解できなくとも、理解できないままに、子どもの生活を明るく生命的に、たのしいものとしてゆければよい」（津守　一九八七、一六一頁）と述べ、保育者自身の世界が明るい世界であることで、子どもが明るい世界を生きることとの重要性を指摘している。これは、子どもと保育者が明るい気分を共有していることが保育の基礎であることを意味している。ただし、津守は明るい気分であればどのようなものであろうと、無差別によいと考えてはいない。津守は「保育者が、明るさを分かつよろこびの人となるということは、まず、自分自身に対することである。子どもに向かうときには、相手によって表現の仕方は異なる。真夏の太陽の明るさではなく、曇りの日の静かな明るさもある。子どもたちの全体の活気の中で、それを反射するだけのおだやかな明るさもある」（津守　一九八七、一六二頁）と述べ、保育者の明るい気分も、それが子どもたちに感じられる時に、子どもたちの在り方に応じて、その強さの程度などが調整される必要があることを指摘している。すなわち、明るい気分が子どもと保育者に共有されている時、保育者はただそれを共有していればよいのではなく、保育者としての配慮も働かせている必要があるということである。保育者は単に明るさを発散していればよいのではなく、明るさの程度が重要ではあるのだが、明るさから生じる気分（明るい気分）が保育の基礎的な契機であることは確かなことだろう。

津守と同様に、保育者の放つ明るさが保育においてはきわめて重要であることを説いているのが、倉橋惣三[3]である。倉橋は、津守と同様に自ら子どもたちの中に入り、彼らと接することにより幼児教育の理論を形成した。倉橋は、保育者を「よろこびの人」と呼び、「よろこびの人は、子どものための小さき太陽である。明るさを頒《わか》ち、温かみを伝え、生命を力づけ、生長を育てる。見よ、その傍に立つ子どもらの顔の、熙々《きき》として輝き映ゆるを。なごやかなる生の幸福感を受け充ち溢れているを」（倉橋　一九六五、三一頁）と言う。倉橋は、子どもの遊ぶ姿に明るく生き生きとした生命力を感じているのであり、そのような生命を育む保育者は明るさを備えていなければならないと考えているのである。子どもの生活に自ら触れた倉橋の目には、子どもと保育者の常態は、明るい気分にさせられているものと見えているのである。

津守にしろ、倉橋にしろ、子どもの成長が可能であるのは、子どもと保育者が明るい気分の下で関わることによると捉えているのである。二人が重視しているこの明るい気分は特別な努力が必要なものではなく、子どもと保育者の常態として生じてくるものなのである。少なくとも、両者が自然に応答し合える場合には、ともに明るい気分にさせられているのである。そのことを次の場面に見よう。

**【場面22】　S夫が私を誘って地下の工作室で過ごす**

新学期の初日ということで、親も職員も気分一新した様子で、学校は朝からにぎやかで活気に満ちていた。私が広間の玄関で二人の母親とI先生、K先生（この二人は今年度のS夫の担任）と話をしているところに、S夫が登校してきた。母親はまだ校門の辺りにいる。S夫は母親を後に残して一人でにこにこと楽しそうな表情でやってくると、まっすぐ教室に入り、荷物をしまい、再び広間に出てくる。すっかり遊びの気分になっているようで、笑顔である。私も今日から新学期ということで、晴れ晴れした気分である。

Ｓ夫は広間に出てくると、にこにこしながら迷わず私の許に来る。そしていつものように私の手を引いて廊下のドア（地下室に行く入り口）の前に連れていく。Ｓ夫が私の許に来たことで私はそのままＳ夫の相手をすることにする。機嫌の良いＳ夫の誘いに私は素直に従っていく気になる。私が「先生鍵を持ってないから、Miさんに頼んで開けてもらおう」と言うと、Ｓ夫はうなずいて応える。ドアの鍵を開けてもらうと、Ｓ夫が先に階段を下りていく。そして、踊り場で私の方に振り向いて、にこにこしながら待っていてくれる。私はおどけた調子で「Ｓちゃん、待ってくれ」と言い、階段を駆け下りていく。Ｓ夫は私を連れて工作室に入る。

Ｓ夫は一人で室内を歩き回って探索する。時どき私の手を取って一緒に連れて歩く。そのため、私はＳ夫が私を警戒しているとは全く感じないで、気楽な気分で付いていられる。Ｓ夫は棚からガムテープを持ってきて、それを切って画用紙に貼り付けようとする。テープを私に差し出すので、私が「これを切るの？」と聞くとＳ夫はうなずく。私が「これは手では切れないから、鋏《はさみ》を持っておいでよ」と言うと、Ｓ夫は奥の棚から鋏を取ってくる。私がテープを持って「Ｓちゃん、自分で切ってごらん」と勧めると、Ｓ夫は両手で鋏を持って切る。私は「Ｓちゃん、上手に切れるね」と言う。Ｓ夫は自分で切り取ったテープを画用紙に貼り付ける。こうして、私がテープを持ち、Ｓ夫がそれを切って貼り付けることを繰り返す。

この場面において、Ｓ夫は楽しそうな表情で登校してきた。そして、荷物を片付けるや否や、すぐに広間に出てきて私を遊びに誘った。この様子から推察できるように、Ｓ夫は登校前から既に活動意欲に満ちていたのである。恐らく、登校途中にＳ夫は学校に着いてからしたいことを思い描いていたのだろう。活動意欲に満ちてやってくるS夫を、担任として迎えた私は、彼の笑顔と目的をもった動作から、すなわち彼の身体全体から明るい気分を感じていた。つまり、S夫の行動と明るい気分は不可分のものとして、私に感じられていたのである。そして、S夫が私を誘いにくるという仕方で、行動と一体の明るい気分が私に向けられてくることで、私はその明るい気分に自分が巻き込まれて、より意欲的に、活動的になりつつあることを感じていた。実際に、私がS夫の誘いに応じ、二人の間で相互的な応答が展開されている時、私は「S夫と明るい気分を共有し、それを生きている」という一体感を感じていたのである。それ故、明るい気分がS夫と私の関わりの基盤にあったことは確かである。

ところで、ボルノウは、教育を支える重要な要素として「快活な感情(das Gefühl der Fröhlichkeit)」「喜ばしい気分(die freudige Gestimmtheit)」「朝のような感情(das Gefühl des Morgendlichen)」などの明るい昂揚した気分を挙げている。ボルノウによれば、「子どもの生がみずから自由に発展し、世界の中へ開かれてゆくためには、快活の感情が、全体に滲透する普遍的な気分として、子どもの生を包まなければならない」(Bollnow 1964/1969, S. 26/69頁)。そして「喜ばしい気分は、人間を再び世界に向って開くのである。彼は周囲への関心をとりもどし、自分の活動に喜びを見いだす」(Bollnow 1964/1969, S. 27/70頁)のである。このような昂揚した気分は未来志向的な性格を有している。朝のような感情は「喜びをもって未来を向く感情」なのであり、「ひたすらに前進的な生の感情」なのである(Bollnow 1964/1969, S. 29/75頁)。

子どもが成長し、発達するということは未来に向かって前進していくことである。そして、発達を現実化するのは子ども自身の活動であり、子ども自身が世界と関わることである。活動は主体の未来への投企を前提にするものであるから、活動することは常に未来へと向かっていくことになる。ボルノウは、明るい気分は未来に向かおうとする姿勢を生むものであるから、それは主体に活動意欲(世界と関わろうとする意欲)をもたらし、発達を可能にする、と言うのである。

【場面22】で、明るい気分に包まれていたS夫は母親よりも遥か前方を行っていた。すなわち、S夫は未来へと積極的に前進していたのである。そして、自分の荷物を教室に置くや否や、迷わず私の許に来て、私を地下室に誘ったことからわかるように、S夫は「世界と関わろうとする意欲」を有していたのである。

一方、この日の朝、既に活気に満ちた雰囲気の中で、私自身も晴れ晴れとした気分(明るい気分)に包まれていた。私はS夫の誘いに素直に応じて地下の工作室についていった。私が少しの躊躇もせずにS夫に従っていく気になれたのは、私がS夫に対して親しみの感情を抱いていたことにもよるが、私が明るい気分の許で、「他者と関わろうとする積極的で前向きの姿勢」、すなわち「子どもを快く受け入れることのできる状態」にあったからでもある。ボルノウは明るい気分が人を未来に対して前向きにさせると言うのだが、次のようにも言っている。

ここからして、青少年の根本の気分に特有の未来志向的な性格がとらえられなければならない。それは、喜びをもって未来の中へ生きてゆくことであり、来たるべき生活が美しいもの、幸福を約束するものとして、じぶんたちを待っていることに心をときめかすことである。(Bollnow 1964/1969, S. 31/77 頁)

すなわち、明るい気分に包まれている時には、人は未来に対して楽観的になれるのであり、未来を信頼することができるのである。

この場面の頃、S夫と私はかなり親しい間柄になっていたので、私自身S夫の相手をすることが楽しいと思うようになっていた。しかし、実際には、私はいつでもそのように感じていられるわけではない。S夫はいわゆる「いたずら」をするので、保育者との間によくトラブルが起きる。そのため、彼に付いている保育者は、二人の友好的関係が壊れないように努力しつつS夫に対応するという課題を抱えることになる。私は時にはそういう事態が生じるのを予測して、S夫と付き合うことを億劫に思うこともある。明るい気分はこういう私の懸念を払拭してくれるのである。

この日、私は明るい表情のS夫を見た時、彼に対して「付き易さ」を感じた。すなわち、私は「二人の間が敵対関係になることなく、気持ちよく過ごせるだろうという漠とした期待」を抱いたのであり、「二人で過ごす未来への信頼」を抱いたのである。それ故、私は快くS夫を受け入れ、彼に従っていくことができたのである。このことは、当然、S夫の側にも言えるだろう。私が晴れ晴れとした表情でS夫を迎えた時、彼もまた未来を楽しいものと期待しただろう。さもなければ、明るい表情を持続することも、私を地下に誘ったり、踊り場で私を待つというような一連の行動もなしえなかったに違いない。

このように、明るい気分は子どもと保育者の双方をして、両者により共有される未来への期待を抱かせるのである。この期待の下に、子どもも保育者も前向きの姿勢で、互いに相手を受け入れて関わり合うことができるのである。

## 三　相互に譲歩し合う態度

子どもと保育者が「遊び相手同士」として、あるいは「活動の共同者同士」として関わり合っている時、両者は少なからず相手に譲歩し合っている。もちろん、子どもと保育者が常に同等に譲歩し合っているというわけにはいかない。子どもが一歳児であれば、保育者の方が譲歩する割合がかなり多くなるだろう。それでも、社会的に成長することが他者と折り合っていくことでもある以上、他者と関わることの中には、子どもが保育者に譲歩する態度の萌芽は含まれているのである。そもそも、「一緒に遊ぶ」とか「一緒に活動する」と真に言えるには、当事者同士の間に相互に譲歩し合うことが生じている必要があるのである。その場合に、全ての当事者が「楽しい」という感情を共有できるのである。子どもと保育者が、明るい気分の許で楽しく関わり合えている時には、無理なく譲歩し合うことが生じているのである。

本章第一節で考察したように、子どもと保育者が共軛的に応答し合って何らかの遊びを展開している時には、相手の行動に即応して自分の行動を規制するという意味で、主体的に自己規制をしている。それは、「相互的譲歩」と言える。そのような事態が生じている例として先に取り上げたのは、子どもと保育者が友好的な関係にある場合だった。子どもと保育者の関係は常に友好的とはかぎらない。必ずしも友好的とは言えそうにない場合であっても、両者が主体的に自己規制している姿は見られる。そこで、主体的自己規制を子どもと保育者がある程度対立している場面で捉え直してみよう。

【場面23】ドリルでの穴あけをめぐりS夫と私が対立する

S夫は職員室から歯車式のドリルを持ち出して二階の工作室に行く。S夫はドリルの刃の入っている箱の蓋を開けてほしいと仕種で私に頼む。私が蓋を開けると、S夫は自分でドリルに刃を装着し、工作机に穴をあけようとする。私は「Sちゃん、机には穴をあけないで。向こうから木を持っておいでよ」と言って止める。S夫は私に素直に従い、自分で角材を一本持ってくる。私は「そうそう、これに穴をあけようね。先生、押さえていてあげる」と言う。S夫は嬉しそうな笑顔でドリルを回し始める。私はS夫の隣に座っている。S夫はしばしば私に笑顔を向ける。間もなく角材に穴があいたのだが、机にまで穴があいてしまった。私は「あっ、Sちゃん、机にも穴があいちゃったよ。もっと厚い木にしよう」と言って、一〇センチメートル角ほどの木を持ってくる。S夫は少し不満そうで、さっきの木に穴をあけようとする。しかし私は妥協せず、「Sちゃん、これにしよう」と厚い木を勧める。S夫は不承不承に厚い木にドリルで穴をあける。三カ所穴をあけると、S夫は再び薄い木を使おうとする。私は「Sちゃん、机に穴があくといけないから、こっちの木にしよう」と止める。S夫は抵抗し、薄い木を使いたがる。私は譲らず、S夫は次第に機嫌を悪くしていき、泣きべその表情になり、怒ったような声を発する。さらには爪を立てて私の手を力一杯握り、噛もうとさえする。S夫は廊下の方を指さし、私に部屋から出ていけと命ずる。そして立ち上がって私の腕を引いて私を廊下に連れ出そうとする。しかし、私はS夫に屈しようとはしない。S夫は怒ってはいるものの、私を完全に排除しはしない。S夫は薄い木を持って工作机を離れ、肘掛け椅子の所に行く。S夫は椅子の肘掛けの上に木を置き、私に押さえさせて、ドリルで穴をあけようとする。私はドリルであけた穴が肘掛けと肘掛けの間に来るように（肘掛けに穴があかないように）木をずらす。S夫はそれが気に入らなくて、木を元の位置に戻す。私は「Sちゃん、ここで穴をあけると、椅子にも穴があいちゃうから少しずらそうよ」と言う。ここでも数回もめる。だが、S夫は不承不承ながらも、私の言うことを聞いて穴をあける。ドリルを回しているうちに刃が外れることが何度か起こる。その度にS夫は私に直してくれと頼む。

このように二人のやり取りが続いた。S夫はドリル遊びに満足すると、刃を箱にしまい、ドリルを職員室に戻しに行く。もうすっかり表情も明るくなっていた。

この場面において、S夫がドリルで木に穴をあけようとすることに対して、私は机や椅子に穴があかないように配慮して、S夫の行動を制限した。そのため、S夫は次第に機嫌を悪くし、私との関係は敵対関係になってしまった。しかし、S夫は敵対関係になりながらも私との関係を絶ってしまうことはせず、相互的なやりとりを継続した。

対立状態にありながらのドリル遊びの展開は、S夫の要求通りの展開ではない。最初、S夫は机に穴をあけようとしたが、私の勧めで不承不承ながらも厚い木に穴をあけた。すなわち、S夫は自分の要求を頑として通しているのではなく、保育者である私の指示にも従って自分の要求を修正しているのである。「穴をあけることが許される」という範囲内で、S夫は私に譲歩しているのである。

一方、私の方はどうかというと、工作机のところでのやりとりでは、薄い木を使いたがるS夫に対して、私は厚い木を使うように主張して一歩も譲らなかった。しかし、肘掛け椅子のところでは、逆に私はS夫が薄い木に穴をあけることを許容した。すなわち、私もS夫の要求に譲歩しているのである。保育者の立場から言えば、保育者は子どもが自らやろうとしていることができるかぎり実現するようにと願っているのだから、子どもに譲歩し、子どもの考えと自分の考えに折り合いを付けることは日常的に行っていることだと言えるだろう。

このように、保育においては、活動の共同者として子どもも保育者もともに譲歩し合っているのである。それ故に、両者によって展開していく活動は、子どもの考え通りでも保育者の考え通りでもないものになるのである。そこに、ともに活動することの楽しさが生じてくるのである。

ところで、子どもが譲歩すると言っても、その活動が子どもにとって面白くないものになってしまったのでは意味がない。自分の要求・考えが制限されながらも、活動を継続していくことが可能でなければならないのである。保育者は「子どもの活動を継続させうる」ということを暗黙の前提として、あるいは、「子どもが活動意欲を失わない」ということを暗黙の前提として、子どもの行動を制限するのである。裏を返せば、その前提を守るために保育者は子どもに譲歩しなければならないのである。

一方、子どもにとって保育者は大人として頼れる存在であり、何でもできる人として権威をもった存在である。そして子どもは、自分の思いを聞き届け、その実現を手助けしてくれる人として保育者を信頼している。それ故、子どもは保育者の考えや指示に従うことができるのである。また、鯨岡が指摘するように、子どもは繫合希求性を有しており、保育者とつながりたいという願いを根源的にもっている。つながりたい故に、保育者に従おうとするのである。

こうして、子どもと保育者の間に相互的譲歩が成立するのである。相互的譲歩は、子どもと保育者が活動を遊びとして継続していこうとする基本的な姿勢の許に生じてくるものである。したがって、その中には主体的自己規制が不可分なものとして含まれていると言えるだろう。

ところで、「相手に譲歩する」ということは、「相手の意見や考えの正当性を認めて自らの考えを変えうること」「相手の言葉を聞き入れ、それに耳を傾ける態度をとること」に近い。これは、解釈学において言われる、テクストに対する解釈者の態度に通じることである。(4) また、解釈学においては、テクストと解釈者の関係は「対話的関係」にもたとえられる。したがって、「相互に譲歩し合う態度」が解釈学に通じるとすれば、「相互に譲歩し合う関係」は「対話的関係」に通じると言えるだろう。そのことに関して、序章第三節で紹介したボルノウの対話論に戻って考えよう。ボルノウの理論を要約すると次のようになる。

対話においては、参加者は互いに相手の意見を承認しなければならない。そうして、異なった見解を提出し合うことで、互いに新しい視点を付け加えるのである。こうして、対話は予め見通すことのできない展開をしていくのである。それ故、対話は創造的なのである。ただし、参加者が異なった見解を述べ合うことは重要なのだが、それが主張と主張の対立になってはならない。何故なら、あらゆる主張は固定的で自己完結的なものであり、創造的ではないからである。（要約：Bollnow 1966/1969, S. 37–39, S. 50–53/38–40, 55–58 頁）

このようなボルノウの考えに照らしてみると、子どもと保育者が、一見対立しているようでありながらも、互いに譲歩し合うことで活動が展開している場合には、両者は対話的関係にあると言えるのではないだろうか。何故なら、子どもたちや保育者により共有された活動が展開している時には、間違いなくその活動は新しい内容を生み出し、予想していなかった活動になっていくというように、創造的展開を見せるからである。そして、この場合の対立や緊張は「対話における意見の相違」に当たると言えるだろう。

中田基昭は、授業における実存としての子どもと教師の対話を考察している。中田は、真の対話の原型を身体的に対峙し合う「一対一の対話」に見た上で、真の対話とは「事柄へのかかわり方をお互いに委ねあいひき受けあうこと」であり、そのことにより「私の存在が肯われ確かなものになること」であると言う（中田　一九九六、一四一頁）。そのような真の対話を生きる教師の子どもへのかかわり方は、教材に生き生きと自由にかかわる子どもたちの活動を見守ったり、子どもたちと一緒に驚いたりするようなものであると言う（中田　一九九六、一五一頁）。

このような子どもたちと教師との関わり合いは、まさに子どもたちと保育者の常態的な関わり合いである。保育者は子どもたちの遊びに関わる時には、常に「一対一の対話」を生きるように心がけている。それ故に子どもとともに楽しみ、驚き、喜ぶことができる。子どもと保育者が「共同者」として遊びを展開している場合には、自ずから対話的関係を生きるのである。そして、その時には、私たちはお互いに遊びの活動が崩れないように、自然に調和を保っているのである。この調和的な相互応答の根底にある態度が、「相互に譲歩し合う態度」である。

# 四　共同世界における他者

## (1)期待の内に存在する他者

共同世界において、子どもと保育者、あるいは子ども同士は他者を「相手」として捉えている。相手とは、「働きかければ応えてくれる人」のことである。すなわち、共同世界において私たちは、互いに「働きかければ応えてくれること」を期待して生きているのである。むしろそれが、共同世界においては、暗黙の前提として私たちの生を支えていると言うべきである。何故なら、何気ない他者への働きかけはそのような素朴な確信がないかぎり生じ得ないからである。子どもが共同世界を生きていない場合、すなわち孤独の世界を生きている場合には、たとえ目の前に他者がいても、その人は「働きかければ応えてくれる人」ではない。何故なら、両者は異なる世界を生きているからである。それ故、共同世界における他者は期待の内に存在していると言える。そのことを次の場面から明らかにしよう。これは【場面2】(子どもたちがT先生と虫取りをする)に続く場面である。ここに登場するH夫は四月に転園してきた子どもで、特に友達もいず、所在なげに過ごしていたそうである。以下のエピソードの一週間位前から、ようやく保育者の働きかけに応じるようになってきたそうである。

【場面24】 N先生と意欲的に虫取りをするH夫

朝、H夫が所在なげだったので、担任のN先生が「虫取りに行くね」と声をかけた。H夫は「うん」と答えたのだが、N先生が他の子どもたちから離れられないため、副担任のT先生に誘われ、他の子どもたちと一緒に虫取りに出かけた。他の子どもたちは生き生きと虫探しをしたのだが、H夫はただ付いて歩くだけだった。私が「H君、ムカデだって」と話しかけても無反応だった。

虫取りが終わった頃、N先生がH夫のところに来て改めて虫探しに誘う。他の子どもたちはいなくなり、二人で虫を探すことになる。すると、H夫はさっきまでとは打って変わり、地面にしゃがみ込み、熱心に虫を探し始める。彼の方から話しかけることは少ないが、N先生はH夫にいろいろ話しかけ、一緒に虫を探す。近辺では、他の子どもたちがシャボン玉遊びをしており、活気のある雰囲気は以前と変わらないが、H夫とN先生のところには「二人の空間」と言える空間が生成している。やがて、H夫がN先生に「せんせい、あせかいちゃった」と言う。そして、「ぼうしかぶってきていい？」と聞く。N先生が「行っておいで」と答えると、H夫は走って保育室に戻り、ワールドカップの帽子をかぶってきた。N先生が「もしかして、これ、サッカーの帽子じゃない？」と聞くと、「うん、ワールドカップ」と力強い声で答える。

H夫がT先生に誘われて虫探しに加わった時には、彼は他の子どもたちの中に埋没し、相手と出会うことができなかった。それ故、彼は虫探しの参加者として主体的に生きることができず、付いて歩くしかなかった。ところが、N先生がH夫に個別的に関わってくれたことにより、彼は「相手」と出会うことができた。H夫はさっきまでとは打って変わり、主体的に虫探しを始めた。話しかけるのは主にN先生の方だが、両者は明らかに互いを「相手」として意識し合っている。二人とも主体的に生き、一緒に行動している以上、たとえ話しかけが一方に偏していたとしても、二人は共同世界を生きていると言える。二人が出会った瞬間から意思の疎通が始まっているのであり、客観的には捉えられなくても、二人の間には相互応答が展開しているのである。

N先生は、H夫と出会った瞬間から、そして、彼が虫探しに応じた瞬間から、H夫が自分の働きかけに応えてくれることを確信していたに違いない。何故なら、H夫が虫探しに応じたこと自体が、彼が他者に応える構えであることを示しているからである。それ故、N先生は、H夫がほとんど返事をしなくても、彼が十分に自分の話を聞いてくれていると感じられていただろう。N先生にとってH夫は「応じてくれるという期待」に応える他者として現れていたのである。

このことはH夫についても同様に言える。N先生が話しかけてくれた時、H夫にとってN先生は必ず応えてくれる人として現れていた。そして、彼はN先生と虫探しを続ける過程で、そのことをますます強く確信していったに違いない。

ところで、共同世界を他者とともに生きられるようになった子どもたちは、共同世界が生成していない時においても、やがて共同世界をともに生きるであろう他者を自分に応じてくれる人として体験している。この場面でのH夫の行動はそれを物語っている。

H夫は一週間ほど前からN先生に心を許すようになっていた。つまり、H夫は多少なりともN先生と共同世界を生きる体験をもったのである。その体験により、既にN先生はH夫にとって自分に応えてくれる人になっていたと考えられる。H夫は虫取りに熱中している最中に、汗をかいたことを口実に、家からかぶってきた帽子をわざわざ保育室まで取りに行った。それは「ワールドカップの帽子」という特別な帽子だった。H夫のこの行動は虫探しの活動においてはほとんど必然性のないものである。それ故、H夫は登園した時から、ワールドカップの帽子をN先生に見せたかったのではないかと思われる。彼がN先生の質問に対して「うん」と力強く答えたのは、N先生が自分の帽子に注目してくれたことの喜びを表現していると言えるだろう。

このように、共同世界を体験した子どもたちは、それ以後、他者を自分に応えてくれる人として体験するようになるのである。共同世界を生きている時には、それはほとんど疑いようのない確信となっているのである。共同世界における他者の基本的な現れ方は、「不信の内に」ではなく、「期待の内に」なのである。

## （２）特定の他者と不特定の他者

遊び仲間を形成している場合、子どもたちは「我々関係」をなしている。したがって、子どもたちは互いに相手を「あなた」という特別かつ特定の存在として体験し、関わる。すなわち、遊び仲間として共同的に生きている子どもにとっては、他者は常に「特定の他者」（代替不可能な固有名をもった他者）として出会われているのである。そのことは、既に提示した諸場面における子ども同士の関わりに現れている。ところが、子どもたちが遊び仲間を形成する時、必ずしも他者が特定の他者として現れているとはかぎらない場合がある。そのことを【場面16】（子どもたちと保育者が一緒に砂山作りをする）で見よう。

この場面では、後から砂場にやって来たI男は砂遊びを始めるに当たり、特定の誰かに向かって言葉を発してはいない。彼の発言はいわば「独り言」と言える。しかし、その独り言は内言ではなく、現実に発せられた言葉である以上、I男は誰かに向かって意思を表現したと言える。その誰かが特定の者ではない以上、その誰かは「不特定の他者」であることになる。したがって、I男は自分の発言に対して、特定の誰かから返事が返ってくることを期待していたわけではないと言える。この場面では、私が応答者となることでI男の行為を受け入れてやろうとしたのだが、仮に、誰も返事をしなくても、I男は意思表示に続き、砂遊びを始めたに違いない。

この出来事は、子どもたちは常に特定の他者とばかり関わっているわけではなく、不特定の他者とも関わっていることを意味している。言い換えれば、一定の空間を共有して遊んでいる子どもたちがいる時、個々の子どもを包摂した「共同体としての他者」の存在を子どもは感じ取っているのである。したがって、子どもは遊び仲間として「特定の他者」と「不特定の他者」とに同時に関わっていると言えるのである。その意味で、遊び仲間としての他者は二重性を有しているのである。

【場面16】の出来事は、子どもが遊びに参与しようとした時の他者についての体験であるが、元々遊び仲間である場合にも、子どもは同様の体験をしている。そこで、次の場面を考察しよう。

【場面25】砂場で子どもたちが池を作って遊ぶ

砂場で、四歳児たちが大勢で、山を作ってトンネルを掘ったり、池を作ったりして遊んでいる。池を作って遊んでいる子どもたちは水を汲んできては水路に流し込む。私が興味深げに見ていると、T夫が「フライパンではこんできた」と私に言う。私は微笑んで「すごいね」と応える。T夫は再度「さっきのとはかえた」と言って、私に小さい鍋を見せる。私は微笑んで「そう」と応える。子どもたちはせっせと水を運んできては、特定の誰かに向かってではなく、「もういいかい？」と聞く。それに対して、誰か（決まった子どもではない）が「もういいよ」と答えると、水を流し込む。

この場面で、子どもと私は互いに特定の他者として関わり合っているが、子どもたち同士は、必ずしもそうではないと思われる。

砂遊びをしている子どもたちは「一緒に遊んでいる仲間」としての意識を有している。その意味では、子どもたちにとっては特定の他者としての仲間が目前に存在していると言える。ところが、水を汲んできた子どもたちは、特定の誰かに向かって話しかけてはいない。返事をする子どもも決まった子どもではないことからわかるように、話しかける子どもにとっては、砂場にいる誰かが返事をしてくれればよいのである。

通常、一緒に遊んでいる者にとっては、その仲間は身体を有して厳然としてそこに存在する固有名をもった他者である。したがって、この場合、子どもは特定の他者との共同性を生きていると言える。ところが、共同体を成している仲間は共同性を生きている故にその固有性を喪失し、共同体と一体化することにより、不特定の他者として存在するようになるのである。

通常、私たちは相手が特定の他者である場合、その人に向かって働きかける。たとえ、相手が対面状況にいない場合であっても、特定の他者を念頭に話をする。ところが、【場面25】では、ここにいる人なら誰でもよいかのように、子どもたちは不特定の他者に向かって話しかけている。したがって、当の子どもは「自分の話しかけに対して誰かが答えてくれる」と素朴に信じていることになる。その意味で、子どもたちは固有の存在である特定の他者としての仲間に対してではなく、固有性を喪失した不特定の他者、すなわち共同体そのものに対して働きかけているのである。この、共同性の元に固有性を喪失した他者の集合体が「みんな」と呼ばれるものなのである。

ところで、「私たち」と言う場合の集合体は「私」という一人称の存在の集合体であるから、固有性を有した他者の集合体である。そのように他者が存在するのは、まなざしにより相互に相手を捉え合っているからである。しかし、遊びにおいて子どもたちが共同性を有していたとしても、彼らは絶えず仲間の視線を浴びているわけではない。したがって、子どもたちは真正の意味で固有の存在である他者と絶えず対峙しているわけではない。子どもたちが互いに相手と対峙しないということは、「私」を際立たせてくれる他者のまなざしから逃れることであるので、その固有性を喪失することを意味する。それ故、本来固有の存在である仲間が、いつの間にか没個性化した仲間に変容していくのである。こうして、共同体に固有性を喪失した他者の集合体という特性が生じるのである。

【場面25】において、「もういいかい？」という問いかけに対して、特定の子どもが「もういいよ」と答えてくれている。このように、応答は常に特定の他者によりなされる。一度そのような体験をすれば、二度目には、実際に応答してくれた相手に対して、同様の問いかけをしてもよいだろう。ところが、子どもたちは繰り返し、不特定の他者に向かって同じ問いかけをしている。すなわち、この場合において、特定の子どもは共同体（遊び仲間）を一時的に代表しているに過ぎないのであり、固有の存在として体験されてはいないのである。共同体の一員とは、誰もが代表者であるという意味で、掛け替えのない固有の存在ではなく、代替可能な存在なのである。

このことは、逆から見れば、共同体の一員にとっては、共同体に対して発せられた言葉は「私に対して発せられた」と受け止められるということを意味する。実際、【場面25】においては、「もういいかい？」という言葉は不特定の他者に向かって発せられているにもかかわらず、特定の子どもが応答している。それは、その子どもが自分に向かって言われたと受け止めたからである。

このことをさらに普遍化して捉えれば、「共同体の一員は、共同体内において生じる出来事を、即、自分に関わる事柄として受け止め、それに応じる構えを取って生きている」と言える。それ故、共同体の一員は直接自分に言われなくても、相手に答えることができるのである。

以上のように、共同体をなして遊んでいる子どもたちは、仲間を「特定の他者＝不特定の他者」という二重性において体験している。そして、自分自身がそのような二重性において生きているのである。不特定の他者であるということは、個人が共同体に一体化し、没個性化することを意味するのだが、そのことは必ずしも他者への関心の稀薄さや他者への責任の免除をもたらすわけではない。むしろ、共同体に同一化することにより、子どもたちはあらゆることを「私の問題」として受け止め、他者に対して積極的な関心を抱くのである。それは、結局、個々の子どもが特定の他者として行動することになり、子どもたち同士の共同的な遊びの展開を可能にする。このような子ども存在の二重の在り方が共同的な遊びを支えているのである。

### （3）顕在的関心の対象としての他者と潜在的関心の対象としての他者

子どもたちと保育者が我々関係をなして、共同的に行動している時、彼らは仲間を明確に意識し合っている。すなわち、「私に働きかけてくる人＝私が働きかけていく相手」として意識されているのが仲間なのである。その意味で、共同体における他者は常に意識の光が当てられているのである。それ故、共同体における仲間は相互に「顕在的な関心の対象」として捉え合っているのである。

ところで、私たちは常に意識の中心にすべてのものを捉えているわけではない。関心の薄らいだものは、意識野の辺縁に退き、意識の対象に対する「地」を形成している。その意味で意識の対象とはなっていない。しかし、意識野の辺縁にあるものは、いつでも意識の対象となり得る。意識野の中心にあるものが顕在的な関心の対象であるとすると、意識野の辺縁に存在しているものは、意識の光から外れているという意味で「潜在的な関心の対象」と言える。私たちにとって対象とは、顕在性と潜在性を有して存在しており、両者の間を行き来しているのである。人間同士の関わりにおいても、他者は顕在性と潜在性を有していると言えるだろう。実際に、共同性を有して一緒に遊んでいる子どもたちと保育者を見ていると、互いに潜在的に関心を向け合っていると思われる場面がよくある。そのことを次の場面で考えよう。

【場面26】保育室に入った私に遊んでいた子どもたちが関わってくる

私が保育室に入っていった時、畳のコーナーでトラブルがあったようで、N子が泣いており、他の女児たちが彼女を囲んでいた。私は笑顔で「おはよう」と言って部屋に入る。子どもたちの明るい表情の視線が一斉に私に向けられる。私はその瞬間に「子どもたちに受容された」と感じた。同時に、私は畳のコーナーの女児たちに注意が向く。私の注意が向くと、女児の一人が「Nちゃん、ないてる」と教えてくれる。私は彼女たちの方に歩み寄り、「どうしたの？」と話しかける。しかし、女児たちは特に説明をするわけでもなく、事情がつかめない。その時、S夫とY夫が私に関わってくる。私は二人に応じながら、女児たちの緊張した雰囲気を変えようと思い、彼女たちが頭に付けている星を指さして、「もしかして、みんな梅干し姫？」と話しかける。すると、女児たちは「ちがう！　ネコちゃん」と答える。こうして、私と女児たちは戯れ合う。そのうち、泣いていたN子も遊びだし、トラブルは消滅する。S夫もY夫も私が女児たちと関わり合っていてもお構いなく、私に関わってくる。女児たちのトラブルが消滅するにつれて、私の意識は関わってくる子どもたちの方に向く。テーブルの上に小さな凧《たこ》が置いてあったので、私はそれを指さして「あっ、凧だ」と言い、「みんなが作ったの？」と聞くと、S夫とY夫は「うん」と答える。こうして、私がS夫とY夫と関わっていると、私の背中を誰かがたたく。Y子だ。私はわざと、「あれ、先生の背中に何かがいるみたい」と言って、背後を探す仕種をする。Y子は捕まらないように、私の背後を動く。こうして、Y子との間に遊びが始まる。すると、I子もY子と私の関わりに引かれてか、笑顔で私に関わってくる。

私が保育室に入るまでは、子どもたちにとって私は全く存在していなかった。つまり、私は子どもたちの意識野の外に存在しており、それ故、関心の対象ではなかった。私が保育室に入った時、子どもたちは私の存在を意識した。つまり、私は子どもたちの意識野に存在し、常に意識される存在となったのである。私にとってもこの保育室にいる子どもたちは意識される存在となった。

私自身は、入室するや、子どもたち全員に視線を向け、その様子を一瞥して把握した。それは、子どもたち全員が関心の対象となったことを意味する。その中でも、私は「少し様子がおかしい」と思われる女児たちに注意が引かれた。そして、泣いているN子に近づいた。この時の私の行動は、子どもたち全員への関心を背景としながら、特定の子どもに関心が集中するという仕方でなされている。子どもたち全員への関心は私の行動の背景に過ぎないのであるから、彼らは潜在的に意識されていると言える。一方、N子は特定の子どもとして私に意識されているのであるから、顕在的な関心の対象として、意識野の中心に存在していると言える。

子どもたちに目を向けてみると、私が女児たちと関わっている時、S夫とY夫が直接私に関わってきた。二人には、保育室空間内において、私の存在が「際立ったもの」となっており、容易に注意を引かれてしまうのである。すなわち、私は二人にとって顕在的な関心の対象となっているのである。

同様に、I子とY子にとっても私は顕在的な関心の対象となっている。ただし、二人は私を見た後、しばらく遊び続けており、その後Y子が私に直接関わってきた。したがって、私を見た後しばらくは、二人にとって私は際立つ存在ではなかったのである。その後、私が際立つ存在となったということは、「いつでも際立つ存在になり得るもの」として、私は二人に意識されていたということである。すなわち、潜在的な関心の対象であったということである。このことはS夫とY夫にも妥当する。

このように、子どもたちと保育者が共同性の内に生きている時には、彼らは互いに潜在的な関心を払っており、それを背景としながら相互的応答を展開しているのである。すなわち、子どもたちと保育者は潜在的につながり合って生きているのである。

## 五　共同感情の内に生きる

子どもと保育者が互いにまなざしを交わし合い、出会った瞬間に、両者は相手に対して「親密感」を覚える。保育者は確かに自分の中に親密感が湧き上がることを感じるのだが、同時に子どもの許にも親密感を感じる。保育者が子どもに感じる親密感は、「子どもの中に」ではない。それは子ども̀の̀許̀に̀、あるいは子ども̀の̀身̀体̀か̀ら̀感じられるのである。保育者は子どもの親密感を、子どもの身体から湧き出てくるものとして直接感じるのである。それ故に、保育者は子どもの親密感と自分自身の親密感を別個に感じるのではなく、最初から分かちがたいものとして、「一つの親密感」として感じるのである。体験相に立脚するなら、保育者は子どもと目が合った瞬間に、「一気に親密感が私たちを包んだ」と感じられるのである。この感情は、子どもと保育者が目を合わせることにより、両者の許に生じてきて共有されているものであるから、「共同感情」と言える。子どもと保育者は、出会いとともに、共同感情を生きるのである。そのことを次の場面で考察しよう。これは、【場面3】（ウルトラマンごっこをしている子どもたちが私に戦いを挑む）の続きである。

【場面27】ウルトラマンごっこを見ていたS夫と私の関わり

三歳児クラスのテラスで、男児たちがウルトラマンごっこをして遊んでいる間、S夫は彼らの動きに巻き込まれず、保育室の出入り口の辺りに佇んで、無表情で見ている。私は少し距離を置いたところから、静かに、微笑みながらS夫を見ている。それに気付いたS夫は、明るい表情をして私を見る。二人の目が合い、その瞬間に私の中に親密感が生じる。両者が互いに歩み寄り、寄り添うようにしてウルトラマンごっこを見たり、互いに見合ったりする。私はウルトラマンごっこの男児たちとも関わるのだが、その間も、S夫は私の側で、明るい表情をして見ている。やがて、吸い寄せられるように、ウルトラマンごっこの中に入っていく。

この場面では、当初、S夫は単独の世界を生きていた。無表情で佇んでいるS夫の身体には、ウルトラマンごっこに興じている子どもたちに応じていく可能性が少しも感じられなかった。ところが、私と目が合ったことで、S夫の身体に他者に応じる可能性が生まれ、私との共同世界、さらには友達との共同世界を生きるようになった。それは同時に私に起きた変化でもあった。両者の身体は自然に応じ合っており、常に相手に応じて動く可能性が感じられる身体である。

Ｓ夫と私の身体が互いに応じ合う動きを宿した身体になったということは、両者の身体が互いに引き合うような情態感に包まれていることを意味する。その一つが親密感である。二人の目が合った瞬間に、両者は同時に微笑んだ。微笑みの意味することは、身体が揺さぶられ、ある肯定的な感情・情態感が生じているということである。Ｓ夫と私に生じている肯定的感情・情態感は、相手と出会うことにより両者に生じているものであるから、共同的に生み出しているものである。それ故、それは同一の感情・情態感と言ってよい。それを「親密感」と呼んでも構わないであろう。S夫と私は親密感という共同感情を共有しながら応答し合い、行動しているのである。

このような共同感情に包まれている時、私たちは「気持ちが通じている」「わかり合えている」と感じることができる。「気持ちが通じる」ということは、「同じ気持ちになっている」ということに他ならない。すなわち、同一の感情・情態感に包まれているということである。「わかり合う」ということも、言語的・理性的に言分けて理解し合うことだけではなく、感情・情態感を共有することを含んでいるのである。したがって、通じ合っているとか、わかり合っている時には、私たちは言語によるコミュニケーションを必要としなくなる。さらには、言語的思考によらずに行動できるようになる。

例えば、この場面では、Ｓ夫と私は無言で歩み寄り、一緒にウルトラマンごっこを見たり、互いに見合うというように、同一の行動をとっている。この時、私はＳ夫が何をしたいと思っているのか、どのようなことを考えているのかなどを思考し、判断した上で行動しているわけではない。出会った時から同じ意欲を有しており、それ故に自然に同じ行動をしているのである。

このような場合、相手の思念内容はことさら問題とはならない。敢えて言えば、相手の思念内容は漠然とした仕方で把握しているのであり、それ以上の把握の必要性を感じないのである。それでも、当事者としては「互いにわかり合えている」という感覚をもちつづけられるのである。当事者がそうした意識になれるのは、共同感情を有していることによるのである。子どもと保育者は共同感情の下でわかり合い、自然に応答し合うのである。

この場面でのＳ夫と私の関わりからわかるように、両者は一緒にウルトラマンごっこを見るなど、関心を共有している。すなわち、意識の志向性が同一である。共同感情においては、私たちは言語的に相手の志向を言分けて理解し、自分の志向を相手に同一化するわけではない。共同感情を生きることが、自ずから互いの志向性への同調・相乗りを生じさせるのである。

このように、共同感情を生きる者同士は、相手の思念内容の明確化は必要としない仕方で、「わかり合えている」という意識の下に志向性を共有し、応答し合うのである。そして、例えば、ウルトラマンごっこをしていた子どもたちが喧嘩状態になった時などのように、気持ちの通じ合いの状態が崩壊した時に、相手の思念内容が問題となり主題化され、言語による言分けとしての他者理解が始まるのである(5)。

## 六　応じる用意と不意打ち

本章第四節(1)において、共同世界においては他者は「働きかければ応えてくれる人」として体験されていると述べた。そのことは、「私たちは相手からの働きかけがあることを予期し、それに応じる用意をしている」ということを意味する。ここで言う「応じる用意」は、スポーツ選手が相手に反応するために全神経を集中してとっている構えではない。日常的な他者との関わりにおいて、誰もがとっている他者への在り方である。そういう在り方をしている故に、子どもと保育者の間で自然で滑らかなやりとりが展開するのである。保育者はこのような在り方の下で共同的関係にある子どもに応じているのだが、保育においては、共同的関係にない子どもに応じることも多い。例えば、次のような場面がそれに当たる。

**【場面28】通りかかった子どもに応じるS先生**

園庭で、三歳児クラスの子どもたちが副担任のS先生と「ショーごっこ」をして遊んでいた。子どもたちはヒーローになりきって、客席の方を向いて、曲に合わせて自由に身体を動かしている。S先生は観客になって客席に座り、手拍子を打ちながら子どもたちに明るく元気のよい声をかけている。先生の両側には観客になっている子どもたちが座り、一緒に見ている。私も観客の一人になる。曲の効果もあり、非常に活気のある雰囲気である。S先生はショーをしている子どもたちに応えながら、傍らにある櫓《やぐら》に乗って先生の方を見ているクラスの子どもたちにも、声をかけたりして応答する。また、ショーごっこに参加している子どもで、先生の側に来る子どもにも随時応じている。私も周囲の子どもたちに応じるのだが、S先生は応じる範囲が広い。

そのようにして遊んでいるところに、他の場所で遊んでいた四歳児クラスのR子とM子が草を手にして通りかかる。二人は通り過ぎながら、S先生に向かってその草を振り、「みてください！」とはっきりした声で呼びかける。S先生は即座に応え、「それでくちゅくちゅしないでね。くすぐったいから」と明るく言う。すると二人はにこっと微笑んで、先生に近づき、腕をくすぐる。

この場面では、S先生はショーごっこをしている子どもたちと共同的関係をなしていた。それ故、S先生はショーごっこに関わっている子どもたちの働きかけに対して、いつでもそれを受け止め、応答する用意をもって存在している。実際に、S先生は絶え間なく子どもたちに対して、自分の身体によって応答している。櫓から見ている子どもたちのまなざしも、先生には自分への呼びかけとして受け止められている。一方、私はと言うと、私自身もショーごっこに参与してはいたが、担任に対して遠慮があり、子どもたちに応じる姿勢を多少なりとも抑制している。それ故、明らかにS先生と私とでは、子どもたちへの応答の敏感さ・即応さなどにおいて大きな違いが存在している。保育者として十全に生きているS先生は、十分には保育者として生きていない者には気付けないような子どもの呼びかけにも気付く鋭敏さを有している。このことは、共同世界を生きている保育者は子どもからの働きかけを予期し、それに応じる用意をしていることを意味する。

ところで、働きかけの予期は、そこに生起している世界における可能性の範囲として、子どもたちの働きかけが大まかに予期されているということである。必ずしも、一つ一つの行為が具体的に予期されているわけではない。一つの世界がその世界を生きる者に、その世界で生じることを限定して与えてくれているという意味である。例えば、ショーごっこの世界と、ままごとの世界では、そこで生じるであろうことは異なっている。具体的に何が起こるかはわからないにしろ、保育者はその違っている様を大まかに予期することはできるのである。つまり、「ショー」というテーマ、「ままごと」というテーマが共有されているかぎりにおいて、そこに参与している者は、それに関連した出来事が展開するであろうことを予期することができるのである。そうであるからこそ、そこに参与している者は、楽しみながら、余裕をもって応答し合うことができるのである。もちろん、個々の出来事を具体的に予期するわけではないので、そこに生じた出来事の意外性に驚くことはあるが、それも限定された意味世界における出来事として楽しむことができるのである。したがって、共同世界における働きかけの予期とは、共有された一つの意味世界を生きることに他ならないのである。(6)

このように、共同世界においては、保育者と子どもたちは互いに意味世界を共有しているかぎりにおいて予期しつつ応答しているのだが、保育者は共同的関係にない子どもたちにも応答する。S先生にとって、R子とM子は共同的関係にはない子どもたちだった。それ故、彼女たちとS先生は異なった遊びの世界を生きていたという意味で、意味世界を共有してはいなかった。したがって、「みてください」という呼びかけは、S先生には予期していない出来事であったと言える。S先生は子どもからの突然の働きかけに、不意打ちされたのである。

さて、この不意打ちに対して、S先生は子どもの要望に応えて「見る」という行為をしたのだが、それ以上の応答をしている。それは、「それでくちゅくちゅしないでね。くすぐったいから」という言葉での応答である。R子とM子の発した言葉には、保育者に見るという行為を要望するだけではなく、見た上で、草について何か言ってほしいという期待が込められていただろう。一般的には、子どもが手にしたものを保育者に見せにきた時には、保育者が次のような二通りの応答をする可能性が高い。第一に、保育者はその対象に関しての印象を述べる。第二に、保育者はその対象と子どもとの関係について言表するか質問する。したがって、この場合に、第一に予想される応答は、「まあ、かわいいね」とか「どこで見つけたの」というような言葉かけであろう。ところが、S先生は質的に全く異なる言葉を発した。S先生の言語的応答は、草というものを介した、子どもたちと自分の関わり合いの提案である。その関わり合いは「戯れ合い」という関わりである。すなわち、S先生の応答は、子どもたちに対しての「遊びへの呼びかけ・誘い」だったのである。恐らく、通りすがりに「(草を)みてください」と呼びかけたR子とM子にはS先生と遊ぼうというつもりはなかったであろう。したがって、S先生の応答は二人の期待を超えていたと言える。S先生は、咄嗟に、呼びかけてきた子どもたちの期待を超え、なおかつ遊びへの呼びかけとなるような応答をしたのである。当然、それが遊びへの呼びかけである以上、S先生には二人と遊ぶ用意があることになる。したがって、S先生は単に儀礼的に応答したのではなく、保育者としての責任の下に応答したのである。

このように、保育者は子どもに不意打ちを食らうことがある[7]。それは、保育者を準備のない状態で咄嗟に応じるという、一種の危機的状況におく。その時、保育者は保育者としての自己の存在を懸けて子どもに応答しなければならない。そして、存在を懸けての応答が有意義であったかどうかは、子どもの期待に応えることを通して共同世界を生きることにつながったかどうかによる。S先生の応答は、ショーごっこという遊びの共同世界を保持しながら、新たに他の子どもたちとの共同世界の生成を可能にするものであると言える。その意味で、不意打ちに対する応答としては有意義なものであると言えるだろう(8)。

ところで、S先生が子どもとの共同世界の生成につながりうる応答をすることができたのは偶然ではない。共同世界を生きている者同士は、共有された意味世界の範囲で互いの働きかけを予期し合っているので、その応答が有意義なものとなる。しかるに、S先生はR子とM子とは特定の遊びの世界を共有していないにもかかわらず、有意義な応答をした。それが可能だったのは、S先生が彼女たちと直接的な共同的関係を有していなくても、既に彼女たちと保育世界という意味世界を共有していたからなのである。保育世界においては、子どもたちが十分に遊ぶことを保障することが基本となっている。そして、そのような関わりを子どもたちと保育者は体験し、共有している。そのことが子どもの不意打ちに対して、保育者がある程度有意義な応答をすることを可能にしているのである。

## 七　包摂し合う子どもと保育者の生と創造性

共同世界において、子どもと保育者はともに生きているので、互いの存在を常に意識し合っている。それは相手の生の営みを感じ取りつつ自己の生を展開することを意味する。それが、「一緒に遊ぶ」とか「一緒に行動する」事態として認識されるのである。

【場面2】(子どもたちがT先生と虫取りをする)において、子どもたちとT先生は一緒に虫取りに興じた。この時、当事者たちの注意は虫に向けられているのだが、同時に共同者の生をも感じている。つまり、互いに自分が意識されていることを感じているのである。子どもたちはT先生の応答を通して、「自分が生きていること(自己の存在が生成していること)に対する他者による肯定の手応え」を非措定的ではあっても感じていただろう。同様に、T先生は自分が生きていることが子どもたちに肯定的に意識されていることを実感し、生きることの充実感を覚えていたに違いない。そのことは、両者にとって相手の存在は自己が生きることにとって不可欠なものとなっていることを意味する。つまり、それぞれの「私が生きること」が相手の存在を抜きにはもはや成り立たず、自己の生の中に相手の生が入り込んでいるのである。そのようにして、T先生の生は子どもたちの生により動機付けられ可能となっており、逆に、子どもたちの生はT先生の生により可能となっているのである。

このように、子どもと保育者の生は切り離せないものとして、互いに包摂し合って生成しているのである。それ故、そこでなされる体験は、単独でなされる体験とは異なる。共同世界における子どもと保育者は自己の存在の契機として相手の存在を内に含んでいる。つまり、自己の中に他者性が内包されているのである。他者とは、自己とは異なる生を営む存在である。それ故、他者は把握し尽くすことが根本的に不可能な存在である。互いにそのような存在同士が共同で生きる故に、共同的になされる生は創造的でもあるのである。

例えば、行為の意味に焦点を当ててみよう。子どもは保育者とともに生きることにおいて、保育者の意識(まなざし)を感じる。保育者のまなざしあるいは応答は、子どもの行為に意味付けをすることになる。例えば、保育者が「面白いね」と言うならば、そこに生じた出来事や行為にそのような意味を与えることになる。子どもがそれを受け止めた時に、その出来事や行為は共通の意味をもつことになる。このように、子どもは自分の行為の意味を単独で生み出し、決定するわけではないのである。子ども自身が生み出す行為の意味は、保育者のまなざしを子どもが受け、子どもが保育者にまなざしを返すこと、すなわち、「まなざしの交流」により共同的に生成されるのである。したがって、共同的な生は単独の生以上に創造的なのである。

# 第Ⅲ部

# 対話と開かれた在り方

第Ⅲ部では、保育における子どもと保育者の関係を、解釈学が言うところの「開かれた在り方（開在性）」の視座から捉え直すことにする。それにより、開かれた在り方の具体的な内実を明らかにしよう。

# 第6章 対話を可能にする在り方としての開在性

関わり合う者同士の間に対話が成り立つためには、互いに相手の話を聴き応えることが必要である。つまり、常に他者へと自己を開いていることが必要なのである。対話の重要な契機として、このように他者に対して開かれた在り方をしていることを「開在性」と呼ぶことにする。子どもたちと保育者が共同的に遊びを展開できるのは、彼らが互いに開在しているからである。そこで、本章では、開在性の内実を明らかにしよう。

## 一　子ども理解と対話

### (1)情態感の共有・同調

対面状況において、私たちが相互に理解し合う場合、二つの次元が存在している。一つは言葉で表現できる仕方で理解する次元であり、他の一つは何となく気持ちが通じ合っていると感じられる次元である。前者は「言語的理解」「理性的理解」と、後者は「前言語的理解」「感性的理解」と言える。言語的・理性的理解は言語により可能になるので、発達的に上位に位置する理解であると言える。一方、前言語的・感性的理解は言語を媒介としない故に、他者を意識することができる者であれば、基本的に誰にでも可能な理解である。かつ、それは言語的・理性的理解が働いている時にも常に働いているものである。

鯨岡峻は、コミュニケーションを「理性的コミュニケーション」と「感性的コミュニケーション」とに分け、感性的コミュニケーションが理性的コミュニケーションの基底に存在しているとして、「原初的コミュニケーション」と呼んでいる（鯨岡　一九九七、七、一六五―一七二頁）。そして、原初的コミュニケーションを「主として対面する二者のあいだにおいて、その心理的距離が近いときに、一方または双方が気持ちや感情のつながりや共有を目指しつつ、関係を取り結ぼうとするさまざまな営み」（鯨岡　一九九七、一六三頁）と定義している。すなわち、対面状況にある者が相手と感情や気持ちを共有しようとすることが既にコミュニケーションなのであり、感情や気持ちを共有していることが既に理解しているということなのである。この、前言語的・感性的次元での理解（感情や気持ちを共有し、通じ合っていると感じられている状態）が、保育者が実践的に子どもと関わっている時にも生起しており、それが実践的理解を形成していると考えられる。そのことに関して次の場面を見よう。

【場面29】私に肩車してはしゃぐB夫

B夫は遅く登校したので保育者についてもらえず、ずっと一人でストロー切りなどをして過ごしていた。他の子どもについている私がB夫の側を通ると、B夫は明るい表情で私を見上げる。私は、B夫が私と遊びたそうにしていると感じながらも、彼の相手ができないでいた。

昼食時、私が教室に戻ると、B夫が即座に席を立ち、私に肩車してきた。B夫は「ようやく僕の番が来た」と思ったのだろう。私は「よし、今度はBちゃんと遊ぼうね」と言って、B夫を肩車して教室を出る。B夫は私の肩の上で笑顔ではしゃいでいる。そして、私をグイグイ校庭に連れ出す。嬉しいのか、肩の上で身体を動かす。私はたまらなく、「こらっ、Bちゃん、そんなに動くんじゃない」と制止するが、B夫は一向にお構いなしではしゃいで暴れる。私自身は決してそれが嫌なのではない。むしろ、B夫が生き生きしている姿を嬉しいと感じる。いつものように、校庭の小山を駆け下りたり、クルクル回転してやったりして遊ぶ。校庭に平均台が出してあった。私はふと思いついて、B夫を肩車したまま平均台に立ち、渡り歩いてみる。B夫はそれがたいそう気に入ってしまい、私に何度も平均台の上を歩くように要求する。私がバランスを崩して落ちると、ケラケラ笑って面白がる。

私に肩車したB夫は興奮してはしゃいでいた。そのB夫に対して、私は「そんなに動くんじゃない」と制止する言葉を投げかけたが、本当に制止しようとしたのではなかった。私はB夫の行動を喜んで受容しているのであり、B夫の興奮している姿を嬉しいと感じてさえいるのである。すなわち、B夫と同様に、私もいくらか興奮しているのである。

また、B夫が肩の上で暴れることは、私にとっては肉体的に辛いことである。しかし、この場面における私は、それを苦痛とは感じていない。むしろ、B夫を肩車して校庭を走ったり、さらには平均台を渡るなど、肉体的に辛いことを私は自ら進んで行っている。私がこのように意欲的に行動することができるのは、私が活動へと向かえるだけの昂揚した気分にあるからである。

このように、【場面29】においては、B夫も私もともに昂揚した気分にあったと言える。そして、私が昂揚した気分になったのは、B夫の昂揚した気分に触れたからである。確かに、私は記録の中で、「B夫が生き生きしている姿が嬉しい」と書いている。この記述を分析的に見れば、私が嬉しい気分になる前に、B夫の姿を生き生きしていると判断する認識過程が介在しているように思われる。しかし、これは、記録を書くことが体験の言語化（過ぎ去った意識流の反省的捉え直し）である故に生じた事態なのである。B夫とともに今を生きつつある時には、私はB夫の昂揚した気分を自分の身をもって直接感じるのであり、それと同時に、私も昂揚した気分になってくるのである。Ｂ夫の気分と私の気分は認識過程に媒介されて結びついているのではなく、直接的にＢ夫の気分が私の身体に触れ、私の意志に関わりなく、自然に私もＢ夫と同じ気分になってしまうのである。

同じ気分状態になることは、情態感を共有することである。子どもと保育者が関わり合っている時には、情態感を共有することが容易に生じ、それが子どもと保育者の相互理解を生じさせるのだが、そのことを、シュミッツ(Schmitz, H.)はコミュニケーションにおける身体の問題として捉え、次のように言う。

自己の身体は、つねに身体的な対話構造をもつ、たいていは一時的な統一体の中に埋め込まれ、取り込まれている。この統一体は身体的状態感の構造を有し、自己の身体がそのパートナーや対象とダイナミックなコミュニケーションを営むように、両者をとりまとめる。（シュミッツ　一九八六、六一―六二頁）

すなわち、コミュニケーションにおけるあなたの身体と私の身体は「身体的状態感」によって包まれているのであり、両者は一体化しているということである。そして、感受性について次のように言う。

感受性の鋭い者は、抑制された怒り、憤り、不愉快といったものを、たんに他者の表情とか、形態、動作の他の徴候の内に感じとるだけではない。彼らは、その上、或いはより一層、自分の痛みや異和感、おどろきなどに襲われた状態の内に、それらを感じとるのである。感受性の豊かな者は、他者が心地よさやゆったりとしたくつろぎを感じる際には、彼自身ぱっと心が明るくなることによりある程度はそれらに気づくのである。（シュミッツ　一九八六、六六頁）

すなわち、対面状況においては、私は他者の情態感を、私自身の情態感として自分の身体にまとうのである。これは、私と他者とが同じ情態感を共有することに他ならない。

以上のような考え方に即するなら、対面状況において、私たちは情態感としての相手の感情や気分を自己の身体において感じとっており、そのようにして相互に情態感を共有していると言える。このような情態感の共有が、感性的に相手を理解しているということなのである。すなわち、それがコミュニケーションの基盤なのである。

【場面29】（私に肩車してはしゃぐB夫）におけるB夫と私は昂揚した気分という情態感を共有していたのであり、この情態感の共有の許で二人のやりとりが展開したのである。情態感の共有とは、B夫と私が同じ気分状態になっていたということに他ならない。通常は、物事を理解する場合、理解するべきものを「対象」として認識主体に対置し、それが何であるかを主体が判断するという思考過程が介在する。思考過程により把握することが理解であると考えられる。それ故、認識の主体であり、かつ認識の対象でもある私とB夫が同じ気分状態であるということだけで、両者のあいだに相互理解が成立しているとは言えないと思われる。確かに、気分の共有は認識作用ではない。認識は「主体」と「客体」の分立をもって初めて成り立つことであるのに対して、気分の共有には「主・客の分立」は不要である。むしろ分立の前に留まることにより可能となる。気分を共有している時、私たちは「主・客の一体」を生きている。それ故、私たちは相手に対して、即座に言語により表現される認識作用を働かせてはいない。しかし、この時、私たちは、互いに理解内容を表明し合っていないにもかかわらず、「通じ合っている」という思いに浸っていられる。情態感の通底により相互にわかり合えていると感じられていることは、言語的に分節化された理解ではないが、相互理解に他ならない(1)。これが感性的理解なのであるが、それが理解と言えるのは、まさにそれが生起していることと一体となって、相互的応答が生じているからである。関わりの当事者にとって、相互に呼応する行動が滞りなく生じていることと、「通じ合えている」と感じられることは一つのことなのである。(2) B夫と私も同じ気分状態の許で、相互的応答を展開していたのであり、その意味で、二人とも感性的次元で理解し合っていたと言えるのである。

ここまで、情態感の共有の例として、昂揚した気分を取り上げてきた。しかし、情態感の共有は、このような活動意欲をもたらす肯定的気分（未来に向かわせる気分）にのみ限定されているわけではない。悲しみとか怒りなどの活動意欲を喪失させる否定的気分（未来を塞ぐ気分）に関しても、私たちはそれを共有しうる。例えば、私が実践していた養護学校に、気分状態の崩れやすい子どもがいた（本章第四節（1）の【場面39】を参照）。その子どもはひとたび不機嫌になり始めると、その気分が徐々に増長し、ついには自分ではどうにもならない状態になってしまうのだった。不機嫌なその子どもと一緒にいると、私自身も次第に気持ちが苛立ってくることがよくあった。すなわち、子どもの不機嫌さが私に感染するのである。このように、保育における子どもと保育者は、肯定的気分においても否定的気分においても、情態感を共有しうるのである。

ところで、情態感の共有が実践における理解の一部をなしているのだが、この共有が生じるためには、その前に、情態感の同調という現象が生じている。子どもと保育者が対面状況に入った時、両者は異なった情態感を生きている可能性がある。あるいは、同一の情態感を生きていたとしても、まだそれは共有されてはいない。まずは、対面状況に入ることにより、あるいは、どちらか一方が、他方に関心を向けることにより、両者の身体、もしくはどちらかの身体に身体的同調が生じ、それとともに、情態感の同調が始まり、両者が同質の情態感を共有するようになるのである。例えば、子どもの気分が不機嫌になってくると、私の気分も不機嫌になってくると述べたが、その時、私は子どもと全く同時に不機嫌になってはいかない。まず、子どもの方に情態感の変調が起き始め、私の情態感とのあいだにずれが生じてくる。それが、私には「つき難さ」という違和感として感じられてくる。そして、程なく、私自身の情態感が子どもの情態感の変調に同調して変調し始めるのである。

したがって、子どもと保育者の情態感の共有はその同調から始まると言える。そして、子どもと保育者が対面状況を生きている時には、情態感の同調と共有が一体的に生起していると考えられるのである。

## (2)子どもと保育者の関係性

私たちの認識は無制約的に生じるわけではない。認識は私たちが生きている状況に拘束されている。状況を生きているということは、その状況内に存在する存在者と私たちとの間に、常に何らかの関係が生じているということでもある。したがって、私たちが何かを認識しようとする時には、私たちと認識の対象との間に既に成り立っている関係の許で認識することになる。日常よく言われる「客観的」とか「主観的」という言葉は、私たち認識主観と認識対象との関係を指している。こういうことが問題にされるということは、どちらの認識であったとしても、私たちの認識は対象との関係の許に可能になっていることを意味している。私たちは一切の関係を超越して認識することはできないのである。保育者の子ども理解も例外ではない。子どもと保育者の関係がどのようであるかにより、保育者の理解は規定されていると言える。(3) それは次の場面によく現れている。

【場面30】　私を蹴るB夫

私が教室に行くと、丁度B夫が登校したところだった。早速、B夫は私に肩車し、私を指図して校庭に出る。いつものように、校庭の小山を駆け下りることを私に何度もさせる。私が「よーい、ドン！」と言って駆け下りると、B夫は楽しそうに笑う。何度もさせられるので、私は疲れてしまい、「Bちゃん、休憩しよう。先生疲れたよ」と言うと、B夫は私の頬を手で叩く。それでも私がB夫を無理やり降ろすと、B夫は素直に従ってくれる。しかし、じきに肩車してきて、再び走るように要求する。

肩車から負んぶに変わる。回転してやると喜ぶ。自分から地面に降りて、私に両手をつかませ、回旋塔のように回転させることを要求する。B夫は喜んで何度も私にやらせる。振り回した後、地面に降ろすと、B夫は私を蹴ったりもする。

この場面において、B夫は私の頰を叩いたり、私を蹴ったりした。この行為は、見方によっては(例えば、通りすがりの人が偶然にこの場面を目撃した場合など)「攻撃的行為」として理解することが可能である。しかし、その状況を生きていた当事者である私は、これを「攻撃的行為」とは思わなかった。むしろ逆に、私はこの行為をB夫の私に対する「親しみの表現」であり、「B夫は遠慮なく自己主張できるほどに私に親しみを感じているのだ」と理解したのである。この理解の相違は、理解する者と理解される者との関係の相違にある程度由来していると言える。「攻撃的行為」という理解は「疎遠な関係」に基づいており、「親しみの表現」という理解は「親しい関係」に基づいていると考えられる。もちろん、この場合、ただ関係の相違だけが理解の相違をすべて決定しているわけではない。次項で触れることだが、理解者が出来事の生じた状況についてどれだけ詳しく把握しているかということにも左右されているのは言うまでもない。

廣松渉は関係論に立って「実体」の存在に対する「関係」の優越性を主張するのだが、それはさらに、私たちが実体の属性として同定するものにも及ぶ。廣松によると、「属性なるものはいずれも対他的関係性を俟って存在するものであり、〝実体〟が自分以外のものとの関係なしにそれ自身でそなえている性質ではない」(廣松 一九八二、四六三頁)。「「性質」であるかぎり、〝内在的性質〟であれ〝実体的性質〟であれ、凡そ一切の性質が対他的関係の〝内自化〟されたものである」(廣松 一九八二、四六八頁)。すなわち、例えば、音・色・固さなどといった物理的属性・性質というものも、それ自体として存在している即自的存在なのではなく、認識主観との関係の生成により初めて現成するものなのである、と言うのである。ものの属性とか性質として私たちが認識しているものは、私たち認識主観との関係を抜きに存在しているわけではなく、そのような属性や性質として規定しようとする認識主観との関係の許に存在しているにすぎない、ということなのである。ここに、認識主観の存在が浮上してくる。この認識主観は、どこの誰でもない無人称の主観ではない。たとえ、その認識が相互主観的なものであっても、それは個々の主観により遂行されないかぎり生じえない。したがって、属性や性質の現成は、まず個々の主観(他の誰でもないこの私)との関係に依存していることになる。

　廣松の「属性」の存在に関する考えは、人間の性質として私たちが同定するものにも妥当するだろう。例えば、私たちはある一人の子どもを取り上げて、その子どもの「性格」や「性質」なるものを云々することがある。そして、そうやって私たちが同定した性格や性質がその子どもに内属しているものであるかのように思っている。すなわち、それを同定した私たちの主観とは独立に、その子ども自身の中に実体的に存在しているように思い込んでいる。これは、私たちが、関係の内に生成してくるものを物象化し、実体化していることを意味する。しかし、私たちがそれ自体として実体的に存在していると思っている子どもの性質は、他者との関係を抜きに子ども自体に備わっているものではない。それは、その子どもと私たちとの関係の生成により、初めて現成してくるものなのである。すなわち、その子どもに内属していると見なされる性質をそのようなものとして同定し、規定するこの私を抜きに、その性質を考えることはできないのである。例えば、ある子どもを「手に負えない子」とか「やさしい子」などと評するとすれば、それはその子どもとそのように評すことのできる関係を結んだこの私によって付与された意味なのである。したがって、他の人も私と同様に評するとはかぎらないのである。

　ところで、一口に「関係」と言っても、多様な様態が存在する。人間と人間の関係の場合には、役割存在を生成させる「役割関係」が存在する。さらにその役割存在同士の関係として、「主・従関係」「対等な関係」「信頼関係」「敵対関係」「友好関係」「親密な関係」などが存在する。また、人間と物との特徴的な関係である「道具的な関係」が人間同士の関係として生じている場合もある。そして、これらの諸関係は同時に重なり合って生じうる。例えば、「子ども―大人」の役割関係が「対等な関係」であり「信頼関係」であり、かつ「親しい関係」であるという場合もある。こうした関係の重なり合いは多様に考えられる。あり得るこれら全ての関係が、性格や性質の現成を左右しているのである。すなわち、何らかの関係をなしている当事者の内のどちらかが、認識主観として相手を理解する時、その関係の許に、相手の性格や性質が見えてくるのである。

このように考えると、子どもと保育者がどのような関係をなしているのかによって、保育者が捉える子どもの姿は異なった様相を呈してくると言えるだろう。そして、子どもと保育者の関係は固定されたものではなく、変容しうるものである。したがって、両者の関係が変容することにより、保育者の理解も変容することは避けられない。例えば、ある保育者が重度の障がい児に初めて接する時には、恐らく、その保育者はその障がい児のことを「理解しにくい子」とか「コミュニケーションの取りにくい子」と思うことだろう。これは、例えば、両者の「疎遠な関係」の許に現成してきた属性なのである。その保育者と障がい児の関わり合いが増え、両者の間に「親しい関係」が生じてくれれば、その保育者はその障がい児を、もはや「理解しにくい子」とは思わなくなることだろう。

ところで、関係がこのように変容していくということは、関係は時間性・歴史性を帯びているということを意味する。例えば、【場面30】におけるB夫の行為を、私が「親しみの表現」と理解しえたのは、B夫と私との間にある関係が成り立っていることに負っているのだが、その関係は、二人の数年にわたる関わり合いを通じて築かれてきたものである。すなわち、この関係にはB夫と私の関わり合いの歴史が浸透しているのである。実存する者としての保育者は、自分と子どもとの間に生起した関わり合い(過去)を、絶えず自分自身のものとして引き受けつつ現在の関係を形成している。それ故に、今、子どもとともに生きている関係には、子どもと保育者がともに生きてきた独自の歴史が絶えず取り込まれ、息づいている。そのように歴史性を帯びている故に、その関係は、特別な意味をもつものとして当事者に生きられているのである。したがって、たとえ類型的には同じであるとみなされる子どもと保育者の関係であっても、その関係の内実に注目すれば、その関係が当事者にとってもつ意味という点では、私という保育者が生きている関係と、他の保育者が生きている関係とは異なったものなのである。

このように、保育者の理解は、保育者と子どもとの関係により規定され、かつ支えられていると言える。ところが、保育者はその関係を無自覚的に生きており、しかも、その関係は類型的な規定だけでは汲み尽くせない歴史性を帯びている。それ故、日常の自然的態度において、保育者が自分の理解がどのような関係にどのように規定されているのかを自覚することは難しいのである。

### (３)理解の循環性

具体的行為は、なされた状況・文脈から切り取ってそれだけに注目しても、それが行為者にとってもっている意味はわからない。具体的行為を取り巻く状況や文脈についての理解があって、初めて具体的行為についての理解が可能になる。そうすると、「具体的行為等の理解」と「状況・文脈についての理解」の循環が存在するように思われる。そのことを次の場面に見てみよう。

**【場面31】 G夫に引き回されるB夫**

三週間ほど前から、G夫(B夫のクラスメイト)がB夫の手首をつかんでは、校内を連れ回すようになったそうだ。今日もG夫はB夫の手首をつかむと、力任せにグイグイと引っ張って、広間に連れていく。B夫は他の子どもに抵抗しない子であるし、その上G夫は力が強いので、B夫はG夫のなすままに引きずり回されている。B夫は不安な表情で、G夫の強引さに「怖じ気づいている」ようであり、腰を引く姿勢もする。B夫の様子を見かねて、私が側に行くと、B夫は私に助けを求めるように逃げてきて、素早く私の背に負ぶさってくる。すると、G夫はB夫を私から強引に引き離して連れていこうとする。

G夫は広間のトランポリンにB夫を連れていき、B夫の身体を押し上げて、無理やりトランポリンに乗せようとする。B夫は即座にトランポリンに乗り、続いてG夫も乗る。G夫がトランポリンを跳び始めると、それに合わせてB夫も跳ぶ。しかし、B夫の表情には、いつもトランポリン遊びをしている時のような楽しそうな笑みがない。こわばった表情で、G夫の要求に応じているだけなのだ。B夫にとって、G夫と一緒にトランポリンを跳ぶことが楽しい活動になっていないのだ。

この場面で、側に行った私にB夫が負ぶさってきたことを、私は「逃げてきた」と記述している。B夫の行為を「逃げる行為」として捉えることができたのは、その行為が行われるまでのB夫とG夫のやりとり（行為の文脈）を私が知っていたからである。さらに、この行為の後になされたB夫とG夫のやりとり（B夫がG夫に促されて一緒にトランポリンを跳ぶが、B夫は楽しんでいないということ）がこの行為の理解を裏付けてくれるのである。こうして、「B夫が私に負ぶさる」という行為は、その前後の文脈の中に位置付けられて把握されることにより、「逃げる行為」として理解されるのである。

人間のあらゆる行為は必ず特定の状況の中でなされるのだから、その状況によって行為の意味が規定されるのは言うまでもないことである。そして、具体的行為の意味が理解されることにより、その行為をなす状況が子どもにとってもっていた意味が、明確になってくるのである。例えば、【場面31】の場合なら、B夫がG夫に校内を連れ回され、一緒にトランポリンを跳ぶまでの体験がＢ夫にどういう意味をもちえたのか、ということが理解されるのである。

ここで「状況の意味」と言ったが、ある状況の意味はそれ自体にあるわけではなく、その状況を生きる当事者により付与されるものである。ある状況にどのような意味を見いだすかは、その人がどのような解釈図式を有しているかによる。シュッツによると、私たちは「目的動機（Um-zu-Motiv）」や「理由動機（Weil-Motiv）」に基づいて具体的行為を企図し、遂行する。そして、企図されたり遂行された行為は、行為者自身にとって固有の意味をもっている。この固有の意味を生じさせるものが目的動機や理由動機なのであり、これらが行為者自身の内的時間意識において「意味連関（Sinnzusammenhang）」を形成しているのである（Schütz 1932/1982, S. 78–105/102–133 頁）。特定の状況が主体に対して何らかの行動を引き起こすことができるのも（主体に対して有意味なものとして現れうるのも）、それがその主体の意味連関に位置付けられるからである。

行為者は意味連関を解釈図式として状況を意味付けている。そうすると、「状況・文脈についての理解」は、素朴には、理解者が状況を行為者と共有している時には、理解者に見えてくる意味を明瞭にすることであるかのように思われるが、実はそうではなく、行為者自身のこれまでの諸体験から成り立っている意味連関に配意することであるとわかる。何故なら、単に理解者自身に見えてくる意味を明瞭にするだけでは、その状況を理解者自身の意味連関に位置付けているにすぎないからである。したがって、「具体的行為等の理解」と「状況・文脈についての理解」の循環は、「具体的行為等の理解」と「行為者自身の意味連関についての理解」の循環と捉え直すことができるだろう。これは解釈学的循環に相当する。解釈学では、テクスト解釈において部分と全体の循環が生じると考える。すなわち、「ある作品の全体は、〈著者の〉個性への、その作品が関連をもっている文献群への前進を、要求する」のであり、「個別には、全体からの了解が必要だし、他方、全体は個別から了解されねばならない」のである（ディルタイ 一九八二、五〇―五一頁）。

この部分と全体の循環は、部分という理解の対象と全体という理解の対象の間の循環と言える。子どもと保育者が我々関係をなして関わり合っている場合には、これとは別種の循環が生じている。すなわち、「子どもと保育者との間で理解自体が循環していく」という循環である。

本章の第四節（4）において詳しく述べることであるが、子どもと保育者は思わず知らず相手に応じるという仕方で、互いに行動を誘発し合っている。行動が誘発されるということは、保育者にとっては子どもを理解するとが行動することと同義であることを意味している。保育者は絶えず目の前の子どもを理解しており、理解しつつ何らかの構えや態度をとるというように、応答態勢になっている。すなわち、保育者が遂行しつつある理解は絶えず身体的応答反応として表現されているのである。子どもも全く同様に、「理解＝応答」という仕方で理解を遂行しつつそれを表現している。したがって、保育者の子どもについての理解は、それが身体的応答反応として表現されることにより、子どもの理解の対象になっている。同じように、子どもの保育者についての理解は、保育者の理解の対象となっている。すなわち、「保育者の子ども理解」について子どもが理解し、「「保育者の子ども理解」について保育者が理解するというような、相互理解の循環が生起するのである。実際に体験相を注視してみると、そのような循環が生起していることがわかる。そのことを次の場面で検討しよう。

**【場面32】私に何かを訴え続けるB夫**

私が教室に入っていった時、丁度クラスの子ども三人が登校してきたところだった。I先生や母親たちが子どもたちの遊び支度を手伝っている。そのため、教室は子どもたちや大人たちが動き回り、「活気のある雰囲気」「動的な雰囲気」に満ちている。そんな中で、Ｂ夫だけが一人、教室の隅でストロー切りをしている。保育者は一人もＢ夫についてはいない。この動的な雰囲気からＢ夫一人がポッンと浮き出ているように感じられる。Ｂ夫はストロー切りに夢中になってはいるが、周囲の動きが気になっていないというわけではない。ストロー切りをしながらも、Ｂ夫はしばしば教室の人たちを見ているのだ。私は「Ｂ夫は保育者と遊びたいのだが、この状況下では気後れして保育者のところに行けないでいるのだろう」と思い、自分からＢ夫の側に行く。

私は側にしゃがんで、「Ｂちゃん、おはよう」と声をかける。Ｂ夫は私の顔を見ながら、鋏の先で畳をつついたり、自分の耳元でストローを切ったりする。私はこのようなＢ夫からの働きかけに対して、「チョキチョキ」と言いながら、指鋏で切る真似をして応じる。床や畳の上にはストローの切れ端が散乱している。私はＢ夫が私に何を訴えているのかよくわからない。とにかく、Ｂ夫からの働きかけに応じようと努める。散乱しているストローを片付けろと言っているのかと思ったが、どうも違うようだ。Ｂ夫は再三私を見ながら鋏で畳をつつく。または、畳の縁に鋏を当てて、「ここを切るよ」というような仕種をする。私はおどけた調子で「これは切れないよ、Ｂちゃん」とか、「ここは切らないでください」などと言う。Ｂ夫のこういう仕種に対して、その行為を止めるような言葉を私が言うと、Ｂ夫は実際にその物を切ることはしない。そして、別の物を切ろうとする仕種をする。こうして、Ｂ夫と私のやりとりが繰り返される。私はＢ夫が私に何を求めているのかよくわからないまま、とにかくＢ夫に応え続け、Ｂ夫も「僕が求めているのはそれではないんだよ」とでも言うように、指で私の頬をつついたりして、しきりに私に働きかけ続ける。

この場面において、私は一人でストロー切りをしているＢ夫の側に行った。Ｂ夫は私の顔を見ながら、鋏で畳をつついたりするというように私に働きかけてきた。私はＢ夫のそういう行為を、少なくとも「僕と遊んでよと私を誘っている」と理解した。そう理解すると同時に、私の身体はB夫に応じる構えになっており、その具体的な表現として、指鋏で切る真似をするという行動をした。私のこの行動には、私のB夫についての理解がそのまま現れている。そして、私はそのように応答しつつ、私のこの応答をB夫がどう受け取ってくれるのか（私のB夫についての理解をB夫がどう理解してくれるのか）を理解しようとしていた。

このように、保育者は子どもを理解しつつ、同時に子どもに理解される対象であるという二重性を生きている。保育者の理解行為が、その身体的応答と一体である故に、保育者の身体的応答が子どもの理解の対象になることにより、逆に、理解の対象である子どもにより保育者の理解が理解されることになる。こうして、保育者の子ども理解は子どもの理解行為により自分自身に返ってくるのである。この、保育者と子どもの間に生起する理解の循環が保育者の子ども理解を深めていくのである。(4)

以上のように、保育者の子ども理解は二重の循環構造の中で展開している。一つの循環は、部分と全体という理解の対象の間での循環であり、他の一つは、保育者と子どもが「理解しつつ理解される者である」という二重性を生きることにより必然的に生じる保育者と子どもの間の理解の循環である。この二つの循環が密接に関連し合い、二重の循環構造を形成し、その許で保育者の子ども理解が展開するのである。

## （4）理解の主観性

津守真は、子どもは大人との「保育的関係(5)」の許で成長し、発達する、と言う。そして、この保育的関係を形成し維持する契機の一つは、大人が子どもと交わり、その行動を表現として捉え、その意味を理解することである、と述べている（津守　一九八八、四頁）。すなわち、保育者が自己の主観により子どもの行為の意味を把握することこそが保育実践においては重要なのであり、保育的関係を成立させる一つの前提条件なのだ、と言うのである。この津守の見解に即して考えるなら、保育実践において重要なことは、保育者が「客観的に確定された事実」としての子どもの変化・姿を把握することなのではない、と言えるだろう。

保育者は、まず最初に客観的事実の認定・確認をした上で、それに基づいて保育実践を行っているわけではない。仮に、客観的事実を集めたとしても、それが保育実践を支える大きな柱になっているわけではない。保育において、第一次的に重要でかつ実践を支えているものは、当の保育者自身が「この子が変わった」「この子と私の関係が変わった」などと覚知し、実感しうることである。すなわち、保育者自身の主観的認識が実践を支えているのである。保育における関係態の一方の主体である保育者が、子どもとの実存的関わりにおいて「この子が変わった」と覚知しうること・覚知したことが保育者（の態度・意識・見方）を変え、そのことが関係態の他方の主体である子どもを、さらにはその関係態そのもの（子どもと保育者の関わり）を変容させていくのである。「私という主観にとってそのように思える」ということこそが、実践を生んでいくのである。

丸山圭三郎によると、「我々人間にとって、森羅万象は常に何らかの意味を担った現象すなわち〈意味＝現象〉として出現している」のであり、「我々にとっては、端的に〈意味＝現象〉以外の事象は知覚されず、存在しない」のである。そして、「意味とは、人間という動物の〈生《レーベン》への関与性〉のこと」である（丸山 一九八五、四八―四九頁）。すなわち、私たちは、最初に意味をもたないもの（客観的存在）を知覚し、その後にそれに意味を与えているのではない。そもそも世界とは、主観である「私」にとっての意味としてしか存在しないのである。「私」がどのような役割存在であっても、世界はその「私」にとっての意味として存在するのである。

保育者は、保育において、子どもやその行為等に保育者自身にとっての「意味＝現象」として出会っている、と言える。例えば、子どもは保育者にとって「その発達を支え援助するべき相手」として現れてくる。すなわち、保育者は保育者であるかぎりにおいて、「眼前の子どもの発達をいかに援助するべきか」という課題を全的に担って生きているのであり、子どもはそのような課題をもたらす存在として保育者の生に関与してくるのである。そして、保育者にとって、「子どもの発達をいかに援助するべきか」という問題は、「保育者として私はいかに生きるべきか」という実存的問題でもある。それ故、保育者であろうとする者にとって第一次的に重要なのは、出会われるものが主観である「私」にとってもつ意味なのである。

ある養護学校の教師である上川路加奈子は、一人の知的障がいのある男児（M夫）との関わりを報告している。その概要は次のようである。

M夫は水遊びをいつも一人でやっていた。上川路はその遊びがM夫にとってどういう意味を有しているのか理解できず、どう関わったらよいのかわからなかった。ある日、M夫が自宅で暴れるという出来事が起こり、それを契機に、上川路はM夫が今を充分に生きられるように関わろうと決心した。そう決心した上川路は、これまでのようにM夫の水遊びをただ見守っているのではなく、M夫と一緒に水遊びをしようと思い立った。M夫の水遊びに関与していると、M夫はそれまでとは違って、笑顔で上川路に水を吹きかけてきた。この時、上川路は「やっと人に向かってきてくれる余裕ができたのだな」と思った。（上川路　一九八九）

この報告の中で、上川路が「M夫が今を充分に生きられるように関わろう」と決心したのは、M夫が自宅で暴れたという出来事を、学校における上川路自身との関わりと無関係ではないと捉えたからだと思われる。この理解は、上川路個人の主観的理解であり、正しいかどうかはわからない。しかし、保育者として生きようとしている上川路には、そのように理解する必然性があったのである。そして、上川路がM夫の出来事を自分の問題として引き受けたことで、上川路自身が「M夫が人に向かってきてくれるようになった」と思えるような態度を、現実にM夫が見せてくれたのである。

この例はまさしく、保育者が子どもと実存的に関わることを通して、保育者自身が変わり、子どもの保育者への関わり方も変わり、両者の関係自体が変わっていく過程を示している。そして、この関係の変化の基盤には、保育者自身の主観的認識（眼前の子どもを自分にとって意味のある存在として捉えること）が働いていたことは言うまでもない。

このように、保育者は自分の生きることに関わる問題（生への関与性）として子どもを見ているのである。そして、この主観的認識が保育実践そのものを支えており、かつ子どもと保育者の在り方を変容させうるのである。

## （5）理解の妥当性

### ①　主観的理解における客観性

保育者の子どもについての主観的理解は、子どもとの実践的関わりを通して生じてくるものである。しかし、保育者の理解は子どもとの関係のありようによりある程度規定されている。したがって、同一の子どもについても、保育者によって理解が異なることが起こり得るし、現実問題としてしばしばそういう事態が生じる。このように、人によって異なってしまう主観的理解は、主観が客観（対象）との間に「科学的方法」を媒介として距離をとり、理解の正しさを追求しようとする実証主義の立場からは批判されるだろう。

しかし、私は人間理解においては絶対的に正しい理解を究極的に追求し、それを最重要課題とすることはできない、と考える。特に、実践的理解の場合はそうであり、私の理解が正しいか否かを判定するための絶対的基準はないのである。いわゆる「客観的理解」なるものも、「理解者が理解の対象である子どもと実践的関わりをもたない」という関係における理解なのであり、一つの関係から得られた理解にすぎない。[6]したがって、客観的理解が実践的に導かれた主観的理解よりも優れているとは言えないし、客観的方法・テストが実践的理解の正しさを判定するための絶対的基準になるわけでもないのである。

それでは理解の正しさは全く問題になりえないのかと言うと、そうではない。理解の正しさを問題にしうる次元も存在する。子どもの意図や行為の目的などを理解の対象とする場合には、理解の正しさ・正確さを問題にすることができる。行為の意図や目的は行為者自身が自覚しているものであるから、当の行為者に目的などを問うことにより、理解者の理解が正しいか否かを判定することができる。しかし、他者理解における理解の対象は、意図や目的のみに尽きるわけではなく、それらは理解の対象の一部にすぎない。私たち保育者は子どもの存在様態についても理解する。存在様態の理解の場合は、その正しさを当の子どもに判定してもらうことはできない。何故なら、私たちは自己の存在様態について十分自覚しえているとはかぎらないからである。また、行為の意味なるものも当の行為者自身によって完全に決定されるとはかぎらないのである。

理解のこのような側面については、解釈学が古くから指摘している。ディルタイ（Dilthey, W.）によれば、私たちは「生の現れ（Lebensäußerungen）」すなわち「精神的なものの表現（der Ausdruck eines Geistigen）」を手掛かりにして精神的なものを認識することができる。この生の表示には概念・判断・体験の表現・行為等が含まれるのだが、体験の表現の場合、それは「どんな内省によっても気づきえないほど精神的連関を多く含むことができる」（Dilthey 1973/1981, S. 205–207/174–177 頁）のである。つまり、表現者（著者）は自己の表現の内に含まれている精神的なものを十分に意識できているわけではないのである。それ故に、私たちは表現者以上にその表現を理解することができるのである。

このような解釈学の視座に立ってみると、保育者の子ども理解の正しさ（特に、子どもの存在様態についての理解の正しさ）は、当の子ども自身に問うことによって最終的に判定できるとはかぎらないということがわかる。それに加えて、存在様態は主体が世界に対してどのように存在しているかという問題であるから、主体に関わる他者との関係を抜きにして、存在様態なるものを即自的に問題にすることはできない。すなわち、子どもと関わる者が誰であるかによって（子どもが自分に関わってくる者をどのような意味として受け止めるかによって）、子どもの存在様態は変容する可能性を秘めているのである。そうであるとするならば、誰か一人の理解を絶対に正しいとするわけにもいかないし、多数決を最終法廷とするわけにもいかない。それでは、いかにして実践的理解は妥当性を獲得することができるのだろうか。

キュンメル（Kümmel, F.）は理解の客観性を人間と現実の出会いに求める。キュンメルによると、理解する者は作品（現実）と出会うことで「先取り的前理解（antizipierendes Vorverständnis）」を得る。これは理解するべき事柄そのものに即して得られる前理解であり、事柄から与えられた全体的印象である（Kümmel 1965/1985, S. 36–37/71–72頁）。こうして、理解する者は初めて事柄へと開かれ、それを理解する可能性を得るのである（Kümmel 1965/1985, S. 47/86頁）。人間はいつでも既に何らかの理解（「持参された前理解（mitgebrachtes Vorverständnis）」）をもって現実に向かうのであり、現実と出会うことにより、この持参した前理解という「とらわれ」から自由になることができ、事柄に即した理解（客観的理解）を得ることが可能になるのである（Kümmel 1965/1985, S. 49–50/89–90頁）。すなわち、キュンメルにとって真の客観性とは、科学的認識が前提とする主観と客観の分立および疎隔によってもたらされるのではなく、人間が理解するべき現実により自己のとらわれから解放され、現実に向かって開かれていること（現実によって自分が変えられ得るように存在していること）を意味しているのである。つまり「開在性」こそが真の客観性を保証するのである。科学的方法というのは人間が現実と真に出会うことを回避させるものであるから、開在性を保証してはいない。むしろそれは人間が対象を自由に操作し、処理するためのものなのであり、それ故に、人間の主観の枠組みに対象をはめ込むことを意味しているのである。したがって、科学的方法は認識の一般性を保証するものではあっても、事柄をありのままに開示すること（真の客観性）を必ずしも保証するものではないのである。

キュンメルの言う「先取り的前理解」は理解者が現実と出会うことにより揺さぶられ、現実から与えられる全体的含蓄的理解である。これを保育者の子ども理解に当てはめるならば、それは保育者が子どもという現実に出会うことにより、子どもからもたらされる印象としての全体的理解であろう。この先取り的前理解が保育者の理解を方向付け、子どもについての理解の「切り込み口」となるのであり、子どもとの出会いを繰り返す過程で徐々に明確な理解へと発展していくのである。すなわち、「子どもとの対話」により理解は明確化していくのである。

このような実践的理解（実践における保育者の主観的理解）は、保育者の主観が勝手に作り上げた、保育者の恣意性に支配されたものではない。「勝手な理解」とは、理解するべき相手に関係なく（相手の声を聞こうともせず）、いわば「捏造された理解」なのである。それとは逆に、実践における保育者は常に子どもと関わっており、子どもとの出会いを繰り返している。それ故、保育者の理解は決して恣意的なものではない。それどころか、子どもという現実に導かれ、それに即したものなのである。すなわち、実践的理解は解釈学的な意味での「客観的理解」なのである。問題とされるべきなのは、「持参された前理解」のように事柄に即さずに保育者が携えている前理解（先入見）なのである。

### ②　保育的関係を支える理解

前項においては、実践的理解に関しては、それが正しいか否かを判定する絶対的基準・客観的基準は存在しないことを述べた。保育実践においては、前述の上川路の実践が語るように、理解が正しいか否かではなく、その理解が保育者自身の実践に、また、保育者と子どもとの関わりの過程にどのように結びつき、両者がともに関わりつつ生きることにどのような意味をもってくるのかが重要なのである。保育者にとっては、「子どもを正しく理解すること」ではなく、「子どもをよりよく、より豊かに理解すること」こそが重要なのである。この「より豊かな理解」は子どもとの対話を通して生じる理解であり、創造的理解である。そして、対話による創造的理解は子どもと保育者の関係・関わりを変容させ、両者がともに生きることを支える。すなわち、実践的理解は子どもと保育者がともに生きることに関わるのである。実践的理解の妥当性は、理解が子どもと保育者がともに生きることの中に取り込まれ、それに影響を与えるところに存在するのである。保育実践においては、この意味での理解の妥当性が重要なのである。前項において、実践を離れて理解の正しさを判定することはできないし、その客観的基準もないと述べたが、同じように、理解の妥当性に関しても、実践の外にそれから独立して客観的に存在するような基準を設定することはできない。理解の妥当性は、実践の過程において、「理解される者」と「理解する者」を二項とする「関係態」により生み出されていくのである。

例えば、【場面32】（私に何かを訴え続けるB夫）において、私はB夫について「保育者と遊びたいのに気後れして保育者のところに行けないでいる」と理解し、私の方からB夫に近づき声をかけるという行動をとった。そこからB夫と私のやりとりが始まった。この理解は私にとってごく自然なものに思われたのだが、この時、間違いなくB夫が気後れしていたという確証はない。もしかしたら、登校したばかりで、まだ活動的に遊べるほど気持ちが高まっていないので、B夫は教室の隅にいたのかもしれない。しかし、私は上記の理解に基づいてB夫に働きかけ、現実に二人の間にやりとりが展開したのである。そして、B夫は積極的に私に働きかけ続けた。したがって、仮に私のB夫についての理解の内容が正確ではなかったとしても、そのことは二人の関わりにとって重大な問題ではなかったのである。B夫と私との間に積極的な相互的応答が生じたという意味で、私がB夫についてなにがしかの理解をしたこと自体が有意義だったのである。B夫と私の関わり合いが展開し得たかぎりで、私の理解はたとえ正確ではないにしても、妥当な理解であったと言えるだろう。

　この理解の妥当性を決定する権限は、理解するべき相手であるB夫の側にのみあるのではない。それはB夫と私の両者にある。そのように言うよりも、両者の「間」にあると言う方が適切である。ある理解に基づく私の働きかけに対してB夫が働きかけ、さらにそれに対して私が働きかけるというようにして、相互的応答が展開し、その過程で関わりの発端となった私の理解が確証を得ていくのである。すなわち、理解の妥当性を決定するのは、子どもと保育者を二項とする「関係態」なのである。あるいは、子どもと保育者の関わり合いの過程において理解の妥当性が生成してくるという意味では、妥当性の決定者を関わり合いの当事者のどちらかに定位できない以上、妥当性を決定するのは両者の「間」であるということになる。このように、実践的理解の妥当性は実践から分離されて無時間的にどこかに定位されるものではなく、子どもと保育者の関わり合いの過程において、歴史的に生成してくるものなのである。そのことに関して、キュンメルは理解の基礎付けの問題として次のように述べている。

> このことは、理解の具体的根拠やその都度の具体的可能性が、理解を遂行する人間自身において初めて生じるのであって、予め前提として置かれるべきではないことを意味している。理解は、その歴史的遂行においてそれ自身を基礎づけるのである。（Kümmel 1965/1985, S. 27/59 頁）

　すなわち、理解の根拠は、理解の出発点に既に厳然として存在しているわけではなく、人間が現実と出会い、それと関わり、実際に理解を遂行していくことを通して、後から明らかになってくるのである。精神科学的・解釈学的他者理解においては、「確かにそう思われる」という理解の根拠は、理解する者と理解される者との関わりを通して生み出されてくるのである、と言ってよいだろう。それはまさに、保育者の実践的子ども理解の特質と言えるのである。

保育実践と保育者の子ども理解は相即的なものであり、互いに独立して生じるものではない。実践を離れた理解はあり得ないし、実践の可能性は理解に依存している。実践とともに理解が展開していくのである。それ故、保育者の理解はその実践過程において基礎付けられるべきであり、理解を始める前にその根拠を設けることはできないし、ましてや実践の外部に根拠を置くことはできないのである。

津守真は、自らの実践体験に基づいて保育者の理解の妥当性について、「子どもが明るい能動性をもって私のもとを去ってゆくとき、私の理解の仕方は妥当であったことを知らされる」（津守　一九八七、一七五頁）と述べている。津守にとって、理解は子どもが能動的に生きるようになった時に妥当性を獲得するのである。その意味では、妥当性は子どもに委託されることになる。しかし、能動的に生きるようになるという子どもの変化は子どもと保育者の相互的な関わり合いにより生じる。子どもと保育者の関わり合いは実践過程のことである。したがって、津守も理解の妥当性は実践過程において基礎付けられる、と考えているのである。理解は実践から分離して検討できるものではなく、当の保育者自身の実践に取り込まれ、実践に生かされることにより妥当性を獲得していくものなのである。

ところで、私はＢ夫についての私の理解が発端となり、二人の関わり合いが生じ、展開していった、と述べた。すなわち、理解が発端となってＢ夫と私の間に「子ども―保育者関係」が成立したのである。この関係において、私はもちろん、保育者としてＢ夫の自己実現、Ｂ夫自身の人生の形成を援助するべく関わっている。あるいは、そのように努めている。このような関係は、津守の言う「保育的関係」と言えるだろう。私の理解は、この保育的関係の生成と存続に関わっていたのである。先に、私は、実践的理解の妥当性は子どもと保育者がともに生きることにとって有意義であるか否かにある、と述べた。「子どもと保育者がともに生きている」ということは、「子ども自身が自己実現をしていくことができ、それに私たちが保育者として何らかの関わりをもっていると感じることができている」ということである。すなわち、子どもと保育者が保育的関係の内に生きているということである。それ故、実践的理解が妥当性を獲得しうるのは、「保育的関係を支え維持するように、絶えず実践（現実）から反照されつつ実践を規定していく在り方」においてである、と言えるだろう。

## （6）意味の現れにおける受動性と能動性

保育者は、保育実践を遂行しつつ絶えず子どもについての理解をも遂行している。子どもについて理解するということは、子どもについて保育者自身にとって（保育者が保育者であろうとすることにとって）の意味を見いだすということである。その意味を見いだすことは、個々の保育者の主観がなす営みであり、その意味で、それは個々の保育者の能動的営みであると言える。しかし、実践をしつつなされる理解は、直観的なものであることが多く、必ずしも十分に考えてなされているわけではない。むしろ、実践しつつ現実がそのように見えてくる、あるいはそのように見えてしまう、というのが実態である。子どもに対して関心をもって関わっていることで、現実が自ずからそのように見えてくるのである。その意味では、保育実践においては、保育者は能動的に意味を見いだしていると言うよりも、現実から受動的に意味を受け取っているのである。確かに、保育者は子どもの行為の意味を考えることもある。すなわち、見たことを言語化することがある。この時には、保育者は能動的に意味付与をしている。だが、その場合でも、全く意味のないものに後から意味付与をしているわけではない。既に、保育者に「あること」ないし「あるもの」として見えているという仕方で現象している「こと」「もの」が存在している。それらがそのように何かとして見えているということは、それらが保育者にとって既に意味を帯びているということである。そのようにいつでも既にという仕方で見いだされている意味は、能動的意味付与に先立って与えられているものである。保育者は受動的に意味を見ているという意味で、「受動的意味受容」を遂行していると言えるのである。絶えず働いている受動的意味受容の上に、能動的意味付与が働くのである。このように、保育者の子ども理解には、「受動性」と「能動性」が存在する。この保育者の理解の受動性と能動性について、次の場面に即して、さらに考察しよう。

**【場面33】友達の様子を見ていたHr男が板切れで遊び始める**

三歳児の保育室。Hr男は、テーブルの下に釘の刺さった板切れや角材が沢山入っている段ボール箱を見つけ、側にいる私を笑顔で見る。私は、Hr男が「ほら、こんなものがあったよ」と語りかけているように感じられ、「いいものがあったね」と応える。Hr男は段ボール箱を引っぱり出すと、釘の刺さったフィルムケースの蓋を取りだし、その釘をはずし、「やった！」と小声で言う。そして、すぐ近くでTs男に関わっていたNr先生に見せる。先生は「先生の隠し財産見つけたな」と応える。Nr先生は他の子どもたちのところに行くが、Hr男はついては行かず、その場で、板切れを取りだして遊び始める。私は見守りつつ、相手になる。Hr男は私を遊び相手であるかのように意識して、私に働きかけながら遊ぶ。二枚の板が張り合わされて十字形になっているものを持って、私に「ひこうきみたい」と言う。私たちのところに来て見ていたRi子もにこっと微笑む。そして、Ri子はその飛行機に手を差しのべる。Hr男はRi子を拒絶せず、さらに「トンカチにもなる」と言って、金槌のように振ってみせる。Ri子はそれをにこにこしながら見ている。Hr男は段ボール箱から次々と角材や板を取りだし、「つくってみよう」と言って、それらを床に並べてみる。そして、私を見る。私が「何ができるかな」

と言うと、「なにもできないよ。ふるいから」などと答えるが、板をいろいろと組み替えて並べる。そして、「できた。ほら」と私に言う。Hr男は「これがうごくんだよ。リモコンで」と言って、作品の一部を動かしてみせる。Hr男はその作品が何であるのかを言わない。そして、すぐに壊しては、また別の形に並べ直す。「こんなのできちゃった」と言って、私に見せる。私が「今度は自動車みたいだね」と言うと、「うん」とうなずく。さらに、いろいろ並べ直してみる。「あと、タイヤないかな」と言って、フィルムケースの蓋を整理棚まで探しに行き、ケースの方を見つけてくる。それを板の横に付けて、「やった」と私に言う。さらに、ゼリーの容器を三個持ってきて、「またタイヤあった」と言う。それをいろいろ並べてみた後、容器二個を作品の上に置き、「できた」と私に言う。

この日、Nr先生と男児たちが、保育室のテラス寄りの場所で、カエルになって跳び箱の上からジャンプして遊んでいた。Hr男は、少し離れたところで積み木に座ってその様子を見ていた。私も彼の側で一緒に見ていた。Hr男は、友達がジャンプすると、「やった」と言ったり、私と顔を見合って微笑んだりしていた。時おり、思い出したように積み木を動かしたりするのだが、またジャンプ遊びに気を取られていた。そのうち、Nr先生が玄関でぐずっているTs男を見にいくと、他の男児たちはそのまま遊び続けていたが、Hr男は先生についていった。そして、Nr先生がTs男を連れて保育室に戻ってくると、Hr男もついて戻ってきた。保育室の入り口で、Nr先生とTs男がやりとりするのをHr男は見ていたのだった。【場面33】はその後の出来事である。

男児たちがジャンプ遊びをしている時から、Hr男と私は抵抗なく自然に関わり合える関係になっていた。それを「遊び相手同士の関係」と言ってもいいだろう。だが、どうやら、Hr男はNr先生（が子どもたちと遊んでいる様子）に関心があったようである。そのために、自分の遊びが中断してしまったのである。Hr男はNr先生について回るのだが、自分から働きかけることができないでいた。私は、Hr男はNr先生に関心があるのだが、直接的な関係が生じないために、なかなか遊び込むところまでいかないように感じていた。そこで私は、自分がHr男の遊び相手になれればと思って側についていたのである。

そのような背景のもと、既に私を自然に関われる人と感じていたHr男は、思わぬ所で宝物を発見した喜びを私に伝えてきた。それがきっかけで、Hr男と私は十全な遊び相手同士となった。Hr男は、段ボール箱から取り出したものについて、「ひこうき」とか「トンカチ」と名称をつけた。すると、Ri子も微笑むことで、それを「ひこうき」「トンカチ」と見なすことに同意した。もちろん、Hr男の遊び相手になっている私はそれらの意味付けに同意している。逆に、私が意味付けた「自動車」にHr男は同意している。

このことは、一人の主観が意味付けた一つの意味が他の主観により即座に共有されたことを意味する。そのことは、さらにその意味が間主観的意味として、個々の主観を超えた存在性格を有していることを意味する。すなわち、個々の主観がある現実をあるものとして見ることができるには、その意味付与に先立って、間主観的に生み出され共有されてきた意味の世界に、個々の主観が存在している必要があるのである。したがって、私たち一人一人が現実をあるものとして見る時、私たちは暗黙の内に他の主観との共同の中にあると言える。この、私たちが暗黙の内に共同し、あるものをあるものとして見ることを可能にしている意味の母胎を、「意味の共同体」、あるいは、解釈学が言うところの「伝統」と呼ぶことができるだろう。

そういう意味で、私たちは意味の共同体から、あるいは（間主観的に構成された意味の世界である）現実からある意味を与えられる、あるいは喚起されるのである。実際に、Hr男が「ひこうきみたい」と言ったのは、彼が十字形の板を見つけた瞬間であるし、私が「自動車みたいだね」と言ったのも、その作品を見た瞬間である。どちらも、思案の末に考え出したのではなく、そのものを見た瞬間にそのように見えてしまったと言うべきである。まさに、二人は現実からそのような意味を与えられ，喚起されているのである。この喚起された意味を，私たちは「飛行機」とか「自動車」と言語化する仕方で，能動的に意味付与を行ったのである。

クワント（Kwant, R. C.）は，実存的現象学の立場に立って「意味（meaning）」について論じている。クワントによると，意味は主体の側にのみあるわけでもないし，主体の外に独立して存在するわけでもない。意味の源泉は「実存（existence）」であるが，「実存は自分だけでは意味の源泉ではない。実存は主体ではない「他者」との相互作用のなかで意味をうみだす」（Kwant 1965/1972, p. 22/46 頁）。実存としての人間は，意味の源泉として「意味を与える」のではあるが，その意味は他者との相互作用を必要としている以上，人間は「意味を受け取る」のでもある。したがって，「人間は意味にかんして能動的であると同時に受動的」（Kwant 1965/1972, p. 26/50 頁）なのである。「意味はつねに，現実とも，意味をあたえるものとしてのわれわれの実存とも，むすびついているのである」（Kwant 1965/1972, p. 27/51 頁）。現実は他者と同義である。意味は実存と現実との相互作用（対話）のもとに生じるのであるが，その意味が既に現実なのである。それをクワントは言語化以前の「意味の場（field of meaning）」として捉え，「ことばにさきんずるこの現実は，純粋に客観的な世界ではなく，世界と意味をあたえるものとしての実存とのあいだの，ことばとはべつの形式の対話のなかで生じた意味の場である」（Kwant 1965/1972, p. 29/54 頁）と述べている。すなわち，人間と現実とは不可分な関係にあるのであり，人間は現実という意味の場から意味を与えられるという仕方で意味を生み出し，その意味の場を生きているのである。

以上のように，クワントは，意味を「能動性」と「受動性」の間から生まれるとしているのである。現実が既に生きられている意味の場をなしており，それがそもそも，人間と現実との対話のもとで生じてきたものであるのだから，解釈学的な意味での「伝統」と言い換えることができるだろう。それ故，先の「意味の共同体から意味を与えられる」ということを，クワントの考えに即して言えば，保育者は，現実という意味の場を絶えず生きつつ、その意味の場から意味を与えられかつ、現実に意味を与えていると言えるだろう。

## (7)新たな意味の創造

前述のように、主体である私にとっての意味の現れは、私が白紙の現実(他者)に一方的に意味を与えるという仕方でもなく、また現実の側に帰属する意味を私が発見するという仕方でもなく、私が現実との間で能動性と受動性を同時に生きるという相互作用(対話)を行うことにより生じてくるのである。そのことは、理解者が捉える意味というものは、理解者と理解される者のどちらかに必ず帰属している、というわけではないことを意味する。すなわち、両者の間に生まれてくるかぎりにおいて、意味は創造されると言うことができるのである。このことは、特に解釈学の研究において指摘されていることである。

麻生建によると、シュライエルマッハーの解釈学理論には二つの側面がある(麻生 一九八五、一二〇—一二一頁)。一つは文書や談話の「文法的解釈」であり、他の一つは「技術的ないし心理的解釈」である。後者は、著者の思考を再構成・追体験することによる著者の個性の理解である。この心理的解釈というのは、日常、私たちが子どもの行為の主観的意味を捉えようとする時に行っていることである。この場合、私たちが目指しているのは、相手の立場に立って相手を理解することであり、そこで理解されるものは相手の側にあるもの(それを当の本人が自覚しているか否かにはかかわらず)である。ところが、実際に私たちが何らかのテクストを読み、それを理解しようとする時に行っている理解は、著者が考えたことを把握することだけに留まってはいない。

ガダマーによると、「テクストを理解することは単に再生産的態度であるだけではなく、生産的態度でもある」(Gadamer 1960/1984. S. 280/p. 264)。すなわち、テクストを理解することは、原著者の意図・見解をそのままに再構成して把握することに尽きるのではないのである。何故なら、「テクストの意味は常に著者を超えていくものだからである」(Gadamer 1960/1984, S. 280/p. 264)。このことをガダマーは「地平の融合(Horizontverschmelzung, fusion of horizons)」という概念で説明する。解釈者がテクストと出会う時、「現在の地平」と「過去の地平」が融合し、一つの地平が形成されるのであり、理解することは地平を融合させることである(Gadamer 1960/1984, S. 289/p. 273)。この新たな地平に立って、解釈者はテクストと「現在の意味を共有する」(Gadamer 1960/1984, S. 370/p. 354)のである。この現在の意味は新たな地平のもとで見えてくるものであるから、元来、著者に帰属するものでも、解釈者に帰属するものでもない、全く新たなものなのである。それ故、解釈学的理解は創造的理解と言える。

このことは、文学作品や芸術作品などの客観的精神を理解しようとする場合だけでなく、保育者の子ども理解にも妥当するように思われる。すなわち、子ども(の表現)を理解することは、ただ単に子どもの意図を理解することだけではなく、「子どもの意図を超えた意味を理解すること」でもあるのである。保育における子どもと保育者は対話的関係にあるのであり、表現されたものについて、子どもと保育者のどちらの所有でもない、全く新たな意味を創造し、共有してもいるのである。両者はどちらの思惑をも超えた意味を共同で生み出しているのである。したがって、この場合、互いに相手の意図をその通りに正確に理解することは、必ずしも最重要課題とはならないのである。さらに付言すれば、行為の目的も、行為者自身にとって、必ずしも最初から明瞭であるとはかぎらないのであるから、なおさら相手の意図の正確な理解は最重要課題とは言えなくなる。

このような、解釈学的な創造的理解に対応する出来事を、野家啓一は言語行為の中にも見いだし、次のように言う。

〈意図〉は私の内部にあるのではなく、具体的な言語行為の中にしか現われない。むしろ聞き手―他者は「誤解する権利」をもつのであり、その誤解＝応答を通じて私の〈意図〉は私自身にとってもまた明瞭になるのである。

それゆえ、言語行為とは話し手の〈意図〉を越えて過剰にあるいは過少に何事かを意味してしまう営為だと言うべきであろう。そこで実現される意味は、話し手と聞き手の〈間〉に、すなわち両者の相互行為の緊張関係の中に出現するのである。その意味で、聞き手は意味の〈受け手〉であるよりは、話し手と協働するその〈創り手〉だと言わねばならない。（野家　一九八五、一四九頁）

すなわち、言語行為においては、互いに相手の意図を理解することだけが行われているのではなく、両者の共同により、本来どちらにも帰属していなかった新たな意図・意味の発生も起こっているのである。この言語行為における新たな意味の創造について、【場面33】（友達の様子を見ていたHr男が板切れで遊び始める）から考えてみよう。

この場面で、Hr男は私や担任のNr先生とのやりとりの中で、板切れを使っていろいろな作品を作り始めた。だが、彼は特に「〜の物を作ろう」という意図をもってはいない。ただ、段ボールの箱から取りだしたいろいろな大きさや形の板を並べてみているだけである。Hr男は「できた。ほら」と言って、私に作品を見せるが、その前に私が「何ができるかな」と聞いたのに対して、「なにもできないよ」と答えている。すなわち、彼が「できた」と言って見せた作品は、最初から計画していたものではなく、板を並べているうちにたまたまできてしまったものなのである。それ故、それは「名前のない作品」なのである。そして、それを作りたくて意図して作ったものではない故に、Hr男はいつまでもそれに執着することなく、すぐに分解し、別の作品を作るのである。

このように、遊びにおける子どもの製作は、必ずしも設計図があって行われるわけではない。素材や材料と関わり、戯れていることを通して、何かができ上がってくるのである。それ故、でき上がった作品に名称がなくても少しも不思議ではない。そのような意味で、子どもの製作は「偶然の創造」なのである。このHr男の偶然の創造による作品は、そもそも名称をもたないものなのであるが、すぐにそれは名称をもつようになる。それは、Hr男と私との言語行為によってである。

Hr男が「こんなのできちゃった」と言ったことに対して、私は「今度は自動車みたいだね」と応えた。その私の応答に、Hr男も「うん」と応えて同意した。私は、Hr男の作品により喚起された意味（与えられた意味）を、「自動車」と言語化する仕方で能動的に意味付与したのである。それは、生きられた意味を存在にもたらしたということである。生きられた意味が言語化されることにより、現実はそのような意味をもつものとして確固とした存在となる。そして、その意味は私たちにより伝えられ、共有されうるというように、生きられていた時とは全く異なる存在の仕方をするようになる。(7) だが、その意味が確固とした存在を獲得するのは他者の同意による。私が思わず発した言語表現は、他者により受け止められないならば、束の間の存在として消えていく。

Hr男は、私の「自動車」という意味の言語化に、「うん」とうなずくことで同意した。そのことで、そこに自動車という現実が生まれ、しかも、他者により共有されるようになったのである。言語により存在にもたらされた現実は、それを共有する者にとってはリアルなものとして体験され、実践的な関わりを引き起こす。それ故、Hr男は自動車という現実を、自動車として作り上げようとするのである。ここに生まれた自動車という現実は、Hr男と私との共同により新たに生まれてきたものである。同じことが、Hr男とRi子の間にも起きている。

Hr男が現実を「ひこうき」として言語化すると、見ていたRi子は思わず微笑み、それに手を差しのべた。それは言語行為ではないが、Hr男の言語化を受け止め、同意することを意味している。このような、Ri子によるHr男の言語行為の受け止めがあることが、それに続くHr男の言語行為を誘発し、意味を存在にもたらしていると言えるのである。

この新たな意味の創造は、Hr男とRi子のやりとりに窺われるように、言語行為のみに限定されているわけではない。言語行為を含めたより広い意味でのコミュニケーションにおいても生じている出来事である。言語行為に限定しないより広いコミュニケーションにおける出来事は、言葉を話さない障がい児と保育者の関わりに目を向けることで、より明確になると思われる。そこで、障がい児と私との関わりの中に新たな意味の創造の事態を見いだしてみよう。まず、子どもの側に発端をもつ新たな意味の発生の例を提示しよう。

### 【場面34】お尻を叩かれて喜ぶＫ夫

校庭のプールでＭ夫らが水遊びをしているのを私は近くで見ていた。Ｋ夫がずぶぬれでやってきて、私の手を取り、二階に上る外階段の下まで連れていく。私は「Ｋ夫は私を二階に連れていこうとしているのだろう」と思った。私はふざけて「お尻、ペンペン」と言って、Ｋ夫のお尻を叩く。Ｋ夫は面白そうに笑いながら階段を駆け上って逃げる。私は追いかけては行かずに、下に残る。ベランダに姿を見せたＫ夫に、私は「おーい、Ｋちゃん」と呼びかける。Ｋ夫は私がついていかなかったことに対して不満を示すような暗い表情ではない。明るい表情である。私がそのまま校庭に残り、他の子どもたちの水遊びを見ていると、再びＫ夫がやってきて私の手を引き、先に立って階段の下に行く。私は少し遅れて「よーし、お尻ペンペンだぞ」と言いつつついていく。Ｋ夫は私の方を見て嬉しそうに笑い、慌てて階段を上りだす。私がお尻を叩くと、なおさら笑って逃げていく。

この当時、Ｋ夫と私は普段からよく一緒に遊ぶ仲だった。Ｋ夫が私を階段の下に連れていった時、Ｋ夫は私を伴って二階の教室かあるいはベランダに行くつもりだったと思われる。何故なら、普段、Ｋ夫は私をよく二階の教室やベランダに連れていき、そこで遊んでいたからである。特にベランダには私を頻繁に連れていっていた。

少なくとも、私にお尻を叩いてもらおうと思っていたはずはない。何故なら、それは普段行わない行為であり、この時に私が咄嗟に思い付いた行為だからである。したがって、私がK夫に行った行為(お尻を叩くこと)は、K夫の期待を超えた行為であったと言える。そのことがK夫にとって予想外の事態を生じさせ、最初にK夫が意図していた階段を上ることの意味(目的)が変容してしまったのである。私にお尻を叩かれたことをきっかけにして、K夫と私は一種の追いかけっこ遊びを始めたのであり、「私を階段の下に連れていくこと」「階段を上ること」が追いかけっこ遊びの一部という意味を帯びるようになったのである。私は「お尻ペンペン」という言葉を発してはいるが、二人の行為を「追いかけっこ」と言語化してはいない。二人の間の関わりが追いかけっこという意味を帯びたのは、主に、K夫の私への働きかけに対して、私がふざける態度で彼のお尻を叩くという行動を取ったことによるのである。すなわち、子どもと保育者の身体的応答が新たな意味を生んでいるのである。

次に、保育者に発端をもつ新たな意味の発生の例として、【場面29】(私に肩車してはしゃぐB夫)を見よう。ここでは、私はB夫を肩車して平均台を歩くことをした。すると、B夫はそれが気に入り、何度も私に平均台を歩かせた。B夫を肩車して平均台を歩くという行為は、この時ふと思い立ち、初めて行った行為である。私は、B夫を肩車して校庭を歩き回ったり、走ったりすることはこれまでに何度となく行っていた。すなわち、この時の私にとっては、平均台を歩くことは「校庭でのB夫との遊びの一つのバリエーション」にすぎなかったのである。ところが、そのような軽い意味であった私の行為を、B夫は「面白い遊び」として受け止め、その気持ちを笑いという身体表現で表し、もっと行うように私に要求してきたのである。その結果、私は何度も平均台を歩くことになったのである。この時、平均台を歩くことは私にとって単なる遊びのバリエーションではなくなり、「B夫とともに充実した現在を築くための重要な遊び」となったのである。

このように、私の行為をB夫が彼なりに解釈し、私に身体的に応答することにより、活動の発起人である私が思ってもいなかった新たな意味が生じたのである。そして、この遊びが二人に享受されているかぎり、それは「面白い遊び」という現実として存在し、共有され続けるのである。

以上の三例の考察からわかるように、保育における行為や活動の意図・意味は、その発起人の内に閉じられ確定しているわけではない。子どもと保育者の相互的応答の過程で、両者の間に各自の思惑を超えた意味が発生してくるのであり、そのような新たな意味の発生を伴いつつ活動が展開していくのである。

ところで、子どもと保育者の相互的応答において、両者は互いに相手の行為・言語表現を解釈し、応答という仕方でその解釈を相手に投げ返している。すなわち、子どもと保育者は互いに相手の応答の中で自己についての解釈と出会っているのである。そして、両者の間に新たな意味が発生するかぎり、両者は互いに「相手を解釈し、相手に解釈される」という関係を継続していくのである。したがって、保育における子どもと保育者は自己についての解釈のかぎりない可能性の中に立っているのであり、他者のなす解釈に対して開在していると言うことができる。両者の行為・言語表現の意味は互いに相手の解釈に対して開かれているのである。

以上の考察から、保育実践における理解の実態が明らかになってくる。保育者は直面する課題として、まず子どもの考えや意図を正しく理解しようと努める。しかし、実際には理解はその次元だけでは終わらず、それを超える出来事を生じさせているのである。すなわち、子どもと保育者の相互的理解を通して、新たな意味の共同的創造が生起しているのである。

## (8) 理解における対話の特質

通常、対話というのは、複数の人が共通の話題をめぐって意見を述べ合うことである。したがって、対話者とは別に、各自が思考をめぐらすべき話題（思考の対象）が存在することになる。この図式に立った場合、保育者の子ども理解における子どもと保育者の関係を対話関係とみなすことは奇妙な事態であるように思われる。何故なら、保育者は理解の対象（話題）と対話するということになるからである。しかし、解釈学の立場から見ると、子どもと保育者の間には対話関係が成り立っていると言うことが可能である。ガダマーも、解釈者と解釈の対象であるテクストとの関係を対話にたとえている(8)。

ボルノウによると、「対話には他者の承認と是認が必要である」（Bollnow 1966/1969, S. 39/40 頁）。すなわち、相手を自分と対等な存在として、話を聞くべき相手として認めることが必要なのである。そのような対等な対話者が、互いの見解を補い合う形で共通の問題についての答えを追求していくのが対話なのである。そこにおいて追求される答えは「非完結性（Unabgeschlossenheit）」（Bollnow 1966/1969, S. 37/38 頁）を帯び、「開かれた性格（Offenheit）」（Bollnow 1966/1969, S. 38/39 頁）をもつものである。ボルノウが指摘するこの対話の特質は保育者の子ども理解にも妥当するだろう。

保育者の子ども理解は時とともに変化していくものである。しかも、その変化は子どもとの関わりを通してである。すなわち、既有の私の理解を子どもが揺さぶり、変えてくれるのである。さらに、保育者の理解は、子どもとの関わりが続くかぎり変化し続けるものであり、ボルノウが対話の特質として指摘している答えの「非完結性」「開かれた性格」を備えているのである。

ところで、一般的に対話は言葉による相互理解であると考えられがちである。しかし、保育における子どもと保育者の対話は、単に言葉の水準でのやりとりだけではない。ましてや、障がい児の中には言葉を話さない子どもも多い。それでも、保育者は子どもを理解するし、その理解は変容していく。したがって、子どもと保育者の間には言葉以外の対話が存在していると考えられる。言語的対話による理解は理解の一部に過ぎないのであり、子どもと保育者は、両者が実践的に関わり、自己の身体をもって行為し、心情を表出したりすることにより理解し合っているのである。いわば、「関わりによる対話」を通して子どもと保育者は理解し合っているのである。その関わりをなすのが身体であり、言語行為が身体による行為の一つであることを考慮するならば、子どもと保育者の対話は身体によってなされていると言えるだろう。

シュミッツはコミュニケーションの基礎を身体に置いており、コミュニケーションにおいては、自己の身体と他者の身体は「身体的な対話構造」をなしていると考えている。テニスの競技者のように敵対的な態勢にある場合も、演奏家のように連帯的な態勢にある場合も、握手をする場合も、会話をする場合も、私たちの身体は対話構造をなしており、そのお陰で、私たちは自己の身体により、相手の身体的状態感を感知することができ、相手について何事かを知ることができると言うのである（シュミッツ 一九八六、六一―六二、六六―六七頁）。このような身体的な対話構造によるコミュニケーションを、シュミッツは「間身体的対話」（シュミッツ 一九八六、五八頁）と呼んでいる。シュミッツが、相手について何事かを知ると言っているその何事かとは、相手の思念内容ではなく、気分や感情、身体の在り方といった、身体的状態感である。しかし、子どもと保育者が身体をもって関わり合っている時には、保育者は子どもの身体的状態感はもちろんのこと、子どもが何をしたいのかという、いわば思念内容をも理解することができる。それ故、実践的理解の基盤としての子どもと保育者の対話を、シュミッツに倣い、「間身体的対話」あるいは「身体的対話」と呼ぶことにしよう。保育者は子どもとの身体的対話を通して、子どもの行為の意味やその存在様態について理解を深めていくのである。

## 二　遊戯関係の対話的特質

私たち人間は、その時どきにより、様々な在り方（存在様態）をとっている。その中に、対極に位置する二つの在り方がある。それは「目的遂行の在り方」と「遊ぶ在り方」である。目的遂行の在り方は、目的・目標を設定し、それをできるだけ無駄なく、最短距離・最短時間で達成しようとする在り方である。すなわち、私たちが明確な意図をもって行動している時の在り方である。「明確な意図をもった」という意味で私たちが「企ての主体」(西村　一九八九、三三二頁)として存在している時の在り方である。この場合、当然のことであるが、私たちは行動の結果、すなわち目的の達成度合いを問題にし、そこから行動を評価する。

一方、遊ぶ在り方は、私たちが企ての主体としての主体性を失い、遊び相手(玩具や人)により遊ばれるという受動性を生きている時の在り方である。つまり、遊び手と遊び相手とが「いずれが主体とも客体ともわかちがたく、つかずはなれずゆきつもどりつする遊動のパトス的関係」(西村　一九八九、三三一頁)にあることを意味している。この時、私たちは、もはや企ての主体ではないので、目的に向かって合理的に突き進むことはしないし、行動の結果から行動を評価することもしない。私たちは目的という未来を指向せず、現在に身を任せることになるのである。このような遊ぶ在り方において、私たちが他者や事物と関わっている時に生じている関係を、西村は「遊戯関係」(西村　一九八九、三三二頁)と名づけている。

幼稚園において、子どもは遊ぶ在り方でいることが多いし、容易に遊ぶ在り方になる。実際に、子どもたちは友達と容易に戯れ合う。私たち大人の場合は、子どもに比べれば遥かに目的遂行の在り方をしていることが多い。むしろ、それが常態であると言ってもよいだろう。しかし、大人もまた遊ぶ在り方をする。特に、保育者は単なる教師や指導者ではなく、子どもの遊び相手であろうとしている。したがって、保育者は遊ぶ在り方をしようとしているのであり、また容易に遊ぶ在り方になってしまうのである。子どもと保育者がともに容易に遊ぶ在り方になるということから、両者の間には容易に遊戯関係が生じることになる。そして、それが両者の関わりを規定するのである。そこで、この遊戯関係の生成の契機とその様態の特質を、以下の諸場面を基に考察しよう。

**【場面35】私と目が合い、ふざけ合うYk子**

今日は五歳児クラスの研究保育。私を含め、他のクラスの保育者たちは観察に回っていた。畳のコーナーでお菓子屋さんごっこが行われており、そのすぐ隣では組み木の家で遊んでいる子どもたちがいる。

A男、Sa子、Yk子の三人がお菓子屋さんごっこをしている。Yk子は明るい表情で楽しそうに粘土をこねたり、延ばしたりしている。しかしわき目も振らずにではなく、A男とYm先生のやりとり、Sa子と客のやりとりなどを見たりしながらである。Yk子はクッキーを一枚作り、皿の上に置くとにこっと微笑む。その時、ずっと彼女を見ていた私と目が合い、微笑みながら私に「みちゃだめ」と言う。私も笑顔で「Ykちゃんのクッキーおいしそうだな」と言う。Yk子は「みちゃだめ」と言いながら私を黒板の後ろに連れていく。私はわざとのぞき見るように振るまい、二人で遊び合う。

そうやって二人でふざけているところに、外からHa子とYi子がやって来て、Yk子に広間に行こうと誘う。Yk子は即座に応じて、二人と広間に走っていく。だが間もなくYk子だけ戻ってくる。そして私を見ると、再び笑顔で私に「みちゃだめ」と言う。

この場面において、私は、Yk子とSa子とA男の三人がお菓子屋さんごっこをして遊んでいるのを、近くで見ていた。Yk子も、もちろん、私がそこにいることに気付いていたはずである。しかし、Yk子と私との間で関わり合いはなかった。この日は、研究保育だったので、私は「観察者」としての立場を意識的に取ろうとしていた。それ故、私は子どもの遊びに積極的に関与しようとする姿勢に欠けることになる。Yk子は遊ぶ在り方であるのに対して、私は、観察という目的を遂行しようとする目的遂行の在り方をしており、両者の在り方には大きな相違がある。この在り方の相違が、両者の関わり合いの生成を阻んでいたと考えられる。何故なら、私が目的遂行の在り方をすることにより、遊ぶ在り方により開けてくる世界の中に、私の存在が位置付き難くなるからである。

　ところが、ふとした拍子に、Yk子と私の目が合った。その瞬間に、Yk子も私も微笑み合った。これはまさに同時と言うべきであり、一方が原因で他方が結果という関係ではない。私が思わず微笑んだのは、私が「完全なる冷徹な観察者」として存在していたのではなく、観察者でありつつも、「子どもからの働きかけに対して応答しようという姿勢」を半ば保持していたからである。その意味では弱い程度ではあっても、私にも「遊ぶ在り方」の欠片は保持されていたと言える。それ故に、目が合った瞬間に、両者がともに微笑むというような応じ方が生じたのである。とにもかくにも、Yk子と私の目が合い、微笑み合った瞬間に、二人は遊戯関係になったのである。そして、私は「観察者」の立場を大きくはみだし、「積極的に子どもに応じる姿勢」になったのである。

　ところで、この遊戯関係はその生成を目的とするある行為により実現されたわけではない。私は、Yk子と遊戯関係になろうとして彼女を見ていたわけではない。Yk子も、私と遊戯関係になろうとして私を見たわけではない。二人の遊戯関係は、いわば偶然に生じたのである。すなわち、遊戯関係は、その当事者同士の意図により生じるのではなく、遊ぶ在り方になれる態勢にある者同士が出会った瞬間に、自ずから生じるのである。もちろん、子どもたちが「〜して遊ぼう」と誘い合うことはある。しかし、この時も、子どもたちは遊戯関係を意図して作ろうとしているわけではない。むしろ、子どもたちは既に遊ぶ在り方にあり、いつの間にか遊戯関係に入ってしまっているのである。既に成り立っている遊戯関係を背景として、具体的な遊び活動が発案されているのである。

　西村は、遊びの本質を明らかにする手がかりとして「かくれんぼ」を考察している。そして、「こちらにむけて投げかけられた遊びの呼びかけに応じるとは、企ての主体による決断や合意であるよりは、さそいかけという遊びの発端が、遊び手の内部に反響させた同調の動きというべきである」(西村　一九八九、九九頁)と述べている。遊びは主体の意志的行動により始まるのではなく、相手の呼びかけとそれへの同調的な応答により始まる、と言うのである。しかも、その「呼びかけと応答」は、どちらか一方が呼びかけ、どちらかが応えるというのではなく、相互に「呼びかけ、応答する」というものなのである。すなわち、遊びは、どちらが誘ったのかもわからないまま、自然に始まると言えるのである。このように、遊びが主体の意志により目的遂行的に始められるのではない故に、西村は、遊びは「言葉の厳密な意味で、偶然にはじまるというべきである」(西村 一九八九、一〇二頁)と言い、遊びの「偶然性」を指摘している。

西村が言う遊びの始まりとしての「呼びかけとそれへの同調的な応答」は、互いの目と目が合う瞬間に起こると言うべきである。何故なら目と目が合うのでないかぎり、遊び相手として互いに認め合う「我々関係」は生じえないからである。しかし、両者の目と目が合えば、いつでも必ず遊戯関係が生じるわけではない。両者が遊戯関係に入るためには、目と目が合う以前に、既に相手の呼びかけに応答できる在り方にあるのでなければならない。例えば、意気消沈しているのであれば、相手と目が合っても、遊戯関係が生じるのは困難であろう。したがって、出会う両者が、既に「遊ぶ在り方」ないしは「容易に遊ぶ在り方になれる態勢」にあることが必要である。幼稚園の生活を楽しみに登園してくる子どもたち、そしてその子どもたちの遊び相手になろうとしている保育者は、遊戯関係を生じさせうる態勢に既にあるのである。

遊戯関係が、その本質的な特質として、意図される以前に、偶然的にかつ瞬間的に生成するものである故に、この関係の生成と同時に展開されるやりとりも、当然、意図されたものではなく、いわば即興的なものである。Yk子が私に言った「みちゃだめ」という言葉も、遊戯関係が生じた瞬間に、咄嗟に口をついて出た言葉に他ならない。そして、一旦、口をついて出た言葉が、その後は繰り返し言われ、私も、わざとYk子を見ようとする行動を繰り返し行った。この「繰り返しの応答」が二人の遊びとなっている。すなわち、即興的な応答が遊びとなるのである。遊戯関係におけるこのようなやりとりの即興性は、次の場面に明瞭である。

**【場面36】Ak子と保育室に入った私に、即座に関わるAz子**

今日は焼き芋パーティをすることになっており、五歳児たちの多くは何らかの形でその準備に関わっている。私が広間の前の廊下にいると、Ak子が関わってくる。私が「先生、早く焼き芋食べたいな」と言うと、「チケットがないといけないいんだよ。おへやにあるからおいで」と言って私を誘う。私が「先に行ってて」と言って留まると、Ak子は一人で保育室に行き、戻ってきて「はい、チケット」と私にチケットをくれる。そして「やきいもパーティのチケット、おへやでつくってる」と言って、私の腕をとり、「せんせいきて」と言いながら私を引っ張っていく。

保育室には数人の子どもが残っていた。Az子が部屋の中程でチケットを作っている。Ak子はそこに私を連れていく。私は笑顔でついていく。Az子は笑顔で私を迎え入れ、即座に「せんせいもチケットつくりなさい」と言う。私は「えー、チケット作るの嫌だ。お外に行きたい」と、ふざけるように答える。するとAz子は笑顔で「だめ!」と言って、私を捕まえる。そこにKr子がやってきて、やりとりに加わる。私と三人がチケットを作る作らないと言ってやりとりしているうちに、Kr子は急に私に名札を示して「わたしのなまえなんてよむ?」と聞く。私がわざと間違えて読むと、Kr子は「ちがう」と言いながらも面白がる。すると、他の二人も同じことを始める。こうしてチケット作りはどこかに行ってしまう。

ここでは、私は五歳児の保育室で、Az子、Ak子、Kr子の三人と、焼き芋パーティのチケットを作る、作らないと言ってふざけ合っていた。ところが、急に、Kr子が私に名札を読ませようとし、私がわざと間違えて読んだことで、それが遊びとなり、チケット作りが忘れられてしまった。遊びにおけるやりとりが即興性を特質とする故に、このような、全く違うやりとりが急に始まってしまうのである。

このように、遊びにおける当事者同士のやりとりは、綿密に計画された「目的遂行的な共同作業」ではなく、「偶発的で即興的な応答」なのである。子どもと保育者の相互的な応答の多くは、このような即興的なものであり、それは、遊戯関係の上に展開しているのである。

遊戯関係にある者は遊ぶ在り方において生きている。遊ぶ在り方におけるやりとりは、相手に厳密さを要求しない。西村は、企ての主体と道具との関係が一義的であるのに対して、遊び手と玩具の間には、一義性はなく、「交渉の多様性」「両義性」があると指摘する（西村　一九八九、一五〇頁）。そもそも、遊ぶ在り方は合理性の放棄なのであり、遊び相手とのつかずはなれずの遊動に身を任せることであるから、遊戯関係における両者は厳格さ・厳密さを拒否する。すなわち、相手の応答に含まれる「多様性」「多義性」を受容するのである。言い換えれば、遊戯関係における応答には、「融通性」がその特質として含まれているのである。

【場面36】（Ak子と保育室に入った私に、即座に関わるAz子）において、Az子は、私が保育室に入るや否や、自分の行っているチケット作りに私を引き込もうとした。それはAz子が遊ぶ在り方であることから生じた働きかけである。私は、Az子のその在り方に対して、同じように、遊ぶ在り方で応じた。その私の応答は、子どもの要求通りの応答だけではない。形式上は、「要求を拒否する」という応答も可能なのである。私は、「チケット作るの嫌だ」と、拒否することを言ったのだが、それも遊びのうちに含まれていた。形式上は拒否する応答であるにもかかわらず、それが遊びとして受け止められるのは、その応答が遊ぶ在り方を基盤にしてなされているからである。

このように、遊ぶ在り方においては、相手への応答は「肯定的な応答」だけでなく、形式上「否定的な応答」であってもやりとりを崩壊させることはない。遊ぶ在り方においては、多様な応答が可能なのである。重要なことは、常に遊ぶ在り方が保持されていることなのである。

遊戯関係は、その当事者が共同で生成させるものである。したがって、遊戯関係にある者同士は、一つの共同体をなしていると言える。それを「遊戯共同体」と呼ぶことができるだろう。この共同体は、もっとも容易には、保育者と子ども数人の間において成立するが、多数の間においても可能である。その例として次の場面を見てみよう。

【場面37】集まりの最中の保育室にN男に連れられて私が入る

四歳児のクラス。ほとんどの子どもたちは帰り支度をして、保育室で担任のU先生の話を聞いている。N男はまだ、廊下で身支度をしている。私の姿を見つけたN男は「あっ、えのさわせんせいがいた」と言って、笑顔で私目がけて走ってくる。私も笑顔を向ける。N男は私に体当たりをすると、手を取り、自分のクラスへ私を連れていく。そして、大きな声で「えのさわせんせいがきた」と叫ぶ。私が保育室に入っていくと、子どもたち全員の笑顔が向けられる。何人かの子どもは即座に私に関わってくる。U先生の方を向いて集まっている子どもたちの後ろに私が座ると、N男は私の膝に座り、「おんぶして」と甘えるように言う。私が「おんぶしてるでしょ」と答えると、「これじゃなくて、かたにのるの」と答える。私が「みんなの邪魔になるから、後でね」と言うと、N男はそれ以上要求せず、「せんせい、これみせてあげる」と言って、保育室の後方に私を連れていき、自分のおひなさまを見せる。そこには全員のおひなさまが飾られてある。

こうしておひなさまを見ていると、R男が私を呼ぶ。見ると、牛乳パックでこしらえた二本の塔のようなものを持っており、「これなんだ」と聞く。U先生が「さあ、榎沢先生、わかるかな」と言って、盛り上げる。子どもたち全員がクイズを出す側になって、私が正解するか注目する。子どもたちは「さいしょが〝お〟で、さいごが〝ま〟」と言って、ヒントをくれる。私が「わかった。お月さま」と答えると、全員「わー！」と言って沸く。

この場面において、私は、U先生が、帰り支度をした子どもたちを集めて話をしている保育室に入っていった。この時、クラス全体が一体となって遊んでいたわけではない。むしろ、帰り前の集まりの時間である以上、保育者としては子どもたちに遊んでほしくはないはずである。

私がN男に連れられて保育室に入ると、何人かの子どもたちが私に関わってきた。それまでは、子どもたちはU先生の話を聞いていた。私は、自分が保育室に入ったことで、子どもたちの意識の集中を妨げてしまったと感じた。保育室が「集中のない、ざわついた雰囲気」になってしまったと感じたのである。U先生の方を見ている子どももいれば、私に気を取られている子どももいる、という具合なのである。

そういう雰囲気の中で、不意にR男が私にクイズを出した。その時に、U先生がそのクイズに子どもたちの関心を引きつけるように関わってきた。そのことにより、拡散していた子どもたちの注意がまとまり始めた。子どもたち全員が、R男と私のクイズ遊びに荷担しており、それ故、R男の発する言葉は、子どもたち全員の言葉として私に届いてくるのである。ここには子どもたち全員とU先生からなる「一つの共同体」が生成している。私は、この共同体から私に投げかけられた「遊びへの呼びかけ」を受け止め、R男個人にではなく、この共同体に応答したのである。

子どもたちは、私から「おひなさま」という答えが返ってくるのを期待し、それを今か今かと待ちかまえていた。私はそれを承知の上で、その期待をはぐらかそうと、わざと間違えた。子どもたちはその応答を「裏切り」とはとらずに、応答の「多義性」として受け止めた。したがって、子どもたちの共同体と私との間には遊戯関係が生成していると言える。すなわち、この時、クラス全体は「遊戯共同体」をなしていたのである。このように、遊戯共同体は少人数の者同士によってだけではなく、クラス全体を包括する形でも生成するのである。

ところで、子どもたちと保育者の全員が一つの関心を共有した時、クラス全体が遊戯共同体として生成するのだが、その時、その共同体には「意識の集中」が存在する。だが、その集中は、私たちが企ての主体として一つの課題を達成しようとしている時の「緊張感に満ちた集中」ではない。それは遊ぶ在り方における関心の共有から生まれる集中である。すなわち、つかずはなれずの遊動の空間、すなわち「ゆとりの空間」において生じる、いわば、「寛いだ集中」なのである。

この寛いだ集中が強い場合には、当事者の間で明瞭な関心が共有されており、傍目にも共同体としてのまとまりが強く感じられる。そのような共同体を、「強固な遊戯共同体」と呼ぼう。この寛いだ集中が弱まり、子どもたちの意識が拡散的になるにしたがい、遊戯共同体のまとまりも弱まり、「緩やかな遊戯共同体」となっていくのである。この場合には、当事者の間で共有される関心の明瞭さも薄らぐことになる。

## 三　保育者の受動性と能動性

津守真は保育者の子どもへの接し方について実践体験を重ねつつ考究した。そして、保育者の受動性と能動性について次のように言う。

受動と能動は、保育行為の両面だと思います。保育においてはとくに、子どもの心や行為を受ける側面は重要です。おとなが、受ける側面をはたらかすことなく、能動の面だけを出したら保育にはならないと思います。そして、子どもの自発的・自主的、創造的行為に意味を見出すとき、おとなの行為は一見受身に見えても、実に大きな規模の能動性を発揮しています。（津守　一九八九、二二四頁）

すなわち、受動性と能動性は相互に排斥し合うものではなく、受動的であることが同時に能動的でもあるというように、両者は両立するものなのである。保育者の在り方には、「受動性」と「能動性」が両立する仕方で、あるいは一体となって含まれているのである。

例えば、「子どもの行為を受ける」ということは、子どもの行為を無視したり否定するのではなく、子どもにとってなにがしかの意味があるもの・表現として受け止めることである。すなわち、子どもの無言の声に耳を傾けることである。そうである以上、「子どもの行為を受ける」ことがそれだけで完結することはない。子どもの行為を表現として受け止めている以上、保育者は「子どもに応える」ことを同時に行っている。具体的な行動という形では応えないにしても、子どもに関心を向け続けるという仕方で、保育者は子どもに応えているのである。したがって、保育においては「受動性」と「能動性」が同時に生起することになるのである。

津守が強調する「受動性」は保育者が盲目的に子どもの言いなりになったり、何もしないでいることではない。それは、保育者が子どもの気持ちや意図を考慮せずに、一方的に働きかけてしまうことがないように、第一に、子どもの行為の意味や意図、子どもがその行為の内に表現しようとしているその子自身の固有の世界をしっかり見つめ、理解しようとするものであり、子どもの内面へと働きかけ、きめ細かな配慮をしていくための前提となる在り方なのである。保育者は受動的であることにより、子どもの気持ちや意図を見つめ、子どもの心の動きに即してその子の行動に敏感に応答していこうとするのである。それ故、この受動性には子どもの世界への強い関心や、子どもの許に在り、子どもとの関わりを保ち続けようとする「能動性」を表裏一体的に伴っているのである。保育者は、「受動的であることで、同時に能動的でもある」のである。

以上のように、津守は、主に保育者の子どもへの関わり方として受動性と能動性の両義的な在り方を重視した。

これは「応答における両義性」と言えるが、この両義性は保育者の子ども理解にも関係する。何故なら、保育者が保育者として存在するかぎり、保育者は眼前の現象（世界）を自分自身の存在のために絶えず理解し続けるからである。私たちが何者かとして存在することは、何者かとして絶えず世界を理解し続けるということと同義なのである。したがって、私たちがどのように存在するのかは、どのように世界を理解するのかということと無関係ではない。当然、保育者のある在り方は子どもを理解する仕方を規定することになる。

保育者は自己の側の枠組みで一方的に子どもを捉えるのではなく、子どもの内面に目を向け、子どもの世界をともに生きるという仕方で子どもを理解しようとする。そこには、一種の「判断の停止」が働いていると言える。それは「意識的水準での性急な判断を下さない」ということ、「意識的な理解を棚上げにする」ということである。津守はそのことに関連して、自分自身の体験から理解できない子どもの行為について次のように言う。

保育の実践の最中には、眼前に展開していることが何を意味するのかは理解できないことも多い。子ども自身にも、そのように行為する自分自身が自覚的に把握されていない場合、子どもの行動の仕方は混乱し、明瞭な形をとった行為となりにくい。そのような状態にある子どもとつき合うのには、長い期間にわたって理解できないままもちこたえねばならないので、おとなの精神的負担は大きい。子どもを育てることには、かならずといってよいくらい、こうした時期がある。そのときにも、子どもの行為を何か分からないけれども意味あるものとして、肯定的に受けとることが、おとなにも子どもにも、状況を展開させる。（津守　一九八七、一四四—一四五頁）

津守は、保育者が子どもの行為の意味がわからない場合、強引に一つの意味を付与しようとはせずに、わからないままに理解を宙に浮かせ、理解が自ずから湧いてくるように子どもに応答し続ける、と言うのである。これは、能動的な意味付与作用を停止することであるが、「判断の停止」と言ってもよいだろう。意味付与作用を停止し、性急な判断を下さないことで、保育者が理解の可能性に開かれ、その可能性の中から事柄の意味が自ずから現れてくるようにするのである。

このように、保育者に求められる「受動的かつ能動的な在り方」は、「保育者が子どもの心に即して子どもの世界をともに生きること」「保育者が子どもの世界に開かれ、その世界における事柄の意味が自ずから現れ出てくるようにすること」を目指しているのである。言い換えれば、それは子どもを理解することを目指しているのである。しかしながら、保育者がこのような在り方をすることにより、子どもと保育者の相互的応答が展開し、子ども自身の主体的行為が誘引され、その過程で最初はわからなかった子どもの行為の意味がわかってくるというように理解が生じてくるのであるから、保育者の「受動的かつ能動的な在り方」は子どもと保育者の関わり合いそのものをも規定し、かつ可能にしていると言える。すなわち、「受動的かつ能動的な在り方」は保育者固有の子ども理解を可能にする契機であるとともに、保育に固有の子どもと保育者の関わり合い・応答を可能にする契機でもあるのである。

以上のように、津守の言う保育者は受動性と能動性の両義性に生きている。それが保育の営み（子どもへの応答と子ども理解）をその根底において規定し、かつ支えているのである。

## 四　主体身体と対話

### （１）身体的受容

メルロ＝ポンティ（Merleau-Ponty, M.）は身体を世界内存在の媒質として捉えている。彼によると「身体とは世界内存在の媒質であり、身体をもつとは、或る生物体にとって、一定環境に適合し、幾つかの企てと一体となり、そこに絶えず自己を参加させてゆくことである」(Merleau-Ponty 1945/1967, p. 97/147-148頁)。そして、「身体は、それがもろもろの〈ふるまい方〉をするかぎりで、自分自身の諸部分を世界の普遍的象徴系として利用する奇妙な対象であり、だからこそわれわれはこの対象をとおしてこの世界と〈交際し〉、これを〈了解し〉、またそこに或る意味を見いだすこともできる」(Merleau-Ponty 1945/1974, p. 274/50-51頁)のである。つまり、私たちは反省的意識に先立って、身体により世界に内属し、世界に志向的に関わっており、世界を了解し、そこに意味を見いだしているのである。「知覚能力ないし運動能力のシステムとしてのわれわれの身体は、決して定立的意識によって対象ないし道具として扱われるようなものではなく、新しい意味の結節が生じてくる生きた意味作用の総体」(木田一九七〇、一五〇頁)なのである。

前意識的水準での身体と世界の関わりにより意味が発生してくるということは、身体は意識の志向性の現れの場であり、身体の在り方が私たちの世界に対する態度(私たちと世界との関係)を示している、ということである。それ故、身体を見れば、その人の生きている世界、あるいはその人が世界とどのような関係を取り結んでいるのかがわかるのである。私たちは眼前にいる相手に対して言葉による説明をしなくとも、私たちが相手をどう思っているのかを自己の身体が語ってしまうのである。例えば、精神病理学者のヴァン・デン・ベルク(van den Berg, J. H.)は「消化すること」は反省以前の境位では「自分自身が人生のさまざまな事柄や出来事に同感だと表明すること」(van den Berg 1972/1976, p. 52/69頁)であり、青年の態度が均整がとれていないのは、「彼の世界には不変のものが何ひとつなく、すべてのものが疑わしく無方向だからである」(van den Berg 1972/1976, p. 57/76頁)と述べ、前反省的水準での身体と世界の結びつきを指摘している。同じように、竹内敏晴は演出家の立場から、「姿勢とは、私というからだが生きている形です。私が世界に棲み込み、他者に向かいあい、それに触れる、その存在の仕方すべてのあらわれにほかならない」（竹内　一九八二、三九頁）と述べ、世界内存在としての身体の在り方を指摘している。

以上のような身体の在り方は、当然、保育においても言えることである。子どもと保育者は、世界内存在としての身体の次元での関わりやコミュニケーションを遂行しているのである。その点を、障がい児と私の関わりの中に見てみよう。

**【場面38】S夫と私が電話を巡ってもめる**

S夫は校長室のソファーに座り、テーブルの上にお弁当を広げて、両足をテーブルの端に乗せ、手づかみでチキンフライを食べている。私はにこやかな表情で「Sちゃん、もうお弁当食べるの？」と言いつつ、テーブルの角を挟んでS夫の斜め前に座る。二人の他には誰もいないせいか、S夫は落ち着いて和やかな表情で食べている。私もこういう落ち着いた雰囲気を大事にしたいし、私自身こういう雰囲気の中にいるのが心地よいので、S夫が満足するまで見守っているつもりでいる。S夫は私の方を向きながら食べる。私はS夫に「おいしそうだね」「Sちゃん、フライ好きなんだね」などと話しかける。

突然、電話が鳴った。校長先生への電話だった。私は校長先生を呼びに行かなければならない。「私がここを離れたらS夫は電話を切ってしまうかもしれない」と不安に思いながら部屋を出ようとすると、ゆったりとお弁当を食べていたS夫が素早く動いて電話を切ろうとする。私は慌てて「Sちゃん、だめだめ！　大事な電話だから触らないで！」と言って、S夫の腕をつかんで止める。S夫は承服せず、私の手を振り払おうと抵抗し、私は力尽くでS夫を電話から遠ざけようとする。S夫は興奮して私の手をひっかいたり、爪を立てて強く握ったりする。私はS夫の抵抗を食い止めながら、「Sちゃん、ごめんごめん。大事な電話だから触らないで」

「電話が気になるんだよね」などと言って、S夫の気持ちを和らげようと努める。

そうこうしているうちにK先生が来た。校長先生を呼びに行くことはK先生に任せ、私は一安心する。S夫は徐々に気持ちが落ち着いてくる。私もさっきのようにS夫を押さえつけている時とは違い、身体の力も抜け、落ち着いてくる。やがてS夫はさきほどのように、落ち着いてお弁当を食べ始める。

この場面において、S夫は校長室で、ソファーに座り、テーブルに両足を乗せて一人でお弁当を食べていた。この時、私は「S夫が私を受け入れてくれるだろう」と思えた。それは、S夫の笑顔が私にそう思わせただけではなく、彼の姿勢そのものが私にそう語っていたからである。テーブルに両足を乗せ、ソファーに身体を預ける姿勢を取っているS夫の身体は緊張してはおらず、行動を放棄している。それは「世界への無警戒さ」「世界への親密さ」を表現しているのである。記録中に「私自身こういう雰囲気の中にいるのが心地よいので」と記しているように、S夫の無警戒な身体の在り方が私の身体をも無警戒にさせるのである。私はいきなりS夫の隣には座らず、少し距離を置いて座るというように、S夫に気を遣ってはいる。だが、それは警戒心の現れではない。S夫が余計な心理的圧迫を感じないようにとの保育的配慮の現れなのである。私の身体自体はもはや緊張せず、リラックスしているのである。そこで向き合っている二人の身体がリラックスしている故に、「親密な雰囲気」が漂うのである。

ところが、電話が鳴ったとたんに二人の関係は一変してしまった。親密な雰囲気は消え去り、「緊張した雰囲気」に包まれてしまった。私は、S夫が電話を切らないように力尽くでS夫を押さえつけ、S夫は私をひっかいて抵抗する。二人の身体はもはやリラックスしてはおらず、力が入り、緊張している。世界内存在としての身体は常に世界に対してある態度をとっているのだから、この身体の緊張はそれぞれ今向き合っている相手に対する緊張である。すなわち、S夫と私の身体は互いに相手を引き合い、受け入れることができず、互いに排斥し合っているのである。

このように、「排斥し合う身体」は共同で一つの活動を行うことはできない。S夫は受話器を取ろうとするのに対して、私は受話器を取らせまいとし、力と力がぶつかり合う。二人の意図する行為は全く逆であり、相容れない。排斥し合う身体は活動を崩壊させ、ともにいることの「喜び」を「苦しみ」に変質させてしまうのである。子どもと保育者が楽しみを享受することを阻害する身体は「排斥的身体」だけではない。「強圧的身体」もまた、活動の共有を阻害する。その例として次の場面を補足しよう。

**【場面39】 H夫が強引に私に肩車する**

次第に不機嫌になってきたH夫は廊下に出ると、私の手を取り校長室に入ったり、階段を上ったりする。階段の上で私に肩車を求めてくる。私の肩に乗ると、H夫は自分の身体を動かして自分の思うように私を歩き回らせる。しだいに私は肩や首が痛くなる。私が、「Hちゃん、もう降りてよ。先生疲れた」と言って降ろすと、H夫はぐずり声を上げ、なおさら肩車を求めてくる。私は我慢して肩車を続けるが、身体も辛くなってくるし、気持ちも苛立ってくる。H夫が私の髪を引っ張って強引に肩車を要求するので、私は腹立たしくなる。H夫は怒ってなおさら肩車を求める。ついには、肩車をしてやっても、H夫はぐずり声を上げて身体を前後左右に動かし、自分の行きたい方に私を行かせようとする。

H夫は障がいのある子どもなのだが、気持ちが崩れてくると、いつも保育者の肩に乗り、校内中を歩き回ってもらうことで気持ちを発散させていた。この場面もそうである。H夫は自分の行きたい方向に身体を倒して指示する。したがって、H夫の身体は強ばり、両足に力を入れて私の身体を押さえつける。そのため、私の身体には不自然な力が加わり、首や肩が痛くなり、とても快くH夫を受け入れることはできなくなってくる。H夫は力尽くで私を支配しているのである。私は単にH夫の手足として操作されているに過ぎず、主体的にH夫の活動に参与しているのではない。

このように、身体の在り方が子どもと保育者の関わりを左右すると言える。一つの活動が両者に共有されて、遊びとして展開していくためには、両者の身体は「世界を受容する身体」でなければならない。「他者に対して警戒的で隔たりを置いている身体」や「他者に対して道具的に関わり、それ故に支配的な身体」は、他者に対して緊張的な構えを有している。そのために、他者との間に友好的で心地よい関係は生まれず、他者の身体と自己の身体との間に不協和音が生じ、他者と自己が活動を享受することは難しい。それに対して、「他者に対して無警戒で寛いでいる身体」「他者の身体との融和を求める身体」は他者との間に友好的で心地よい関係を生む。そのため、他者の身体と自己の身体とは柔軟性をもって応答し合い、活動の享受が生まれる。このような身体を「受容的な身体」と呼ぼう。受容的な身体は、いわば世界に対して無警戒で安心しきっている故に、他者には自分が受容されていると直観的に感じられる。そして、他者の身体は受容的な身体へと引きつけられ、自然に動き出すのである。すなわち、受容的な身体は「相手の身体がこちらへと自然に動き出してしまうように誘う在り方」をしているのである。関わり合う両者が受容的な身体であることにより、両者の身体が融和し、心地よさの中での相互的な応答が展開する。その応答の中に身を置いている者にとっては、自己の身体と相手の身体とが調和を保っていると感じられる。すなわち、「身体的な調和」が生じてくるのである。

ところで、受容的な身体は二重の意味を含んでいる。保育者が子どもの身体を受け入れることができるためには、保育者の身体が子どもに受け入れられるものでなければならない。例えば、保育者としての責任感から、保育者が子どもの行為を受け入れようとどれほど思っていても、子どもと対面している保育者の身体が緊張しているなら、保育者は子どもに拒絶されうるのである。その場合、活動を共有する相互的な応答は生じない。子どもと保育者の相互的な応答が心地よく展開するのは、両者がともに受容的な身体で向き合っている時である。その時には、子どもの身体を受容している保育者の身体は、同時に、子どもの身体により受容されているという二重性が生じているのである。すなわち「受容的な身体」は「受容されうる身体」なのである。

このように考えてくると、関わりとしての身体的な受容は、ただ単に、相手の身体との物理的な接触を受け入れることではないとわかる。確かに、保育においては、保育者が子どもの身体と直接触れ合うことは重要である。しかし、それは、身体的に受容することと同値ではない。例えば、先のH夫と私の関わりでは、肩車という形で、H夫の身体と私の身体は物理的に接しており、そのことを私は受け入れた。しかし、そこでのやりとりは不協和なものであった。それは、両者の身体が受容的ではなかったからである。「受容的」とは身体と身体の物理的な関係を指すのではなく、身体の在り方を言うのである。したがって、身体と身体が物理的に接していようが離れていようが、それは根本的な問題ではないのである。すなわち、二つの身体が物理的に離れていても、両者が受容的に関わり合うことは可能なのである。

## (2)身体的同調

### ①　個別的身体への同調

私たちは他者と共同しようとする時、意識的に相手の身体の動きに自分の身体の動きを合わせようとする。例えば、回転する縄に外から入って縄跳びをする場合、縄の回転のリズム(回し手の腕の回転のリズム)に合わせて、飛び込むタイミングを計る。この時には、縄跳びという共同の運動を生むために、かなり意識的に相手の身体の動きに自分の身体を合わせようとしていると言える。同じことが、保育者が子どもの活動に参与し、援助している時にも言える。その例として次の場面を見てみよう。

【場面40】私が誘うと楽しそうにトランポリンを跳ぶS夫

広間でM夫が一人でトランポリンを跳んでいた。私が近くを通ると、M夫が私のところに来て、私の手を取り、トランポリンに連れていく。M夫と私は一緒にトランポリンを跳び始める。M夫は楽しそうな表情で軽快に跳び、私も楽しく跳ぶ。さっきまで私と一緒にいたS夫がトランポリンの側で私たちを見ていることに気付いた私は、「誘えばS夫もトランポリンをするかな」と思い、「Sちゃんも一緒にやろうよ」と声をかけてみる。するとS夫は躊躇なくトランポリンに乗ってくる。そして、一緒になって元気よく跳び始める。跳び始めると、S夫は楽しそうな笑顔になる。S夫が笑顔を見せたのは、今日はこの時が最初だった。私は予想以上にS夫が楽しそうにするので嬉しく思った。

ほどなくM夫がトランポリンを去り、S夫と私の二人になった。S夫と私は跳びながらトランポリン上を左回りに回る。S夫は私に笑顔を向け、実に楽しそう。「先生疲れたから降りるね」と言って、私は床に降りる。S夫は元気に跳び続ける。私はS夫の弾みに合わせて手拍子を打つ。すると、S夫も私の手拍子に合わせて自分も手拍子を打とうとする。ほんの数回手を叩くだけだったが、S夫が私の真似をしたのは確かである。つい、私の動作に釣られてしまったのだろう。私は床に立っているのだが、自分も跳んでいるような気分で、ついS夫の弾みに合わせて手拍子を打ってしまう。身体全体も軽く上下に弾ませてしまう。つまり私も気持ちが弾んでしまうのである。

この場面において、私はＭ夫に誘われて一緒にトランポリンを跳んだ。さらに、Ｓ夫と二人で跳んだ時には、跳びながらトランポリンの上を回るというように、Ｓ夫と共同して積極的に身体的運動を行った。この時、私は意識的にＭ夫やＳ夫の身体の動きに自分の身体の動きを合わせようと努めている。むしろ、動きを合わせることに注意を集中していると言ってもよい。何故なら、複数の人がトランポリンを跳ぶ場合、全員のリズムが合わないと非常に跳びにくく、運動がすぐに止まってしまうからである。

一方、私たちは意識的に相手の身体の動きに自分の身体を合わせようとしていなくても、自然と合ってしまうこともある。例えば、縄跳びの例で言えば、最初はタイミングを合わせようと努めているが、そうしている内に縄の動きに合わせて、自分の身体が動き出してくる。そうなると、私たちは、もはや、自分の身体を縄の動きに意識的に合わせているというよりも、自分の身体が縄の回転のリズムに巻き込まれ、勝手にそのリズムに合っているという感覚になる。そして、自分の身体が縄の動きと一体となっている心地よさに浸ることもできる。同じことが保育者にも起こる。先ほどのトランポリンの例で言えば、保育者が子どもと一緒にトランポリンに乗らずに、子どもが跳ぶのを側に立って見守っている場合、保育者は子どもの身体のリズムに自分の身体を意識的に合わせようとはしていない。何故なら、実際に自分の身体を動かす必要がないからである。しかしながら、その場合でも、保育者の身体は子どもの身体のリズムに合っている。意識的に合わせようとしなくても、子どもの身体の動きに注目しているだけで、保育者の身体は自然に、思わず知らず子どもの身体のリズムに合ってしまうのである。

廣松渉は、生体は「共振的振動系」であると言う（廣松・増山　一九八六、九二頁）。例えば、新生児が母親の真似をして口をパクパクしたりするように、個体と個体は共振的現象を起こしているのであり（廣松・増山　一九八六、九六頁）、母子間だけでなく、大人同士の間でも身体的運動リズムの同期化・同調化が生じているのだと言う（廣松・増山　一九八六、九八頁)。そして、「表情感得・情動反応・協応行動の場面においては個体は自閉的な系ではなく、単なる比喩ではなしに、皮膚的界面を超え出た大きな振動装置系の部位として組み込まれた相にある」(廣松・増山　一九八六、一〇六頁)と述べている。

すなわち、人間は互いに相手の身体的な運動リズムに同調し合っているのである。そして、この同調は私たちが意図して行うことではなく、情動反応や協応行動がそうしようと思わなくても起こってしまう行動であることからわかるように、意志に関係なく起こる現象なのである。むしろ、人間と人間が常に振動し合っているということがあって、情動反応や協応行動のような無意図的な行動が生じうるのである。当然、保育における子どもと保育者も共振的振動系の部位をなしていると考えられるだろう。

【場面40】において、私はS夫と一緒にトランポリンを跳んだ後、トランポリンから降りて、一人で跳び続けるS夫の側についていた。この時、私はつい先ほどまでと同様に、自分もトランポリンを跳んでいるような気分で手拍子を打ったり、身体を軽く上下に弾ませていた。私のこの身体的運動はS夫の身体的運動のリズムに合っている。しかし、私は自分の身体をS夫の身体のリズムに合わせようなどと、意図してそう努めてはいない。私の身体は私自身の意志によらずに、子どもの身体のリズムに合っているのである。そのため、ただ見ているだけで私は思わず知らず手拍子を打ってしまうし、身体を上下に動かしてしまうのである。

このように、保育者が個々の子どもの活動に参与しようとする姿勢である時には、保育者にとってはそこに現れている子どもの個別的身体が注意の的となる。保育者の身体はその子どもの個別的身体に引きつけられ、それへと同調していくと考えられる。この身体的同調を基盤にして、保育者の応答は展開されるのである。

この身体的同調による行動には二種類あると考えられる。市川浩は、身体の感応的同調の現れとして「同型的同調」と「応答的・役割的同調」を指摘して論じている(市川　一九七五、一八八―一九二頁)。前者は相手の行動に単純に同一化することであり、後者は相手の行動に応えるように、相手の行動を補うように身体的行動が起こることである。【場面40】のトランポリンの場面で言えば、S夫が跳び上がった時に私も伸び上がるように身体を上下に動かすというように行動しているのは、同型的同調に当たるだろう。また、トランポリン上で、S夫と私が交互に跳び上がっている時には、私は応答的・役割的同調をしていることになるだろう。

この身体的同調という現象は保育者の側だけに起きることではない。子どもと保育者が共同者として活動を共有しているかぎり、子どもも同じように保育者の身体に同調しているのである。例えば、【場面40】において、一人でトランポリンを跳び続けているS夫の前で私が手拍子を打つと、反射的にS夫も手拍子を打った。私の動作を見た瞬間に、S夫はつい釣られて私と同じ動作を行ったと思われる。つい相手と同じ動作を行ってしまうということは、既に自分の身体が相手の身体に同調しているということである。そもそも、S夫と私が一緒に遊んでいるという事態においては、両者は互いに同調し合っているのである。子どもと保育者の相互的な応答は、まずは、現前し合っている個別的身体に対してそれぞれの身体が同調するという仕方で展開するのである。

### ②　関係態への同調

上記で指摘したことは、主に、子どもと保育者が一対一の関係で関わり合う場合、もしくは、保育者の注意が子ども一人一人へと集中し、収斂していく場合である。実際に、保育においては、一対一の関わりだけではなく、「子どもたちと保育者」という複数の関わり、もしくは、保育者が複数の子どもに配意しながら一人の子どもの活動に参与する場合も多い。そのような場合においても、身体的同調が生起している。その例として次の場面を見てみよう。

【場面41】テラスで私に遊びかけてくる三歳児と四歳児

私が四歳児クラスに行くために三歳児クラスのテラスを通ろうとすると、保育室の中にいた三歳児のMe子が私に「せんせ」と呼びかけて出てきた。Me子はにこにこと嬉しそう。私も「Meちゃん、お早う」と笑顔で答え、歩き続ける。Me子は私と遊ぼうと思ったらしく、外履きの靴に履き替えようとする。

四歳児クラスの前を通りかかると、今度は、四歳児のMi子やAy子らと出会う。Mi子は折り紙で作った手裏剣を貼り付けたはちまきをしている。Mi子は私を見るやにこっと微笑んで、「ほら」と言って、その手裏剣を指さす。私が「あっ、お星さま?」と聞くと、「ちがう。にんじゃ」とにこにこしながら答える。Ay子たちも私を見るや、即座に話しかけてくる。Ay子はブロックで作った武器を持っている。それを私に向けて話しかけてくる。新入園の四歳児たちも、Ay子たちと私のやりとりに引きつけられたように、にこにこしながら集まってきて、私に話しかけてくる。

そうやって四歳児たちとやりとりをしているところに、Me子が私を追ってやってくる。そして私の手を取り「せんせ、おすなであそぼう」と誘う。私はMe子についていく。一方、Ay子も私と遊ぶ気になっており、Me子に関係なく私に関わってくる。私は四歳児たちの相手もする。砂場に着くとMe子は砂遊びを始め、料理を作る。そして私に「カレー」と言って差し出す。私が「いただきます。美味しいな」などと応じていると、三歳児クラスの部屋からNa男が私を見つけて嬉しそうに笑い、上履きのまま走ってくる。私もNa男に微笑む。Ay子が洞窟に行こうと私を誘う。そこに四歳児クラスのSo男が加わる。Me子も砂遊びを止めてついてくる。後からNa男も追いかけてくる。私が「洞窟の中、お化けがいるかもしれないから怖い」と言うと、子どもたちは口々に「こわくない」と言って、洞窟に入ってみせる。四人の子どもたちは私を中心にして一緒になって洞窟探検をする。四歳児のAy子が洞窟の外に走り出ると、三歳児のNa男も走り出るというように、行動をともにしている。

この場面では、私が四歳児の保育室の前を通りかかると、園生活二年目に入ったMi子やAy子が即座に話しかけてきて、テラスで私とのやりとりが始まった。すると、新入園の四歳児たちも集まってきて、私に話しかけるようになった。彼らは、時期が五月ということもあり、まだ私と関わったことがなかった。それ故に、私との間に「親しい関係」は生じてはいなかった。それにもかかわらず、新入園児たちがにこにこしながら私に関わってきたのは、Mi子とAy子が私と楽しそうにやりとりしていたことによると考えられる。すなわち、彼らは、Mi子やAy子の私への「親しげな態度」と「楽しげな働きかけ」に引きつけられ、それに誘い込まれて、疎遠な私に対して、Mi子たちと同じように親しげな態度に自ずからなったのである。彼らは自己の意志により親しげな態度を取ったのではなく、いつの間にか親しげな態度になってしまったのである。これは、子どもたちの身体が、目の前で関わり合っている他者たちの身体の在り方に同調することを意味している。

この時、特に重要なことは、見ている子どもたちの身体が、必ずしも関わり合っている者たちの個々の身体の在り方に同調するのではないという点である。関わり合っている者たちは、「関わり合っている」という関係の中に存在しており、その身体は既に同調し合っている。すなわち、見ている子どもたちの眼前には、「同調し合う身体の関係態」が生成しているのである。この関係態に組み込まれている個々の身体の動きは、それを見ている他者にとって、決して孤立して知覚されはしない。見ている他者は個々の身体が連動して共同で生み出している全体の動きを知覚するのであり、その全体の動きを背景として動いている身体として個々の身体を知覚するのである。したがって、見ている子どもたちは個別的な身体に引き寄せられているのではなく、身体の関係態に引き寄せられているのであり、身体の関係態の動きに同調しているのである。

個々の身体と身体の関係態とは図と地のように関連し、一体となっているので、関係態に引きつけられている子どもの注意が関係態をなしている項である個別的身体に移るということが容易に生じる。したがって、関係態に同調して振る舞っているかと思えば、次の瞬間には個別的身体に同調して振る舞うことにもなるのである。それは次の場面に現れている。

**【場面42】廊下でふざけ合う子どもたちと私**

子どもたちがお弁当を食べ終わった頃、私が保育室の方に行くと、四歳児クラスの前の廊下でYk子とSa子に出会う。二人とも笑顔をしている。私も笑顔を向ける。Yk子は私と出会うや、笑顔をしっかり私に向けながら「えのさわせんせい。えのさわせんせい」と言って、両手で私にすがってくる。そして「えのさわせんせい、ぶらんってやって」と言う。私は「ぶらんってやるの?」と言ってYk子を抱き上げ、逆さにして揺すってやる。これは咄嗟に思いついてしたのだが、Yk子は笑って喜ぶ。床に降ろすと、すぐさま「またやって」と要求する。私もYk子が私に関わってくることが楽しいので、Yk子の求めに容易に応じる。一方、Sa子は側でにこにこして見ている。Yk子が逆さにされて揺らされているのを見た子どもたちが集まってきて、「わたしもやって」と次々に要求する。Yu子、Mr子、Mi子、Ta子など、私に群がるようにして「こんどわたしやって」とせがむ。Yk子は自分の保育室からMk先生を呼んできて、私に「ぶらぶら」されるところを見てもらう。Mk先生が「Ykちゃん、榎沢先生にしてもらってよかったね」と言うと、Yk子は本当に嬉しそうにする。

お弁当を食べ終わった子どもたちが廊下に出てくる。もう遊ぶ気になって、自分の作ったものを持ってくる子もいる。私がYk子やYu子の求めに応じながら、Yk男に「すごいね。それ大砲?」などと応じていると、Ys男が突然私に殴りかかってくる。私はくすぐって応じる。「殴るの止めて。痛いよ」などと言っても、全然聞かない。むしろ他の子どもたちも私に殴る・蹴るを始める。いつもはおとなしいSy子までにこにこしながら私を蹴飛ばす。私が「もうだめだ」と言って座り込むと、今度は子どもたちはボールを投げつける。私が「エネルギーが切れた」と言うと、Mi子が「エネルギーです」と言って、ボールをくれる。私が食べるまねをして「元気になった」と言うと、他の子もボールをくれる。私がボールを服の中に入れると、子どもたちは面白がり、同じようにして私に見せる。Ay子に私が「Ayちゃん、スイカ食べたんでしょう」などと言うと、Ay子は笑いながら「バカ。ちがう」と言う。すると、ボールを二個服に入れてみせる子もいる。私が「ピーナッツ食べたんでしょう」と言うと、笑って面白がる。

この場面では、お弁当が終わった頃、私が四歳児の保育室前を通りかかると、Yk子とSa子に出会い、即座に関わり合いが始まった。私がYk子を逆さ吊りにして揺らしたりなどして戯れ合っていると、他の女児たちが「わたしもやって」と言って群がってきた。そうやって私が複数の子どもたちと遊んでいると、Ys男が殴りかかるという仕方で私に遊びかけてきた。すると、それまで一緒に遊んでいた他の子どもたちまで私を殴ったり、蹴ったりという仕方で戯れ始めた。

まず、私とYk子の戯れ合いを見て群がってきた女児たちは、「わたしも（Yk子と同じように）やって」と言っているように、Yk子の個別的身体が目に入り、その身体の動きに自分の身体を重ね合わせようとしていると言える。すなわち、Yk子の身体に彼女たちの身体が同調し始めていると言える。しかし、Yk子の身体は私の身体と無関係に知覚されているわけではない。「わたしもやって」と働きかけている相手が私であるように、彼女たちは私の身体とYk子の身体が生み出している関係態の動きにも引きつけられているのである。

また、Ys男は他の子どもたちの行動とは全く無関係に、殴る・蹴るという仕方で私に関わってきた。すなわち、Ys男の身体はどの個別的身体の動きにも同調していたわけではないと言える。彼は、個別的身体に対してではなく、関係態としての私と子どもたちの身体の「戯れ合う」という在り方に同調していたのである。Ys男が私に殴るという仕方で関わり始めると、今度は他の子どもたちが同じ行動を始めた。この時には、子どもたちの身体は、関係態自体に対してよりも、むしろ、Ys男の個別的身体の方に強く同調したと言える。しかし一旦同調すると、今度は個別的身体はあまり問題ではなくなり、関係態自体への同調が前面に出てくるのである。実際、群がって私に関わってきている子どもたちは、互いの身体に対して注意を向けてはいない。彼らの意識野の中心にあるのは私の身体であり、お互いの身体は意識野の辺縁にあるだけなのである。

このように、私たちの身体は個別的身体に同調する一方で、個別的身体が生み出している関係態にも同調するのである。複数の者たちが関わり合う場合には、この二種類の同調は無関係ではなく、表裏一体的なものとして生起している。そして、その瞬間でのその人の注意の方向により、個別的身体への同調がより前面に出たり、関係態への同調の方が前面に出たりしているのである。

### ③ 準活性的な在り方

保育においては、子どもも保育者も身体的に同調を起こしつつ関わり合っているのだが、身体的に同調している者は必ずしも同調的行動を起こすとはかぎらない。同調はしていても、同調的行動を起こさない場合もあるのである。例えば、【場面40】（私が誘うと楽しそうにトランポリンを跳ぶS夫）において、M夫と私がトランポリンを跳んでいるのをS夫が見ていた時が、その場合に当たる。ここで、S夫は、「Sちゃんも一緒にやろうよ」という私の誘いの言葉に即座に応じてトランポリン遊びを始めたのだが、それはS夫が活動に取り組める心理状態にあり、しかも自分の先生に誘われたからである、と言えるだろう。しかし、それだけではない。S夫はM夫と私のトランポリン遊びを近くで見ていた。子どもが他児の遊びを見ているということは、その遊びに興味があるということである。S夫はM夫と私の身体的運動に関心をもっていたのである。メルロ＝ポンティは、身体について次のように言う。

他人知覚においては、私の身体と他人の身体は対にされ、言わばその二つで一つの行為をなし遂げることになるのです。つまり私は、自分がただ見ているにすぎないその行為を、言わば離れた所から生き、それを私の行為とし、それを自分で行ない、また理解するわけです。(Merleau-Ponty 1962/1966, p. 24/136 頁)

すなわち、相手に意識を向けている時、私たちは相手と同じ行為を実際には行わなくても、相手の行為を生きるという仕方で遂行しているのである。これは身体的同調の現象を、メルロ＝ポンティ風に表現したものと言えよう。この考えに即すれば、近くでM夫と私の身体的運動を見ていたS夫は、二人の身体的運動を自分のものとして生きていた、と言える。S夫がM夫のトランポリン遊びに関心を向けているということ自体、既にS夫の身体がM夫の身体に同調しているということなのである。M夫の身体の弾みを見ている時、S夫の身体はまだ実際に弾んではいないが、彼の気持ちは既に弾んでいるのである。だからこそ、S夫は私の誘いに間髪をいれずに応じてきたのである。

このように、現実的行動を起こさないまま相手の行動を生きるということは保育者にもよく起こっていることである。保育者は、常時、子どもと一緒に行動するわけではない。時には遊んでいる子どもたちを側で見守っていることもある。あるいは、つい手伝いたくなる気持ちを抑えながら、一人で着替えをしている子どもについていることもある。こういう時、保育者は自分自身は行動してはいないが、子どもの行動を自分のものとして生きているのである。

以上の例のように、相手の行動に身体的に同調していながらも、いまだ現実的行動が生じていない関わりは「潜在行動的な関わり」と言うことができる。一方、身体的同調が現実的な同調行動として現れている場合は、「顕在行動的な関わり」と言うことができる。

保育者が潜在行動的に子どもに関わっている場合、第三者的には、その保育者は何ら身体的には活動しているようには見えない。しかし、当の保育者は子どもの活動を自分自身のものとして生きており、その活動に参与している。それ故、潜在行動的に相手に関わっている者は「潜勢的な行為者」として相手の活動に参与していると考えられる。行動が顕在化し、第三者的にも行為者であると見られるようになった時、その人は「現勢的な行為者」であると言える。

子どもも保育者も相手に身体的に同調し、潜在行動的に関わっている時、両者の身体は「いつでも相手に呼応した顕在的な行動がとれる状態」「即座に応答できる準備された状態」にある。例えば、【場面40】(私が誘うと楽しそうにトランポリンを跳ぶS夫)において、S夫は私の「Sちゃんも一緒にやろうよ」の一言で、まるでそう言われることを今か今かと待っていたかのように、即座にトランポリン遊びを始めた。私は私で、S夫の弾みに、思わず手拍子を打つという行動で応じた。

また、【場面42】(廊下でふざけ合う子どもたちと私)では、廊下でYk子と私が出会った瞬間、Yk子は笑顔で私の身体にすがりついてきた。私は彼女を受け止め、抱き上げた。この時、Yk子は私と出会う前から、「他者と遊戯関係を結べる在り方」「他者への行動が生じうる状態」にあったと考えられる。そして、私はYk子の私への働きかけに応じる行動をとったのだが、この時、Yk子の行動が起こった後に、初めて私の身体が動いたわけではない。むしろ私は、Yk子と出会い、目と目が合った瞬間に、彼女に応じないではいられない状態になった。すなわち、私の身体は、Yk子が私に対して具体的な行動を起こす前に、既に彼女に向かって動き出していたのである。その意味で、私は「Yk子に対して即座に応答できる状態」にあったのである。

このように、関わり合っている子どもと保育者は、いつでも顕在的な行動に移れる状態にあるのである。子どもと保育者の身体は、いわば、エンジンをかけ、アイドリングをしている自動車のようなものである。私たちが顕在的に行動している時には、私たちの身体は「活性化されている」と言える。それに対して、相手に同調し、活動へと準備された状態にある時、私たちの身体は「準活性化された身体」「準活性的身体」であると言える。

私たちの身体が準活性的身体である時、他者からの働きかけにより容易に私たちは現勢的な行為者になる。例えば、【場面40】で、M夫と私のトランポリン遊びを見ていたS夫の身体は準活性化されており、トランポリン遊びを潜在的に遂行していた。彼の身体はまだ弾んでいなくても、気分は弾んでいた。気分の弾みが身体の現実の弾みを引き起こし、潜在的行動が顕在化するためには、ほんの小さなきっかけがあればよい。誰かが軽く一押ししてやりさえすれば、子どもは一気に現勢的な行為者として活動を始めるのである。「Sちゃんも一緒にやろうよ」と、私がかけた一言が、S夫をトランポリン遊びへと踏み切らせたように、身体が同調し、準活性化している子どもにとって、保育者の言葉は活動への弾みとなりうる。ただし、言葉が弾みとしての力をもちうるのは、それを発する者が子どもと特別な関係を形成しているからである。すなわち、その人が子どもにとって「保育者」であり、「信頼し、親密さを感じる人」だからである。親しい人からの促しだからこそ、容易に子どもの身体は動きだすのである。

### ④ 雰囲気の共有

関わり合う者同士が身体的に同調するというのは、単に行動の水準だけの問題ではない。身体が同調するということは、身体の内に何らかの情態感が生じるということなのである。すなわち、楽しい気分とか悲しい気分とかの情態感を私たちが共有することなのである。シュミッツは「身体的状態感は自己の身体を超え出てしまう」（シュミッツ 一九八六、六一頁）とか、感情は「心の状態として与えられているのではなくて、漠然と広範囲に溢れ出ている雰囲気、場合によっては、（物理的ではない）現象としての天候や気候に応じてそこかしこで濃密になったりする雰囲気として（中略）与えられている」（シュミッツ 一九八六、一二五頁）と言う。すなわち、私たちの身体に何らかの情態感が生じてくると、それが自ずから身体を超えて空間に溢れ出ていくのであり、その意味で、私たち自身の身体が雰囲気を生み出すのである。例えば、楽しい気分で活動している人の周囲には、心が浮き立つような雰囲気が感じられる。したがって、私たちが情態感を共有するということは、その空間に満ちている雰囲気を共有しつつ、その雰囲気を生み出すということでもある。

雰囲気は認識作用によって捉えるものではない。それは一定の空間を満たしている。すなわち、それは私たちの身体を包んでいる。それ故、私たちは雰囲気を身体によって直接感知できる。雰囲気は認識されるべき対象的存在ではなく、身体水準のものである故に、人間であれば誰でもそれを感知し、生きることができるのである。

雰囲気は他者がそこに存在していなくても、物理的な環境によっても醸し出される。淡い暖色に塗られた部屋では、温かな落ち着いた雰囲気を感じるだろうし、きれいに片付けられた整然とした部屋では、堅苦しい雰囲気を感じるだろう。私たちは、このような物理的な環境が生み出す雰囲気にも影響を受けるが、私たちが互いに関わり合う場合には、私たち自身の身体により生み出される雰囲気に強く影響されており、その雰囲気の中で活動が展開する。物理的な環境により醸し出されている雰囲気が、私たちの身体を通して、私たち自身の情態感になっていくと、それはまさに私たち自身のものとして生きられるようになる。その時、私たちはその雰囲気に発する在り方・振る舞いをしつつ、自己の内から新たに雰囲気を生み出すというように生きることになるのである。この雰囲子どもたちと保育者は、関わり合っている時には、常に何らかの雰囲気を共有しつつ生み出している。この雰囲気と私たちの相互的応答との関係を、「遊ぶ在り方」と「目的遂行の在り方」という全く異なる在り方の中に見てみよう。

**【場面43】にぎやかな園庭の片隅で砂遊びをするMi子**

今日は焼き芋パーティをする。園庭で大がかりな芋焼きが始まる。保育室前の砂場で遊んでいた三歳児クラスの子どもたちは担任のYk先生らに誘われたりして、園庭の中央へと出ていく。火が燃え上がり、白い煙がもくもくと立ち上っている。いつもとは全く違う園庭の様子である。すべてのクラスの子どもたちが園庭に集まってくる。子どもたちは火の周りを取り囲んで興奮している。築山に登ったり、ブランコに乗ったりする子もおり、園庭全体が興奮した雰囲気に包まれ、子どもたちは活気に溢れて行動している。

そんな中で、Mi子は園庭の活気に背を向けるように、三歳児クラスの保育室前の砂場で一人黙々と砂遊びを続ける。私は園庭のにぎやかさに気を散らされることなく遊び込んでいるMi子に引かれて、側に行って座る。私が行くと、Mi子は私に笑顔を向けて、握り固めた砂を差し出す。私が「これ、何かな?」と聞くと、Mi子は「おにぎり」と答える。私が「中には何が入ってるの?」と聞くと、「うめぼし」と答える。同じクラスの他の子どもたちが何人か関わってきたりもするが、Mi子はおにぎり作りに専念し続ける。やがて、Mi子は手を洗い、砂遊びを切り上げると、クラスの他の子どもたちがいるところに行き、一緒にジャングルジムに登る。

Mi子を含めた五人の子どもたちがジャングルジムに登っているので、私もそこに行く。私が「みんなすごいね。そんなところによく登れるね。先生も登ってみようかな」と言って登る。すると子どもたちはみんな私により高いところに登る。私が「そんなところまで登れるの。すごい」と感嘆すると、子どもたちは釣られてよ「みて!　ほら」と言って注目を引き、いろいろな恰好をしてみせる。Mi子も得意になっていろいろな恰好をしてみせる。こうしてやりとりしていると、他の子どもたちも集まってくる。私は彼ら一人一人に応答するように、全員にまんべんなく注意を向けて行動する。

この場面において、この日は、園庭での焼き芋パーティが始まり、園庭全体が「興奮したにぎやかな雰囲気」に覆われていた。そんな中、Mi子は黙々と砂場で遊んでいた。Mi子のいる空間は、園庭のにぎやかさとは異なり、「落ち着いた雰囲気」を漂わせていた。砂場に座り込み、砂遊びに集中しているMi子の身体の在り方がその雰囲気を生んでいたのである。園庭でにぎやかに遊んでいる他の子どもたちに注意を奪われていないMi子の身体は、にぎやかな雰囲気に包まれることはなく、独自の雰囲気を生むのである。私はそのMi子の雰囲気に引かれた。

私の身体は、Mi子の身体を包んでいる落ち着いた雰囲気に入り込み、それを自らの身にまとった。それは、落ち着いた雰囲気が私の身体に浸透し、私の中にMi子と同様の情態感が生じてくることを意味する。それ故、私はMi子と同じ姿勢になり、彼女の許に腰を落ち着けたのである。自分と同じような在り方をしている私の身体が自分の身体と向き合ってきた故に、Mi子は自然に私に笑顔を向け、関わり始めたのである。こうして、二人は同じ雰囲気を共有することで同じ在り方をし、応答し合うことになったのである。この時、二人には園庭を包むにぎやかな雰囲気は遠いものになっているのである。

ところが、Mi子が砂遊びを止めると、それまで遠い存在であったにぎやかな雰囲気に彼女の身体が同調し始めた。そして、Mi子の在り方がそれまでの「黙々と集中している在り方」とは違って、「外向的で活動的な在り方」になり、同じクラスの子どもたちのところに引きつけられるように自ら行き、一緒に遊び始めたのである。Mi子とともに遊ぼうとしている私も、同じようににぎやかな雰囲気を身にまとい、子どもたちに関わっていった。ここでは、既に私の在り方も変容している。Mi子に対している時には、落ち着いた雰囲気の許に、私は「活動性を抑えた在り方」であったが、にぎやかな雰囲気の許では、私も、活動的な子どもたちの動きに応じられるだけ十分に「活動的な在り方」になっているのである。

以上は、私たちが遊ぶ在り方をしている時に生じる雰囲気の共有である。幼稚園においては、時には子どもたちが目的遂行の在り方をする場合もある。その場合の子どもたちの行動と雰囲気の関係を次の場面で考察しよう。

【場面44】修了式の全体練習に参加するM男

年少組の保育室でYd先生が全体練習に向けて、子どもたちを集めて準備をしていた。先生の周りに集まっている子どもたちもいれば、離れて遊んでいる子もいる。広間で全体練習をする時間になり、M男の属する年少組の子どもたちも二列に並んで行くことになる。Yd先生が子どもたちにそのように言い、二人ずつ組にして並ばせる。子どもたちはそれぞれ自分の相手と手をつないで、Yd先生に引率されて広間に向かう。子どもたちが全員集まり、本番同様の練習をする。年少組は出入り口に近いところに座る。M男はクラスの友だちと一緒に自分の席にい続ける。みんなが立つ時には自分も立ち、座る時には自分も座るというように、みんなと同じように行動する。私はそのうちにM男が席を立ち、私の許に来るのではないかと心配していたが、最後までM男は練習に参加した。年少組だけ先に退場する時も、M男はみんなと同じに自分の椅子を持っていった。

この場面においては、本番同様の修了式の練習が行われた。M男は私に強い愛着をもっており、集まりの時には私の膝に座っていた。そのM男がいつもなら活発に動き回って遊ぶ広間でおとなしく自分の席に着き、修了式の行動として期待されている行動を遂行した。他の子どもたちも全員同じように行動した。子どもたちがそのように整然とした行動をとるのは、単に保育者からそうするように言われたからだけではない。広間は、赤い幕が掛けられ、大きな花瓶に花が生けられ、普段とは全く異なった様相を呈している。そこには、修了式に相応しい「緊張した雰囲気」「厳かな雰囲気」が漂っている。子どもたちはその緊張した雰囲気の中に身を置いていることで、それを身体的に感知し、生きることができる。すなわち、緊張した雰囲気が子どもたちに整然とした行動を取るように促してもいるのである。

ところで、広間に満ちているこの緊張した雰囲気は、単にもの自体の属性としてのみ生じているのではない。確かに、物理的な環境設定がそのような雰囲気を私たちに感じさせはする。しかし、実際にそこに人が集まってくることで、集まっている者たちの在り方が雰囲気を大きく左右する。すなわち、広間の緊張した雰囲気は、そこに集まっている者たち（子どもたちと保育者たち）の身体に湧き上がってくる緊張感という情態感によって醸し出されてくるのである。

修了式の練習に臨んでいる子どもたちは、互いの身体から身体へと緊張の糸を張り巡らせ、自分の身体の緊張した在り方（緊張感）を支え合い、そうすることで緊張した雰囲気を生み出しているのである。このような事態においては、もはや誰が緊張した雰囲気の源泉であるのかは問題ではない。そこに集う者たちの全体が源泉なのである。その意味で、子どもたちと保育者たちの共同体が緊張した雰囲気を生み出しているのである。

このように、遊ぶ在り方においても目的遂行の在り方においても、私たちは自己の身体によりある雰囲気を生み出し、それを共有して、それを生きているのである。そして、その雰囲気に支えられ、それに相応しい在り方をしながら、相互的な応答・共同の活動を行っているのである。

ところで、雰囲気の共有は、相手に注意を向けさえすればどんな時にでも容易に生じるわけではない。雰囲気の共有にはある契機が関わってくる。その点を明確にするために、次の場面を補足して、考察しよう。

**【場面45】自分のクラスに戻り、生き生きと遊ぶMi子**

しばらくして、私も三歳児の保育室に行ってみる。もう集まりの時間になっている。私が現れると、Mi子は五歳児の保育室にいた時と違い、にこやかな表情で私に手を振る。私も手を振って応える。他の子どもたちも私に笑顔を向けたり、話しかけてくる。Mi子は、もう手を洗い終わったにもかかわらず、外に出て、Sc男とKa男がいるジャングルジムに走っていき、「せんせい」と私を呼ぶ。そして、自分もそれに登ってみせる。

Mi子には五歳児クラスに姉がおり、姉のところに行っていたのだが、そこでは姉の側についているだけで、遊んではいなかった。姉に自分のクラスに戻るように言われ、クラスに戻ってからの様子がこの場面である。五歳児の保育室の雰囲気は活動的な雰囲気であったが、Mi子の身体はその雰囲気に同調せず、それを五歳児たちと共有してはいなかった。一方、この場面では、Mi子はにこやかな表情になり、他の子どもたちと同じように生き生きと行動している。Mi子は明るく活動的な雰囲気を他の子どもたちと共有し、活動的な在り方になっているのである。それ故、彼女はSc男とKa男と同じようにジャングルジムに登ってみようとするし、私に対して積極的に関わってくるのである。

このように、姉の保育室では明るく活動的な雰囲気を共有できず、自分のクラスではそれを共有できるという、Mi子の在り方が全く異なっているのは、彼女の周囲にいる子どもたちとの関係の違いによると考えられる。すなわち、五歳児の保育室にいる子どもたちは、姉を除いては親しくはないが、三歳児の保育室にいる子どもたちはみんな親しい友達である。この関係の違いが身体的同調を左右し、同時に雰囲気の共有をも左右するのである。Mi子の身体は親しい友達の身体に対しては容易に同調し、同じ情態感を生成させ、自ずから同じ雰囲気を共有するのである。しかし、親しくはない五歳児たちの身体には、Mi子の身体は容易には同調できず、したがって、雰囲気を共有することも困難なのである。

この例からわかるように、子どもたちと保育者が同じ空間に存在しているからと言って、必ずしも彼らがその場の雰囲気を共有できるわけではないと言える。子どもたちと保育者が容易に雰囲気を共有できるか否かには、そこに存在する他者との間に「親しい関係」「親密感」が生じている否かが大きく影響するのである。

### （3）関わり空間の生成

主体としての身体は、相手の身体に同調して応答の基盤をなすだけではなく、拡大したり収縮したりしながら応答を行う。市川浩は、主体としての身体を「身体空間」という概念で捉え、その特質を次のように言う。

> 主体としての身体は、ある種のひろがりの感じや量感を基本的情調としてもつとはいえ、限定された明確なかたちをもつわけではない。（市川　一九七五、九頁）

> さらに主体としての身体は、単に明確に限定されたかたちをもたないというだけではない。そのひろがりは、しばしば対象化された身体の限界をこえて、そのかなたへとのびる。それはひろがりの方向をもち、ヴェクトルをもつが、一定の限界をもたない。身体の限界は可変的であり、かならずしも皮膚の表面とは一致しないのである。（市川　一九七五、一二―一三頁）

つまりはたらきとしての身体のひろがりともいうべきものがあり、それはほとんど体表とかさなるもっとも安定した生得的身体空間から、体表をこえてひろがる比較的安定した準固定的身体空間、さらにそのひろがりがたえず流動する不確定な可変的身体空間にいたる変化相をもち、かつそれらをたえず重層的に統合している。（市川 一九七五、一三頁）

しかしはたらきとしての身体のひろがりは、これにとどまるものではなく、なかば固定的な拡大した身体空間ともいうべきものがある。その一つは、道具の仲だちによって生成する媒介された身体空間であり、他の一つは、他者との関係において生成する対他的な身体空間である。（市川 一九七五、一四頁）

また、廣松渉は「能知的主体」「身体的自我」という概念で、私たちの体験的レベルでの身体について、次のように論じている。

能知的主体なるものの界面は、必ずしも皮膚的表面とは限らない。それは機能的に伸縮（膨縮）する。そして、能知的所知＝所知的能知の一状態相たる触知は、謂うなれば所知的対象の現与の〝場所〟において存立する。例えば、盲人が杖先で触知する場合、能知的主体は杖先（対象が触知される場所）にまで伸長していると見做すことができる。（廣松 一九八九（b）、一二四頁）

能知的主体の伸長（膨縮）という事態は、啻《ただ》にこのような次元に止まるものではない。「能知―所知」の関係を総じて触知の構図に託しようとするわれわれの場合、視聴覚のごとき所謂「遠感覚」もまた触知的構図に還元される。われわれは〝対象〟を触覚的に〝その場所で〟感じ取るのと同様、視覚的にも対象を〝その場所で〟見て取る。（廣松 一九八九（b）、一二四頁）

身体的自我は知覚的世界の全域にまで拡大・伸長されうるのであって、その際には、杖先や指先における触知と同様、すべての知覚形象が能知的所知＝所知的能知となる。（廣松　一九七二、一四一頁）

そこに展らける合奏の世界は、拡大された能知的所知＝所知的能知の一体系を形成する。そこには「自我―他我」の対自的な区別立てはみられない。それは渾然一体となった一つの能知＝所知である。（廣松　一九七二、一四二―一四三頁）

市川も廣松も、私たちの身体が機能として働いている場合、すなわち、何かを知覚したり、道具と関わったりする時には、身体は自由に拡大・収縮する、と言うのである。この身体の拡大・収縮は、私たちの身体の志向する対象との間の物理的距離の有無に関係なく生じることである。さらに、廣松が言うように、身体の拡大・収縮は、対象がものであろうが他者であろうが関係なく生じるのである。だからこそ、「彼女の身体的自我の〝手〟は子供の手の個所まで伸長しており、その場所で激痛を感じる」（廣松　一九七二、一四四頁）ことができるのである。ここで重要な点は、両氏が言う身体の伸縮という現象は特別な事態ではない、という点である。それは私たちの日常的な身体の在り方、他者やものと関わって生きている身体の在り方なのであり、しかも、年齢や発達段階を問わない、あらゆる人の身体の在り方なのである。

私たちの当面の課題にとって重要なことは、私の主体身体が他者の主体身体を志向する場合（単に客観的観察者として他者の身体を観察するのではなく、他者の身体の活動に参与しようとしている場合）、両者が物理的に隔たっていても、私の主体身体は他者の主体身体まで拡張・伸長していくことができる、ということである。二つの主体身体が互いに参与的に志向し合っている場合には、両者がそれぞれ相手の主体身体まで拡張し合っていると言える。時には、主体身体同士が重なり合い、包摂し合うことも起きる。保育においては、保育者は子どもを参与的に志向している以上、その身体は子どもの許へと拡張していくと考えられる。そのことを次の場面で考察しよう。

【場面46】互いに離れたところで遊ぶS夫とL子の相手をする私

S夫の登校後、しばらくして私が教室に入っていくと、例のごとく、S夫が一人でテーブルで「お仕事」をしていた。室内には担任のI先生とS先生がいたが、二人ともカセットデッキの調整をしていて、直接S夫の相手をしてはいなかった。

S夫は私が教室に入ると、反射的に私を見て「ばばっ！」と言う。「Sちゃん、何やってるの？」と言って、私はS夫の隣に座る。S夫は受話器に錐で穴をあけようとしている。受話器は固く、少々のことでは穴はあかない。S夫はそれを私に差し出し、「ばばっ！」と言って、私にやらせようとする。私が試みても穴はあかない。「Sちゃん、こんなの固くてだめだよ」などと言ってS夫に渡すと、S夫が二、三度錐を回し、再び私に差し出す。こうやって苦労して二人で受話器に穴をあける。

穴あけが一段落したので、私はテーブルを離れ、教室の片隅のカセットデッキのある場所に行く。歌の好きなL子が一人でやってきて、カセットの曲を聴いていたのだ。私はL子の側に座り、手拍子を打ったりして相手をする。S夫はドライバーの握りの部分を鋸で切り始めた。時どき私に向かって「ばばっ！」と声をかける。私は「Sちゃん、切れた？」「随分切れたね。もう少しだね」と答える。そうやってS夫は私と言葉を交わしながら一人で鋸遊びを続ける。

この場面において、最初、私はS夫の隣に座って彼とやりとりをしていたが、その後、数メートル離れたところに移り、そこからS夫を見守ったり、言葉をかけたりして関わった。S夫のすぐ側にいて彼とやりとりしている時には、私は自分自身を対象化してはいない。あるいは、S夫と自分の位置を客観的に認識しようなどとしてはいない。私はS夫に応答することに没入しており、自分とS夫との間にどれだけの物理的距離があるかということは全く私の意識に上ってこない。私はただ「S夫とともにここにいる」としか思えない。

それでは、数メートル離れたところからS夫と関わっている時にはどうだろうか。この時も、やはり私は自分とS夫の間の物理的距離を考えたりなどしていない。確かに、私は自分とS夫の間に机や椅子を知覚する。そのことは二人の間に隔たりがあることを教えてくれる。しかし、机と椅子の知覚から隔たりを意識するのは、意識の対象を隔たりにかえることによってである。S夫に視線を向け、彼の呼びかけに応じている私の意識野の中心にあるのはS夫なのであり、二人の間の物理的距離ではない。S夫が鋸でドライバーの握りを切っている、そこに私はいるのである。

また、L子の相手をしている私にS夫が「ばばっ！」と呼びかける時、私はS夫の存在を私のすぐ側に感じる。竹内敏晴が、「話しかけるということは相手にこえで働きかけ、相手を変えることである。(中略)相手にこえが届くとはどういうことか。こえで相手にふれるのだ」(竹内 一九七五、一三八頁)と言うように、私は、S夫の声とともに彼の存在を直に感じるのである。確かに、私たちは目を閉じていても、相手の声を聞いただけで、相手が自分からどれだけ隔たったところにいるかを、ある程度は推測することができる。しかし、それは推測するという意識の作用によるのである。あるいは、最初から声の大きさや強さを手がかりに、距離を算定しようとしながら聞いている場合、すなわち、最初から相手の声を対象として分析しようとする客観的意識状態にある場合に可能なのである。「S夫の声を聞く」という、反省意識の介在しない端的な体験相においては、S夫は物理的隔たりを一気に越えて私を動かすものとして現れてくるのである。

このように、保育における子どもと保育者は物理的距離の有無に関係なく、拡大し伸長した身体によって関わり合っていると言える。ところで、市川は主体身体を「身体空間」と捉え、その空間は客観的な空間とは異なり、自由に拡大・収縮する、と述べていた。すなわち、私たちの主体身体は、自分自身を中心に、自分自身の空間を生み出し、常にそこにおいて存在し、活動しているのである。第三者的に見れば、個人に先立って客観的空間があり、それを個人が身体化することにより主観的空間に変えるのだ、と言えるだろう。しかし、空間内に存在する主体の立場で見るなら、第一次的に存在しているのは客観的空間ではない。例えば、赤ん坊にとって、まず初めは自分の身体を中心に身体によって到達可能な範囲として空間が経験されている。その主観的空間から、後に知性により客観的空間が構成されるのである。したがって、私たちにとって第一次的に存在しているのは、私たち自身の身体が生み出す主観的空間なのである。子どもと保育者が拡張した身体により関わり合っているということは、それぞれの身体が生み出す空間が重なり合ったり、包摂し合いながら、共同の関わり空間を生み出している、ということなのである。否、身体空間が重なり合ったり包摂し合って関わり空間が生成しているという表現は不正確である。廣松が指摘しているように、ともに生きている者同士は自我と他我を渾然一体として生きているのであるから、そこには融合した一つの空間があるだけである。

私たちの主体身体が自分自身を中心に、拡張した身体空間を生み出しているということは、少なくともそこが「私の空間」なのであるから、その身体空間に他者が近づいてきたり、入ってくると、私たちは何らかの反応をする。その他者が見知らぬ人であれば、私たちは避けようとするかも知れない。親しい人であれば、肯定的な働きかけが自然に生じるだろう。身体空間の所有者が子どもたちであれば、親しい他者に対しては自分たちの遊びに誘う行動を自ずからするだろう。そのような例として、【場面36】（Ak子と保育室に入った私に、即座に関わるAz子）を見よう。

私がAk子に連れられて保育室に入ると、その部屋の中程でチケット作りをしていたAz子が、即座に私に笑顔を向け、「せんせいもチケットつくりなさい」と言って働きかけてきた。このことは、Az子のいる保育室の空間が彼女の身体と同化していることを示している。私たちは皮膚で包まれた自分の身体に他者が直に触れると、その瞬間に何らかの反応をしてしまう。それとほとんど同じように、Az子は私が保育室に入った瞬間に、私に反応してきた。あたかも、私がAz子の身体に触れたかのようである。すなわち、保育室の空間は、Az子の「拡張した身体」「身体空間」と言えるのである。私が保育室に入ったということは、Az子の身体空間に入ったということなのであり、その結果、私の身体空間とAz子の身体空間が融合し、関わり空間を共有することになったのである。

この関わり空間の広がりは、身体空間が拡大・収縮する以上、流動的で容易に変動する。したがって、保育者はその時どきの関わり空間の広がりを感知しながら行動することになる。例えば、【場面46】において、私はS夫から離れてL子の側に行き、L子の相手をしながらS夫の相手もしていた。L子と私、S夫と私の間の物理的距離は明らかに不均衡なのだが、私と子どもたちの関わりの程度としては、ほとんど同じである。この物理的不均衡が生じるのは、今この時、私がL子の相手をするためには、彼女のすぐ側にいる必要があるのに対して、S夫の相手をするためには、必ずしも側にいる必要はない、と感じられることによる。S夫の身体空間は、私が離れていても私の許まで拡張し、私の身体を包摂することができるが、私がL子の身体空間の内に入るためには、まず、私がL子の側に行く必要があるのである。

このように、保育者は、物理的空間とは性質を異にし、それ自体知覚することはできない子どもの身体空間の広がり、あるいは、子どもとの間に生み出す関わり空間の広がりを感知しながら行動しているのである。(9)

### (4)行動の誘発

本節(2)で考察したように、身体的同調という現象が子どもと保育者の関わりの根底にあり、前意識的次元で両者の応答を規定している。その結果として、私たちは思わず知らず子どもに応答するというように、いわば、自分の行動を子どもによって誘いだされてしまう。同じように、子どもも保育者によって自分の行動を誘いだされてしまうし、子どもたち同士の間でも同じことが起こる。行動が誘発されるということは身体的同調と切り離せないことではあるが、必ずしも身体が同調していなくてもそれは起こりうる。例えば、道路に飛び出した子どもを見た瞬間に、反射的にその子に向かって走り出すというように、私たちは瞬間的に目に入った光景に反応することがある。この場合、私たちの身体は予めその光景に同調していたわけではないだろう。そこで、ここでは、身体的同調も含めて、保育において行動が誘発される事態について考察しよう。まず、子どもの行動が他者によって誘発される事態として次の場面を見よう。

【場面47】孤立していたSh子が私と打ち解けて遊ぶ

三歳児の保育室。今日は入園後、二回目の登園日。私は子どもたちと初めて接する。担任のNk先生が「Sh子ちゃんが気になるんです」と言うので、私が意識的についてみることにする。

私が保育室に入った時、ほとんどの子どもたちはNk先生と外で砂遊びなどをしていた。Sh子は砂場には入らず、テラスにいる。友達を見てはいるけれど、自分は何かをしているという様子ではない。表情も硬い。そのSh子がテラスの上に仰向けに寝ころんだりする。私はそれを見て「あっ、ここに猫ちゃんがいるのかな。クマさんかな」などと話しかけてみるが、Sh子は応答しない。そこで私はそれ以上働きかけることはせず、見守ることにする。そこに他の子どもたちが砂のごちそうを持ってきてにぎやかになる。私は彼らと関わる。Sh子はしばらく彼らの中に混じってはいたのだが、やがて一人で部屋に入ってしまう。私が部屋に入ると、Sh子は私をちらりと見たりして、意識しながら行動する。私が「Shちゃん、こんにちは」と言うと、Sh子は私をしっかり見て「こんにちは」とはっきり答える。そして床に仰向けに転がってみたり、うつ伏せになったりと、一人で行動している。私は笑顔で見守りながら、「ころん」と言ったりして、Sh子への関心を示す。Sh子は私をはっきり意識し、時どき私に視線を向ける。私はSh子の側で彼女の真似をして、四つん這いになったり、腹這いになったりする。Sh子はその私を見ながら次々と行動する。次第にSh子と私は戯れるという感じになってくる。壁の折り紙を指して、私が「Shちゃん、壁にいっぱい折り紙があるね。何だろう」と話しかけると、Sh子は即座に「おはな」と答える。私が「お家もあるね。Shちゃんはどのお家が好き？」と聞くと、「あおいおうち」と答える。Sh子は次第に私に打ち解けてくる。そこに外からHi子が入ってきて、私たちのやりとりに注意を引かれ、にこにこと面白そうな表情で見る。そして用事が済んでも出ていかず、笑顔で近づいてくる。私は彼女に「ごろんと寝ると天井が見えるんだよ」と話しかける。そして、「Shちゃん、待ってくれ」と言って、四つん這いで後を追うと、Sh子もHi子も笑いながら逃げる。一種の追いかけっこになる。こうして三人で遊ぶことになる。部屋には子どもたちの遊んだ跡らしく、大型積み木が並べられ、道のようなものができている。Sh子はその積み木に乗って遊び出す。Hi子も同じようにする。私が「わあ、Shちゃんすごい。そんなとこ歩けるの！」と驚いてみせると、二人は得意げに歩いてみせる。Hi子が積み木から積み木へと跳び移ったので「こんな所、先生怖くて跳べない」と言うと、Sh子は「Sh、もっとポンてとべるよ」と、身振りを交えて言う。Sh子はどんどん私に話しかけてくるようになる。すっかり笑顔で、いかにも楽しそう。三人で積み木を並べ替える。Sh子もHi子もお互いに相手の行動を意識し合い、積み木を並べたり重ねたりしていく。そこにHr男がやってきて、積み木遊びに入り、同じように積み木を並べ始める。やがて、橋のようなものができる。

こうして遊んでいるところに、Nk先生たちが戻ってくる。片付ける時間だ。私は「お池の金魚さんたち(Sh子のこと)もお腹空いたみたいだね。おやつにしようか」と誘ってみる。Nk先生も同じように誘う。すると突然、Sh子が「かたづけよう」と言って積み木を片付けだす。すると、さらに他の子どもたちも一斉に積み木を片付け始める。あっと言う間に片付いてしまう。

この場面において、保育室で、Sh子と私がたわいもない会話をしながら関わり合っているところに、外からHi子がやってきて、自然に仲間に入ってきた。そして、Sh子が積み木に乗ると、Hi子も積み木に乗り、私も含め、三人が互いの行動を意識し合いながら、積み木を並べたりした。また、Hi子が積み木から積み木へ跳び移ったのを見て、私が「先生怖くて跳べない」と言うと、Sh子が「とべるよ」と身振りを交えて言うというように、互いに影響し合いながら行動した。さらには、Hr男もやってきて、三人の積み木遊びに入った。

ここでの子どもたちと私は、特定の目的をもって行動しているのではなく、お互いの行動や発した言葉に触発されて行動している。Sh子と私の遊びに参加してきたHi子は、二人がどんな遊びをしているのか把握した上で参加してきたわけではない。積み木遊びを始めたにしても、「~のものを作る」というように目的や設計図があったわけでもない。ただ、お互いの行動に誘われて同じことをしているにすぎない。後から参加してきたHr男にしても同様である。彼は三人が積み木で何を作っているのかを把握して参加してきたのではない。「三人が積み木を並べている」という事態そのものに引き込まれて、同じ行動を起こしたのである。Hi子にしろ、Hr男にしろ、眼前の事態・他者の行動を見て「面白い」と思った瞬間に身体が動き、遊びに加わってきたのである。そして、子どもたちと私が関わり合っている時、そこで発せられた言葉にしても、次々と行われた動作にしても、予め考えられたものではなく、瞬間的に思い付かれたものである。それ故、ここでの私たちの言動は、相手の言動により誘発されているのである。

この場面で行動の誘発が生じているのは、遊戯関係が生じていること、あるいは私たちが遊ぶ在り方であることによっていると考えられる。Hi子にしろHr男にしろ、保育室に入ってくるまで外で遊んでいたのであり、既に遊ぶ在り方にあった、ないし、いつでも遊ぶ在り方になれる状態にあったのである。本章第二節において述べたように、遊戯関係におけるやりとりの特質は「即興性」にあるのであり、それが、思わず知らず行動するという行動の誘発を生むのである。そのことを、遊戯関係が生成していない事態で確認しよう。

この【場面47】において、最初、Sh子はみんなから孤立して過ごしていた。この時Sh子の身体は他の子どもたちの身体に少しも反応していかない状態だった。すなわち、彼女は遊ぶ在り方にはなかった。そのSh子に、私は担任に頼まれて意識的に関わることにした。私が働きかけ始めると、Sh子は私を意識して行動するようになったが、私を警戒している様子で、表情は依然として硬く、二人の間にはまだ遊戯関係は成立していなかった。彼女は、馴染みのない私に見られていることを意識して、意識的に振る舞っていた。私の方も、Sh子の気持ちを解きほぐそうと、話しかけたり、動作を真似たりと、意識的に働きかけた。お互いに、相手がどのように反応するかと、相手の反応を探りながらの行動である故に、両者の行動は「意識主体の行動」となり、「誘発された行動」になってはいないのである。ところが、Sh子が私に打ち解け、二人が遊戯関係になるにつれて、即興的なやりとりが行われるようになったのである。このように、遊戯関係が生成しているか否かが行動の誘発を大きく左右するのである。

ところで、遊戯関係にある時、子どもと保育者は明るい気分に包まれている。確かに、Sh子、Hi子と私は楽しく遊んでおり、明るい気分に包まれていたと言える。したがって、「子どもと共有されている気分状態」も保育者の子どもへの応答を誘発する重要な契機と言える。この気分状態がより強く作用していると思われる場面として、【場面22】（S夫が私を誘って地下の工作室で過ごす）を見よう。

この場面で、私はS夫に誘われて、地下室に降りる階段に行った。先に立って階段を降り、踊り場で嬉しそうにしながら私を待っているS夫に、私はおどけた調子で「待ってくれ」と叫んだ。このように、おどけた調子で私が応答した背後には、明らかにある種の気分状態があった。この日は新学期の始まりで、誰もが晴れ晴れとしており、学校は活気に満ちていた。私も晴れ晴れとした気分で張り切っており、既に私は活動的な気分状態にあった。その気分状態のお陰で、私は積極的にS夫と関わろうとする態度になっていたのであり、それ故に、S夫の行為を見た瞬間におどけた応答をしたのである。この場面での私の行動には、この「活動的な気分状態」が大きく影響していたことは間違いない。

ここでさらに重要なことは、この気分状態はS夫と私とに共有されているものである、ということである。S夫もこの日は楽しそうな表情で、活動的な気分状態で登校してきた。S夫と私が関わり始めたことで、両者の気分状態が自ずから融合したのである。この共有された楽しい気分状態において、私は考え、選択するまでもなく、自然におどけた応答をしたのである。おどけた応答は私の気分状態に合致している故に自然なものなのであるが、それだけでは私はこのような応答はしない。何故なら、私は保育者である以上、子どもの在り方にそぐわないような関わりはしないからである。おどけた応答がS夫の気分状態にも合致している故に、私は自然にそのような応答をするのである。すなわち、「私たちにとって自然である」と思われるからこそ、私は何の躊躇もせず、おどけた応答をするのである。

このように、保育者は子どもとの間で共有された気分状態の許で、それに応じた行動を考えるまでもなく、自然に行うことがあるのである。さらにそれに加えて、保育者の行動は反射的とでも言える応答機制の許にも誘発されている。

廣松によると、「環界的現相は（中略）第三者的に記述すれば、〝感覚的認知・感情的興発・行動的反応〟の即自的な統一相で現出する」（廣松　一九八九（a）、六三頁）。「そもそも知覚なるものは行動的反応態勢の構造内的契機としてのみ存立する」（廣松　一九八九（a）、八四頁）のである。「環界の舞台的・道具的な有意義性・価値性が表情性知覚の相で原初的・原基的に直截に覚知される」（廣松　一九八九（a）、九九頁）のである。すなわち、知覚は常に一定の行動価を帯びているのであり、私たちは何かを知覚すると同時に「行動的反応態勢」をとってしまうのである。世界は私たちにとって、何らかの行動を誘発するものとして現象してくるのであり、他者は私たちにとってある行動を期待するものとして現象するのである。それ故、私たちは他者を知覚すると同時に、他者の期待に即応した行動をとるのである。(10)

シュミッツも知覚について、身体論として、廣松と同様のことを述べている。シュミッツによると、私たちはこの身体において「運動の暗示・示唆・予測も感じ取るのである」（シュミッツ　一九八六、七一頁）。「そのような運動の暗示・誘発は自己の身体において身体的揺動として感知されうる」（シュミッツ　一九八六、七二頁）のである。すなわち、知覚は単に感覚刺激の受容なのではなく、同時に運動・行動することなのであり、両者は不可分なものなのである。

この両者の考えに即してみるなら、子どもと関わっている保育者は、常に子どもの表情や仕種から自分に期待されている行動反応を瞬時に見取り、応答していると言えるだろう。「見ること＝行動すること」というように、知覚とともに保育者の行動は触発されるのであり、意図された行動・考えられた行動はそれに続いて生じるのである。この行動的反応態勢に入るという初動において、保育者は考える前に行動してしまうのである。保育者自身としては、「それは私の意志で」とは言い難い。むしろ、「子どもによって私の行動が引きだされてしまった」と言う方が体験に即しているのである。

この「知覚=行動」という応答機制は遊戯関係における関わりだけでなく、瞬間的に危険を回避する行動のように、行動一般に当てはまる。子どもと保育者の相互的応答は、本来このような機制の許に即座に生じるものと考えられるが、遊ぶ在り方が中心となっている子どもと保育者の相互的応答には、この遊戯関係固有の契機として、「気分」や「身体の在り方」が関わっているのである。行動の誘発を生む身体の在り方として考えられるのが、竹内敏晴の言う「劈《ひら》かれている身体」である。

危険回避の場合だけでなく、他者とのコミュニケーションにおいても、あるいは演技や表現においても、主体の意志によるのではなく、自然に自分の身体が動いてしまうことはきわめて大きな意味をもっている。竹内は、難聴の故に言葉を話すことに障がいを抱えていた自らの体験を踏まえ、言葉を身体のレベルの問題として位置付け、言葉が発せられるためには身体が劈かれていなければならないのだ、と言う。この「劈かれている身体」について、竹内は次のように述べている。

ほんとうに全身が動いてこえが出るときは、こえを出そうと意識してはいません。何となく楽にしゃべれた、とか相手が近くに見えたとか、からだがひろがったとか、感じるだけなのです。（中略）からだが真に働くのは、からだが忘れられ、からっぽになったときであって、それを脱自（エク・スターズ）と呼んでもいい。（竹内 一九七五、二一四頁）

主体はただ対象に向かって動くだけ。客観的判断など立ち入る余地もなく、対象が主体を惹きつけるとき、（チョコちゃんの）こえは出、そうでなければこえは出ない。（竹内 一九七五、二一四頁）

すなわち、自分の身体を意識したり、あるいは意識によって自分の身体を操作しようとすると、声は出なくなり、身体は動かなくなってしまいうるのである。身体が意識の支配から自由になった時、すなわち身体が忘れられた時、私たちは自分の意志で自分の身体を動かしているという覚識を伴うことなく、まるで身体が対象に惹きつけられて勝手に動いてしまうかのように行動するのである。私たちの身体は、常時この「劈かれた身体」であるわけではないが、しかし、それは特別な場合にのみ可能な在り方でもない。日常的な私たちの身体は、ある時は劈かれているし、ある時は閉じられもするのである。相手に対して自然に応答できる時、私たちの身体は劈かれているのであり、それは、日常私たちによく生じている事態である。竹内の言う「劈かれた身体」は意識の働きに先立って動いてしまう故に、行動を後から追いかける意識主体は「相手によって自分の行動が誘発されてしまった」という、いわば受動性の覚識をもつことになるのである。

廣松が言う「知覚することは行動することである」ということや、竹内が言う「身体が劈かれている時には、身体は対象に惹きつけられて動く」ということはどちらも共通の基盤に立っているように思われる。それは、まず、私たち人間は世界に志向的に関わり、常に何らかの意味を見ているということである。そして、それぞれの志向性はその身体に現れるということである。

私たち保育者は、常に子どもに対して注意のまなざしを向けている。それは私たちが子どもに志向的に関わることを意味する。保育者が子どもに志向的関心を向けている故に、知覚されるものは全て自分自身にとって意味のあるものである。意味があるからこそ、知覚が行動と結びつくのである。また、劈かれた身体が相手に向かって惹きつけられて動くためには、同じように、相手の身体が私を惹きつけてしまうような意味をもったものとして知覚されなければならないのである。

子どももまた、私たち保育者と同様に、意味を見ている存在である。その志向性は子ども自身の身体に現れている。保育者は、子どもの身体に直截に子どもの志向性を感じとり、見取ることができる。すなわち、私たちは「子どもが何かを志向している」という意味を子どもの身体に見るのである。それ故、保育者は子どもに対して何らかの応答をするのである。

私たち保育者が子どもを理解することは、身体の水準においては、子どもの身体の志向性を把握することであると言える。しかし、日常的には私たちは、子どもの身体が何を志向しているのか（志向の対象）を必ずしも明確に把握するわけではない。志向の対象はわからなくとも、子どもの身体が何かを志向していること（志向の方向）はわかるのである。そのことだけで、既に子どもの身体が保育者にとって意味をもって現れているということなのである。保育者は、子どもの志向の対象が見える以前に、子どもの身体に志向性の現れを見た瞬間に、自分にとってそのような意味をもつ存在として捉え、考える前に、早くも子どもへの応答を開始するのである。

したがって、私たち保育者の行動が子どもにより誘発されるには、私たちが子どもに対して注意のまなざしを向け、志向的に関わろうとしていることが必要なのである。同じように、子どもの行動が保育者や他の子どもたちにより誘発されるには、彼らに対して注意のまなざしを向けていることが必要である。相互的な応答においては、子どもと保育者は注意のまなざしを向け合っているので、互いに行動が誘発されるのである。

廣松の所論も、竹内の所論も、以上のような基盤に立っていると思われる。それ故に、【場面22】（S夫が私を誘って地下の工作室で過ごす）において、私は、「踊り場で私を見る」というS夫の行動に「早くおいでと私に呼びかけている」という意味を、不可分なものとして見取り、廣松が言うような行動的反応態勢に入ってしまったのである。また、竹内が言うように、この時、S夫に対して少しも緊張していなかった私は、自分が身体をもっていることも忘れており、それ故に劈かれた身体としてS夫に対していた。劈かれた身体である故に、S夫の身体に見いだした意味に私は考えるまでもなく、少しの抵抗もなく応じていけたのである。

以上、子どもと保育者の相互的応答の場面を、「共有された気分」「知覚」「劈かれた身体」の観点から考察してみた。これらは、みな主体身体を異なった側面から見たものであり、関連しているものである。これらの考察からわかるように、相互的応答の場面においては、保育者の意識主体が考えて行動を起こすことに先立って、身体主体は子どもに誘発される仕方で行動することができるのである。同じように、子どもの身体主体も保育者に誘発されうるのである。

## (5)志向性の相乗りと共有

身体は、意識の志向性の現れる場である。その現れ方は、漠然としていることもあれば、明瞭なこともある。身体に現れる志向性の明瞭さに違いはあっても、私たちは他者の身体に志向性の現れを敏感に見取ることができる。子どもと保育者、あるいは子どもたち同士が関わり合っている時、互いに行動を誘発し合っているのだが、それは、私たちが相手の身体に志向性を見ていることによっている。志向性を見ると言っても、必ずしも「志向の対象」まで明確に捉えているわけではなく、いわば、「志向の方向」を捉えているにすぎないことも多い。その意味での志向性を相手の身体に見た瞬間に、私たちの身体がその志向性に反応して動きだすのである。しかし、私たちは単に相手の身体の志向性に反応するだけで終わってしまうわけではなく、その志向性を共有してともに生きるようになる。子どもたちが、特に集団として行動している場合には、それが強く働いている。例えば次のような場合である。

**【場面48】修了式の練習が終わり私と遊びだしたM男**

広間での三歳児クラスの練習が終わり、次は五歳児クラスの番。廊下には五歳児たちが二列に並んで待機している。私は邪魔にならないように戸棚の脇に立って子どもたちと話をしていた。広間に残っていたM男が廊下に出てきて、私の前を通り過ぎようとした瞬間、彼は私に気付き笑顔になる。そして「えいっ」等と言いながら私を蹴り始める。ウルトラマンか何かのつもりなのだ。私もM男と目が合った瞬間、微笑んだ。私が「Mちゃん、ウルトラセブンだっけ」と聞くと、M男は「ちがうよ。ウルトラアルファだよ」と答え、「せんせいはウルトラマンレオ」と言う。私が「じゃあ、ウルトラマンの仲間だよね」と言うと、M男は「ちがう」と言って私を敵役にして殴りかかってくる。私が「向こうに逃げよう」と言って玄関の方に走ると、M男は面白そうに私のすぐ後ろを追いかけてくる。三歳児クラスの保育室の前で、もうすっかりウルトラアルファになったつもりのM男は「よし、いこう」と言って、私を五歳児クラスの方に誘う。

この場面において、五歳児たちは広間の前の廊下に並んでいた。彼らの何人かは私と話をするが、列を崩すことはない。子どもたちの身体は全体として一つの志向性を有して「列」というまとまりをなしているのである。個々の身体は、全体の一部としてその志向性を共有している故に、列から分離していくことはないのである。そして、彼らの身体が志向しているのは、「広間で修了式の練習をするという未来の事態」である。

子どもたちの身体がより強く志向性を共有し、強固な全体として行動しているのが、【場面44】(修了式の全体練習に参加するM男)である(これは【場面48】の後に続く場面である)。実際に修了式の練習が進行している時、子どもたちは全員が目的遂行の在り方をして、決められた手順を間違いなく実行しようと集中している。以前、M男は集団の中に留まることができなかったのだが、そのM男でさえ、みんなと同じ行動を遂行した。彼らの身体は「修了式の手順の遂行」という共通の目的を志向し、全体としての強固なまとまりをなしているのである。

私たちが目的遂行の在り方をしている時には、以上のように、志向性を明確に共有している。全体としてのまとまりは弱いとしても、遊ぶ在り方においても、私たちの身体は志向性を共有している。例えば、【場面48】においては、広間から出てきたM男と私はウルトラマンごっこをして遊び始めた。ここでは、二人とも「ウルトラマンごっこの事態」へと自らの身体を差し向けている。その意味で、両者の身体は「ウルトラマンごっこの事態」をともに志向しているのである。ともに一つの事態を志向しつつ、それを生きることにより、「ごっこ」という仕方での呼応的な行動が生じているのである。

私たちが関わり合っている時には、個々の「私の意識の持続流」を越えて、「私たちの意識の持続流」が生じている。すなわち、「同じことを同じように感じ体験し、同じことに注意が向くという事態」が生じている。それ故に、関わり合っている者同士は、常に同じ主題（行動や出来事も含めて）を共有しようとするのである。関係態の中で誰かがたまたま行った動作や、たまたま言った言葉を、みんなが面白いと感じ、同じことを始めるということが起こるのである。例えば、【場面42】（廊下でふざけ合う子どもたちと私）においては、私がボールを服の中に入れると、子どもたちも面白がって同じことをした。【場面47】（孤立していたSh子が私と打ち解けて遊ぶ）では、外から戻ったHi子がSh子と私の関わり合いの中に自然に入り込んできて、Sh子と一緒に行動するようになった。そして、Sh子が積み木に乗ればHi子も積み木に乗るというように、互いに相手と同じことをした。このように、関わり合っている者同士は、関係態の中で生じることを「面白いもの」として（主題として）共有してしまうのである。そうして、絶えず私たちの意識の持続流を生きていくのである。

ところで、私たちの身体が志向性を共有して行動するということは、他者の身体が私の身体の行動を支えてくれるという意味をもつ。再び【場面44】（修了式の全体練習に参加するM男）を見よう。先にも述べたが、以前のM男であれば、集団から抜けでて私の許にやってきたはずなのだが、最後までみんなと同じ行動をとった。それは、M男が友達を志向するようになってきたことによる。友達を志向するということは、友達の身体の在り方に自分の身体の在り方が敏感に影響されるということである。すなわち、M男の身体が目的遂行の在り方を維持することができたのは、他の子どもたちの身体のお陰でもあるのである。他の子どもたちの身体がM男の身体をして「修了式の練習への参加」へと方向付けていたのである。これは、M男一人にのみ起きていたことではない。他の子どもたちの身体にも同じことが起こっていたのである。修了式の練習のために、三歳児たちが手をつないで広間に向かった時にも、子どもたちの身体に対して同じことが起きていたのである。このように、子どもたちは互いに影響し合って集団的な行動へと自分の身体を差し向けているのである。

私たちは他者の身体に志向性を感知すると、自分自身の身体を他者の身体へと重ね合わせ、他者の身体の志向的な運動に相乗りしていく。相乗りすることにより、その志向性を自分自身の身体に宿らせ、共有するのである。この時、必ずしも最初から志向の対象まで共有されるとはかぎらない。私たちの身体は、まず、「相互に相手の身体の志向性を感知し、その志向的な運動に相乗りする」という仕方で動きだすのである。動きだすことで志向性を共有し、互いの行動を支え合うのである。そして、初めは「志向の方向」の共有にすぎなかったとしても、志向的な運動に相乗りし続けることにより、「志向の対象」をも共有することになるのである。

このようにして共有された志向性は、もはや一人一人の主観の内に閉じられた私秘的な意識の状態ではない。私たちの身体を通して現れた志向性は、そこに互いの身体が相乗りすることにより「一つの私たちの志向性」として私秘性を越えでている。意識は身体を通して現れてくるのであるから、志向性が私秘性を越えでるとともに、個々の身体を越えた「一つの私たちの身体」が生成することになる。そもそも、関わり合う者同士は、相互に相手の身体に自分の身体を重ね合わせることをするのだから、そのことにより、個々の身体とは異なる「包括的な身体」(11)が生成するのである。それが、本節(２)の「身体的同調」の中で述べた「身体の関係態」でもある。個々の身体は、この「私たちの身体」の中に組み込まれ(12)、同化されるのである。そして、個々の身体の行動は私たちの身体の行動として生起するようにもなるのである。言い換えれば、私たちの身体の行動に誘発されて、個々の身体が行動するのである。

このように、身体が志向性を共有するということは、「個々の身体が共同して私たちの身体を形成し、そのことにより、個々の身体の行動を支え合う」ということなのである。

## 五　保育における開在性

### (1)応答と理解における開在性

保育者の在り方は受動性と能動性の融和した状態と考えることができるが、津守は特に「受動性」を強調している。そこで、まずこの「受動性」に焦点を当てて考察を進めることにする。

津守が特に強調する「保育者は受動的でなければならない」という言葉で意図されていることは、「保育者は自分の考えを前面に出して子どもに押しつけるべきではない」ということである。このことは決して保育者の主体性を押し殺すことを意味してはいない。保育者は第一に子どもの行為を受け止め、その行為に即して応答するのである。子どもの行為に即するためには、保育者は子どもの行為の主観的意味を理解しなければならない。子どもに関わることと子どもを理解することは相即不離なのだから、たとえ明確ではないにしても、また正確ではないにしても、保育者が子どもに関わっているかぎりにおいては子どもの行為についての何らかの理解が生起しているはずである。したがって、保育者の応答の内には保育者自身の主観的理解が込められているのであり、その応答は子どもの行為に対する単なる反射ではない。すなわち、保育者は他の誰でもないこの私として子どもの行為を理解し、応答しているのであり、そこには主体として生きる保育者が存在している。保育者が主体として存在しているのでなければ、保育者が子どもの活動に参与することはできないし、子どもと活動を共有することもあり得ない。子どもと保育者がその独自性において主体として共存しえて、初めて「共有」ということが言えるのである。

このように、保育者が自己の固有性において存在し、主体的に子どもの行為を理解し応答していこうとするかぎりにおいて、保育者は「能動性」のうちにあるのである。しかし、子どもの行為に即して応答していくためには、保育者が自分の理解に執着し、自分の考えを押し通そうとしてはならない。保育者は、子どもによって自分の理解が揺さぶられ、自分の考えが否定されることを受け入れる用意がなければならないのである。そのかぎりでは、保育者は「受動性」のうちにあるのである。

このように考えてくると、保育者の「受動性と能動性の両義性」は、本章第一節（５）の①においてふれた「理解における開在性」に結びついてくる。そもそも保育実践における子ども理解は、保育者の「相手を理解しようとする能動的態度」に発するものである。その意味で能動性は不可欠であると言える。しかし、一方で、保育実践における子ども理解には「相手により自分の考えが変えられることを受容しようとする受動的態度（受動性）」が必要である。また、保育における様々な現象の意味は受動性と能動性の間に生じるものである（本章第一節（６））。つまり、能動的に意味を見いだすことは、現実から自己に与えられる意味を受け取ることと不可分である。このように、保育実践における理解には、能動性と受動性が含まれているのである。理解における開在性はこの「能動性と受動性の両義的な在り方」を意味するのである。

子どもを活動の主体として尊重し、子どもの気持ち・意図に即して関わろうとする保育者は、ほとんど必然的にこの「理解における開在性」を実現することになる。ただし、ここで言う「相手を理解しようとする能動的態度」とは「能動的な解釈作用」あるいは「能動的な考察作用」を働かすことではない。それは「子どもに対して生き生きとした関心を向けること」である。

理解は、私たちが生きることと同時に、それと不可分に自ずから生じてくることである。私たちが現実を知覚するとともに、そのようなものとして自ずから見えることが、既に理解である。したがって、理解には主体の能動的な意味付与だけではなく、それ以前の現実からの受動的な意味付与（主体の受動性を強調するなら、「受動的な意味受容」と言う方がよいだろう）が含まれているのである。この生きることにより自ずから生じる理解が滞った時、私たちは能動的な解釈・解明・理解を始めるのである。[13] 解釈や解明は極めて能動的な意識の働きであり、場合によっては、自分自身の意識流（体験）への反省を必要とする。通常、このような能動的な解釈・理解は保育後に行われるものである。保育の最中においても、保育者が子どもとの関わりから退去し、子どもを解釈したり考察することがある。その場合、それらは保育行為の流れの中で必然的な行為として生じてくる意識の能動的な働きであり、保育行為にとって有意義である。ただし、この保育中の能動的な解釈等は一時的なことであり、保育者は即座に子どもとの関わりに身を投じる。むしろ、保育者が能動的な解釈をしている時でもその主体身体は子どもの許にあろうとしているのであり、その点で保育中の能動的な解釈等は必然的に一時的なことにならざるを得ないのである。もしも保育の最中に保育者が子どもを解釈することに没頭し始めたら、保育者は絶えず生成し続ける現実との生き生きとした接触を失い、現れるがままの現実を捉えることができなくなる。それ故、保育者は保育の最中においては、能動的な意味付与である解釈作用を働かせるのではなく、理解が自ずから生じてくるように存在しなければならないのである。それは、現実に対して生き生きとした関心を向け続けることなのである。保育者は現実に対して生き生きとした関心を向け続けることにおいて、現実を見えてくるがままに理解しようとする。そのような意味で、保育者は「相手を理解しようとする能動的態度」を保持していなければならないのである。

津守は先に引用した文章の中で、「子どもの心や行為を受ける」という表現で保育者の受動性を説明していた。

これは、「子どもが行為という形で保育者に語りかけてくること・求めてくることを理解しようとすること」を含意していると考えられる。すなわち、津守が強調する「受動性」とは、保育者が自分の先入見で子どもの行為を捉えてしまうのではなく、子どもの行為の意味が自ずから見えてくるように存在していることを意味しているのである。したがって、この表現のうちには「理解における開在性」が含意されているのである。さらにつぶさに見ると、この表現にはもう一つの意味が含意されていると思われる。

保育者は子どもの行為を理解する前に、まず子どもの行為そのものを受け止め、受け入れなければならない。そもそも保育が可能であるためには、保育者は子どもの行為の意味がわかろうがわかるまいが、とにかく「子どもの行為を受け入れるという意味で、保育者は子どもに対して開かれていなければならないのであり、それにより子どもの行為の主観的意味の理解も開かれてくるのである。このように、「子どもからの働きかけを受け入れようとする」という意味で、保育者は「受動性」の内にあると言えるのである。

また、子どもに対して開かれているということは「保育者が子どもと関わろうとする意志を有している」ということ、「保育者が子どもに応答しようとする意志を有している」ということを意味している。したがって、「関わりへの意志性」が働いているという意味で、保育者は「能動性」の内にあると言えるのである。

結局、「子どもを受け入れようとする態度（受動性）」と「子どもと関わろうとする態度（能動性）」は開かれている在り方（開在性）の裏表なのであり、この両者の融合において、実際に、子どもと保育者に共有された活動が展開していくのである。こうして、保育者の開在性は子どもを理解することを可能にしつつ、子どもとの活動の共有とその享受を可能にしているのである。それ故、「応答における開在性」と「理解における開在性」は、どちらも「受動性」と「能動性」の融和した在り方という点で同質と言うことができる。そこで、この二つの開在性を総合して「保育における開在性」と呼ぶことにしよう。

中村雄二郎は、経験および実践について主体身体としての人間の在り方から考察している。中村は、経験することがしばしば格別に重い意味をもつのは、「経験というのがわれわれ一人ひとりの生の全体性と深く結びついている」(中村 一九九二、六二頁)からであり、単に出来事に出会うだけでは経験にはならないとした上で、「われわれ一人ひとりの経験が真にその名に値するものになるのは、われわれがなにかの出来事に出会って、〈能動的に〉、〈身体をそなえた主体として〉、〈他者からの働きかけを受けとめながら〉、振舞うことだということになるだろう」(中村 一九九二、六三頁)と言う。すなわち、人間は身体をそなえた存在として行為することにおいて能動的であり、かつ身体をそなえた存在である故に他者からの働きかけを受けるという受動的な存在でもある、と言うのである。このように、人間は能動性と受動性を同時に有しているという両義的な在り方をしている故に、世界との関わりにおいて真に何かを経験することができるのである。その意味では、人間は常に世界と「能動的かつ受動的に関わる存在」であるということになるだろう。経験は、中村が言うように「生の全体性と深く結びついている」のだから、経験において私たちは自己の生の深いところから影響を受けることになる。すなわち、私たちは変わる(世界により変えられる)のである。そのこと自体私たちが受動的存在であることを意味するのだが、私たちが変えられることが生じるのは、単に私たちが受動的であるからなのではない。能動的でもあるからこそ、私たちは変えられるという受動性を被ることになるのである。すなわち、私たちが受動性と能動性の両義的な在り方をしているからこそ、私たちは変わる(世界により変えられる)ことができるのである。このことは、保育における開在性に結びつく。私たち保育者は受動性と能動性を同時に生きるからこそ、子どもとの関わりにおいて自分自身が変わるという仕方で、子どもに即していくことができるのである。

ところで、「理解における開在性」と「応答における開在性」が同質的であるというのは、主体性の次元の問題として捉え直すことができる。本書で提示した「理解における開在性」は「解釈学的開在性」を転用したものである。解釈学的開在性には、ガダマーが「先入見の根本的中断(eine grundsätzliche Suspension der eigenen Vorurteile)」(Gadamer 1960/1984, S. 283/p. 266)と言うように、フッサール現象学における「判断の停止」に相当する契機が含まれている。フッサールの現象学は意識作用が対象をどのように構成するかを解明しようとするものであり、そのために対象についての判断の妥当性を素朴に信じることを、意識的に止めるのである。すなわち、判断の停止は意識主体の行為として遂行されるのである。その点で、フッサールは主体性の座を意識主体に置いていると言える。

一方、解釈学的開在性はひとえに意識主体の行為としてのみ遂行されるわけではない。それは主体性のより広い領野に成り立つものである。なぜなら、解釈学的開在性には「地平の融合」という現象が伴っているからである。ガダマーの言う「地平の融合」はテクストと解釈者、過去と現在の融合のことであり、それは意識とその対象の分立の解消を意味する。いわば、意識主体がその主体性を放棄したところに開かれるのが地平の融合と言える。その時に、テクストという他者により解釈者としての私自身が変えられるという受動性が生じてくるのである。意識主体としての主体性を放棄することにおいて存在する主体は主体性のより広い領野に位置付けられる主体身体と言えるだろう(14)。その意味では、解釈学的開在性は主体性の座を主体身体に置いていると言えるだろう。「応答における開在性」は、私たちがまさにこのような主体身体として存在することにおいて生成する在り方である。すなわち、他者により私自身が自ずからそのようになるという主体身体の在り方が「理解における開在性」と「応答における開在性」の両者を特徴付けていると言えるのである。

保育における開在性は、保育者が子どもを主体として認め、子どもの行為に即して保育をしようとするところから可能になる開かれた在り方である。そして、この開かれている在り方を実現する上で重要な契機が「保育者が子どもと関わり応答しようとする意志を有していること」及び「保育者が子どもを真に理解しようとする意志を有していること」である。ここには保育者の能動性が存在する。そして、これらは私たちが保育者であろうとすることにおいて、不可分な形で結びついている。保育というものが、子どもと保育者により活動が共有され享受されるものであるなら、そこにおいて、子どもも保育者も主体として存在できなければならない。この時、保育者の主体性は保育者であろうとする能動性の内に実現するのである。この能動性があるからこそ、保育者が子どもとの出会いにおいて受動性をももちうるのであり、「受動性と能動性の両義性」を生きることになるのである。

### (2)開在性と遊ぶ在り方

開在性は保育者が子どもと関わりつつ子どもを理解しようとする際の保育者の在り方であるから、園生活の様々な場面において実現しうるものである。ところで、我が国の幼児教育は遊びを通してなされることを基本としている以上、子ども及び保育者の遊ぶ在り方が重要になる。したがって、開在性は遊ぶ在り方と同質であるか、あるいはそれと共通する特質を有している必要がある。すなわち、保育においては遊ぶ在り方が開在性の実現を容易に生むということが起こっていると思われるのである。そこで、遊ぶ在り方を開在性との関連で再度検討しておこう。

前項において述べたように、開在性は私たち自身が意識主体として対象を把握し統制しようとするところから生成するのではなく、むしろ、意識主体としての主体性を喪失していくところから生成してくると考えられる。それは、他者と私とがどちらが主体でどちらが客体とも言い難い相即不離の関係を生きることなのである。その時、私たちはことさらに解釈作用を働かせることもなく、自ずからそのように見えるというように現象を理解し、自ずから相手に応答していく。そこには、世界からの働きかけを受け入れつつ世界に関わろうとする「受動性と能動性の両義性」が存在している。このような世界と私の関係は、遊ぶ在り方における「遊び相手同士(ここには、他者や玩具も含まれる)」の関係である。そのことを次の場面で見てみよう。

【場面49】保育室に私を迎え入れてくれた子どもたちと私がいろいろな遊びをする

私は昨日、四歳児クラスの女児たちと縄跳びをして遊んだ。帰りに、E子が「せんせい、あしたもなわとびしてね」と言ったので、今日も私は四歳児クラスに入ろうと思っていた。

私が四歳児クラスの保育室の前に行くと、私を見つけたE子たちが嬉しそうな笑顔で「えのさわせんせい」と言って寄ってくる。昨日の縄跳び遊びのことを言いだす子はいないが、子どもたちが寄ってきてくれたことで、私は嬉しい気持ちになる。私は子どもたちと気軽に保育室に入っていく。保育室の中では、子どもたちが盛んに遊んでいる。テラスに近いところでは、大型積み木で門のようなものが作ってあり、側には跳び箱が高く積んである。そこで、男児も女児も一緒に遊んでいる。テーブルのところでは、製作に励んでいる子どもたちもいる。E子やMy子たちが「まじないの歌」を歌いながら、魔法の杖で私に魔法をかけたりする。私はそれに応じて、ねずみになってみせたりする。最近親しくなってきたEr子が「せんせい、こっちきて」と言って私を積み木遊びの場所に誘う。子どもたちが積み木の上を歩いたり、跳び箱の上から跳び降りたりしている。Er子は私を門に連れていき、「ここからはいっていいよ」と教える。私が「ここは魔法のお城?」と聞くと、Er子は「うん、そうだよ」と答える。そこに、Ke子たちが来て、私に魔法をかけるので、私は彼女たちの相手をする。王様の冠をかぶったNb男が笑顔で私に話しかけてくる。私が「王様の冠の作り方を教えてくれる?」と頼んだことで、彼が私に作り方を教えてくれることになる。そして、製作のテーブルで、他の子どもたちと混じって、冠作りをする。私はできあがった冠をかぶり、積み木遊びの方に行く。すると、別の子どもたちが関わってくる。私は「先生、王子様だよ」などと答える。Er子が私を積み木の家に入るよう誘うので、入ることにする。子どもたちが熱中して跳び箱の上から跳び降りて遊んでいる。K子が「えのさわせんせいもジャンプして」と誘う。私が「えっ。怖い。そんな高いところからジャンプできないよ」と答えて怖がってみせると、K子は「だいじょうぶ。おてほんみせるから」と言って、跳び降りてみせる。他の子どもたちも、順番に跳び箱に上っては、私に跳び降りてみせる。私がなかなか跳ばないでいると、魔法使い遊びをしていたMy子たちが魔法の薬を持ってきて私に飲ませてくれたりする。そんなところに、Hk男が紙に「忍法~の術」と書いて欲しいと言ってくる。私はそれを書いてやった後、「忍法落っこちの術」と言って、跳び箱からずり落ちてみせると、K子たちは「それじゃだめ」と言って、私に跳び降りるように促す。

この場面において、私は、私に魔法をかけた子どもたちに対してはねずみになってみせたり、跳び箱から跳んでと言う子どもたちの誘いには怖がってみせたり、というように応答した。これらはすべて、子どもたちの働きかけを受けた時に瞬時に思わず行ってしまった応答である。このような自ずからの行動が生じるに先立って、私には子どもたちからの働きかけが、そのような応答を引きだしてしまうような意味をもつもの（呼びかけ）として自ずから見えているのである。このように、遊ぶ在り方においては、受動性と能動性の両義性が含まれているのである。

ところで、解釈学においては、開在性が新たな意味の生成をもたらすと考えられるのだが、同様のことが遊ぶ在り方においても生じる。第3章第三節（1）の①において、対話が世界の豊かさをもたらすことを述べたが、そこでは、対話の重要な媒体である「言葉」に焦点を当てた。言葉による対話がなされる以前において、遊ぶ在り方は遊ぶ者に対して世界の豊かさを開示する。その例として、次の場面を補足しよう。

【場面50】遊んでいなかったSh子が友達や私と園庭でいろいろなことをする

三歳児クラスの保育室。担任のNr先生と子どもたちがテーブルで七夕の飾りを作っている。部屋の中央は広く空いており、そこでSh子が一人で床に両手両足をついてウサギのように跳ねている。そうしながら、製作している友達の方に顔を向けるが、近づいていこうとはしない。どうも、友達の中に入りたいがそれができず、一人で遊んでいる振りをしているように見える。私はテラス寄りの場所に座り、笑顔でSh子を見守っていた。やがて、Sh子は私が見ていることに気付き、私の近くに寄ってきて跳ねてみたりする。そこで私はSh子の動きに合わせて「ピョンピョン」と言ってやる。するとSh子は表情も明るくなり、私に話しかけてくる。そして、昨日クラスの友達と遊んだことなどを教えてくれる。私は「何して遊んだの？」と応じる。こうして、Sh子と私との間で積極的なやりとりが始まる。

そんな私たちのやりとりをYo男とHi子が黙って見ている。Sh子が私にダンゴ虫のいるところを教えてくれることになり、「おそとにいこう」と言って飛び出していく。私がYo男とHi子に「ダンゴ虫探しに一緒に行く？」と誘ってみると、二人ともうなずき外に出る。私は子どもたちに案内され遊戯室の裏に行く。Sh子は活動的に動き回っている。Sh子が築山から「せんせいこっちきて」と呼ぶので、他の子どもたちと一緒に行ってみる。子どもたちが「トンネルにはいろう」と誘うので、私は「トンネル怖い。お化けが出たらやだもん」と答える。子どもたちは口々に「おばけいないよ」とか「こわくないよ」と言う。Hi子もYo男も楽しそうに「こわくないよ」と言ったりして、私に積極的に関わってくる。Sh子は私から離れて動き回っているが、私を呼ぶという仕方で関わってくる。私は子どもたちと一緒にトンネルに入り会話をする。トンネルから出ると、築山の上やその周辺で遊ぶ。Sh子が「アリがいっぱいいるよ」と言って私を呼ぶ。私は他の子どもたちと見に行ったりする。私が「ここはアリさんの道かしらね。アリさん何しに行くんだろうね」と聞くと、子どもたちは「えさをさがしにいくんだよ」と答えたりする。こうして、私は子どもたちに誘われるままトンネルや築山を歩き回る。

この場面では、最初、Sh子は遊んでいるとは言えない状態だった。間のもたなさを紛らわすために飛び跳ねてみたりしていた。この時までSh子は保育室の空間にい続けることに懸命だったと言える。私と関わり始めたことで、Sh子は完全に遊ぶ在り方になった。同じように、私が話しかけたことでHi子とYo男も佇んで見ているだけだった状態から、遊ぶ在り方に変わった。

こうして遊ぶ在り方になった子どもたちと私は園庭で一緒に行動することを楽しむようになった。私たちはお互いに、次に相手がどのような反応をするかと待ち受け身構えて応答するのではなく、気楽に自然に応答し合っている。いわば、「相互的応答に身を任せている」のである。それ故、私たちの間には次々と閃きや思い付きが浮かび、それに従って私たちは行動する。例えば、私たちは最初はダンゴ虫を探しに裏庭に行ったのだが、そのダンゴ虫探しはいつの間にかどうでもよいことになり、トンネルに入ったり、築山の上を歩いたりと思い付きに従って行動することで楽しんだ。

応答に身を任せることは自ずから「あてどない逍遥」をもたらす。私たちは裏庭とか、トンネルの中とか、築山の上やその周辺などあてどなく逍遥すること自体を楽しんでいる。その過程で、「トンネル」なるものに目が止まったり、それが「お化け」なるものの存在と結びついたり、さらに「アリ」なるもの（の世界）を発見したりしている。すなわち、あてどない逍遥の過程で、私たちは目的遂行の在り方をしている時には気付かないようなこと・ものに目が止まるのである。目的遂行の在り方において開かれてくる世界は「一義性の世界」である。それに対して、遊ぶ在り方において開かれてくる世界は「多義性の世界」である。世界の多義性とは、世界が豊かなものとして私たちに現象してくるということに他ならない。そして、この「世界の豊かさの開示」は、それを見いだそうとするような能動的な意識の働きによりもたらされているわけではない。すなわち、意識主体が対象世界を対象として措定し、分析することによるわけではないのである。豊かさの開示はすべて偶然・閃きとして生じてくるのである。Sh子がアリを探そうとしてアリを見つけたのではなく、園庭で遊んでいるうちにアリが目に止まってしまったように、世界がそのようなものとして私たちの目に飛び込んでくるのである。その意味で、遊ぶ在り方における世界の豊かさの開示は、自ずから生じるというように、世界の側から受動的に与えられるものなのである。

以上のように、遊ぶ在り方は解釈学的開在性にきわめて近い在り方なのであり、解釈学的開在性を実現する上での重要な契機なのである[15]。それは、解釈学的開在性が主体と客体の分立の解消を含んでおり、そして、遊ぶ在り方がまさに主体と客体の融合を本質としているからである。

### (3)開在性の相互性

津守が説いている受動性と能動性の両義的な在り方は、専ら保育者の側の態度の問題としてのみ論じられている。すなわち、保育者が子どもに関わる時に意識的に取るべき態度と考えられている。それに対して、本書で構想する「保育における開在性」は、既にここまでの考察により推量され得るように、保育者の側のみの問題ではなく、子どもと保育者の双方に関わる問題である。すなわち、保育における開在性は専ら保育者の意志的態度にのみ還元されるわけではないのである。

保育における開在性はひとえに保育者自身の意志だけで自由にできるものではない。キュンメルが解釈学における解釈者の開在性、すなわち自己の先入見から解放されることは解釈者とテクストとの出会いにより実現すると言うように[16]、「理解における開在性」は子どもと保育者の出会いによりもたらされる（子どもにより保育者が開かされる）という側面を有している。したがって、理解を含む「保育における開在性」は子どもと保育者の共同により実現するという側面を有していると言える。また、両者の共同により開在性が維持され支えられていると言えるのである。そもそも、第2章で論じたように、保育における役割存在としての子どもと保育者の存在自体がその根底において相互性に浸透されており、両者の関わり合いの様々な側面が相互性に規定されているのである。したがって、子どもと保育者の関わりが展開していくには、保育者が子どもを受け入れなくてはならないとともに、子どもも保育者を受け入れなくてはならないのである。このことは、保育における開在性が子どもと保育者のどちらか一方の問題なのではなく、双方に関わる問題であることを意味している。すなわち、保育における開在性の生成は、子どもと保育者の共同によるとともに、それは「保育者の開在性」であり「子どもの開在性」でもあるということになるのである。

【場面50】（遊んでいなかったSh子が友達や私と園庭でいろいろなことをする）において、遊ぶ在り方になかったSh子が私と出会ったことで遊ぶ在り方になった。二人の間に遊戯関係が生成する前、私はSh子に生き生きとした関心を向けてはいたが、保育者として存在してはいなかった。両者がまなざしを向け合った時から、私は保育者として開在し始めたのである。保育者として遊ぶ在り方をし始めた私は、Sh子とのやりとりに身を任せ、自ずからの応答を行った。私は主体身体として生きていた。Sh子も遊ぶ在り方の許に、私とのやりとりに身を任せていた。この時、Sh子と私は自分の意志で遊ぶ在り方を維持しているのではなく、お互いに相手の存在により自己の遊ぶ在り方が触発されていたのである。それ故、遊ぶ在り方は二人の共同により生成しているのである。しかも、遊ぶ在り方においては両者とも意識主体としての主体性を放棄しているのであるから、この遊ぶ在り方は私のものとかあなたのものというような個人的な所有性を帯びてはいない。それは両者に共有された在り方である。それ故、この遊ぶ在り方は両者の間に生成し両者を包摂していると言える。

このように、保育における開在性にとって重要な契機である遊ぶ在り方は相互性を帯びているのである。したがって、まずは保育者が能動的に受動的であろうとすることが一方では必要であったとしても、保育における開在性は専ら保育者の能動的意志にのみ帰されるわけではないのである。それは、子どもとの共同性により支えられてもいるのである。かつ、それが共同性により支えられるものである以上、共同体の他方の項である子どももも開在することになるのである。本書では受動性と能動性の融和した在り方としての開在性の基盤を、「保育者が子どもに関わり応答しようとする態度」に置いた。「相手に関わり応答しようとする態度」を機軸にして開在性を構想するなら、それは保育者に対してのみ開かれるのではなく、子どもに対しても開かれうるのである。何故なら、子どもは保育者に関わろうとする意欲を有しているからである。

以上、保育においては、子どもと保育者が相互に開在することにおいて活動が共有され、関わり合いが支えられ、同時に創造的な相互理解が生成していく。そして、子どもと保育者がともに開在するには、互いに相手と出会うこと（相手の存在）が必要なのである。出会い、関わっていることにおいて両者が開在することを触発し合うというように、保育における開在性は相互的な特質を有しているのである。

保育者の在り方としての開在性は、当初は、「能動的に受動的であろうとする」というように保育者の意識的な態度として実現されうる。しかし、保育者が子どもとの相互性に身を置くやいなや、開在性は相互的特質を有するものへと変容する。保育者個人の中に閉じこめられた在り方ではなく、子どもと保育者の間に析出してきて、両者を包摂する在り方としての開在性へと変容するのである。それを「保育における開在性」と考えるのである。最後に、相互性を踏まえて保育における開在性を改めて定義すると次のようになる。

保育における開在性は、子どもと保育者の「相手を受け入れ相手と関わろうとする態度」と「相手を理解しようとする態度」の許に、両者の間に開かれてくる受動性と能動性の融和した在り方である。これを、敢えて保育者の側に定位して言い直すならば、保育における開在性は「保育者が子どもの許にあろうとすることにおいて、子どもとの相互性により開かれる在り方」であると言えるだろう。

# 第７章　ともに生きることと保育者の両義性
## ――子どもの生を豊かに育む保育者の在り方

遊ぶ在り方は共同性を生むという意味で、対話と密接な関係であることがわかった。だが、一方で保育者は子どもが生き生きできるようにとか、遊びが発展するようにとか、様々な配慮をしている。すなわち、保育者は子どもの遊び相手として共同的に生きているだけではなく、子どもを援助する者（専門職）として両義的な在り方をしているのである。対話の概念に基づくなら、子どもと保育者が共同的な関係にあることが重要であると思われる。しかし、実際は、保育者は共同的な遊び相手であるだけではなく、援助する者としての側面も有している。このことは、保育者であることは「子どもとともに生きつつ、子どもとともにあることに距離を置く」という両義的な在り方をすることを意味する。これは受動性と能動性の両義性とは異なる両義性である。一般的に考えるならば、このような両義的な在り方は対話を阻害すると思われる。果たして、援助する者としての両義性は対話を阻害するのだろうか。ここまで論じてきたように、現実に保育者は子どもと対話をしている。したがって、援助する者としての両義性は必ずしも対話を阻害するわけではないと思われる。そこで本章では、保育者が開在性とは異なるどのような両義性を生きているのかを明らかにし、それと対話の要素である共同性との関係を考えることにする。

## 一　遊ぶ在り方と目的遂行の在り方・気遣いの在り方

第6章第二節において、子どもと保育者は遊戯関係をなしていることを指摘した。そのことは、子どもと保育者がともに遊ぶ在り方をしながら関わり合っていることを意味している。保育者は、その関心が絶えず子どもへと向けられており、子どもとともに、子どもの許にあろうとしている。子どもたちが遊んでいる場合、保育者が子どもたちの許にあろうとすることは、子どもたちの遊びの世界に引きつけられ、それに参与し、共有しようとする姿勢になるということであるから、自ずから保育者自身の在り方が子どもたちの在り方に同調する事態を生じさせる。保育者は子どもとともにあろうとすることにおいて、自ずから遊ぶ在り方になるのである。

【場面49】（保育室に私を迎え入れてくれた子どもたちと私がいろいろな遊びをする）において、私は四歳児クラスの保育室に入り、子どもたちと関わり合った。子どもたちは既に遊ぶ在り方において存在しており、その在り方で私に関わってくる。私に魔法をかけた女児たちには、私は魔法をかけられた真似をして応答した。積み木の家で遊んでいる女児に誘われれば、私はその家に入った。また、跳び箱の上から跳び降りて遊んでいる子どもたちに対しては、私はわざと怖がってみせた。こうした私の応答は、子どもたちそれぞれが生きている遊びの世界を私自身が生き、それを共有しようとしていることにより自然に生じている応答である。子どもたちの遊びの世界に応答している私は、子どもたちと同様に「遊ぶ在り方」において存在していたのである。

保育者が遊ぶ在り方において遊び相手である子どもに応答する時、その応答には「ゆとり」「余裕」が存在する[1]。そのゆとりが遊び活動を盛り上げ、楽しい気分を高める。例えば、【場面49】において、私は子どもたちの跳び降り遊びへの誘いに対して、怖がって躊躇してみせたり、跳び箱からずり落ちてみせたりと、子どもたちの期待をはぐらかす応答をした。ここには、即座に期待通りには応じないという「ゆとり」が存在している。もしも、私が断固として跳び箱から跳び降りないという態度を取っていたら、子どもたちは興ざめしてしまっただろう。私が跳び箱に上ることを怖がったり、上りながら跳び降りることを止めようとしてみせたりと、多様な可能性を子どもたちに感じさせたことが子どもたちをますます興奮させたのである。そして、子どもたち自身も、私の応答の多様な可能性を「ゆとり」をもって受け止め、応答してきたのである。もしも子どもたちが私のはぐらかしに不満をもったなら、私は興ざめをしただろう。子どもたちが「ゆとり」をもっていた故に、私もまた子どもたちと同様に楽しい気分に浸ることができたのである。

このように、保育者は遊ぶ在り方をしている子どもの許にあろうとする時には、自ずから遊ぶ在り方になる。そのことにより両者の間にゆとりのある応答が生起し、楽しさを共有することになる。そして、保育者は自分のゆとりのある応答が楽しさをさらに高め、遊びを支えていることを暗々裏に知っている。それ故に、半ば意識的にそのような応答に乗じていくこともある。そこに、遊ぶ在り方とは全く異なる別の在り方への、保育者の在り方の変容の可能性が現れてくる。

保育者が暗々裏ではあっても子どもの遊びを支えていくように応答するのは、保育者は単なる遊び相手にすぎないのではなく、ある特別な責務を担うべき保育者であろうとしているからである。すなわち、子どもの発達を支えていく責務を担う者として自分自身を規定し、主体的にその責務を果たそうとしているからである。私たちが責務を担うということは、「目的をもつ」ということである。すなわち、保育者は「遊ぶ在り方」において子どもとの戯れに身を投じる一方で、「目的遂行の在り方」をもしているのである。

【場面49】において、私はただ単に子どもたちとの戯れに身を任せているわけではない。私は子どもへの援助をしようとしている。その援助は、子どもとの関わりから身を引き、熟慮した上で決定した行動としてなされるわけではなく、子どもとの遊びに身を置きつつなされるものである。しかし、それは純然たる戯れではなく、やはり目的志向性を帯びた援助なのである。例えば、私は、Nb男に「王様の冠の作り方を教えてくれる？」と頼んだが、これは意図的な働きかけである。Nb男が他者に冠の作り方を教えることにより、何らかの意義ある体験がなされることを暗々裏に期待していたのである。さらにそればかりではなく、製作をしている子どもたちに対しては、彼らがそれにいかに取り組んでいるのかに繊細な注意を払っていた。難渋している子どもがいれば手伝ってやろうと思っていたし、逆に辛抱強く取り組んでいる子には、手伝おうとする気持ちを抑えて見守ろうとした。それらは保育者であろうとする私の意志的・意図的な行為であり、例えば「子どもの発達を支える」というような目的を目指した行為である。

確かに、私は魔法使いごっこをしている女児たちに応答している時や、跳び箱からの跳び降り遊びをしている子どもたちに応答している時には、そのやりとり自体を楽しんでいた。その点では、私は十全な遊ぶ在り方をしていたと言ってもよいかも知れない。だが、保育者は子どもたちに対応している時、終始、子どもたちと遊戯関係をなしているわけではない。私に「忍法〜の術」と書いて欲しいと言ってきたHk男のように、保育者に問題の解決を求めてくる子どもに対して、保育者は多義性の可能性に満ちた応答を返すことはしない。その場合に保育者に求められていることは、ゆとりのある多義的な応答ではなく、子どもの要求にあった的確で迅速な一義的な応答である。保育者はわざと子どもを焦らすようなことはしない。この時、保育者は「子どもの要求に応える」という目的遂行の在り方をすることになるのである。

このように、保育者は遊ぶ在り方だけではなく、保育者としての固有な在り方として目的遂行の在り方をもしているのである。この保育者の固有性は目的遂行の在り方をするという点にのみあるのではない。保育者の固有な在り方は、遊ぶ在り方と目的遂行の在り方を同時に抱え込む在り方をしているところにあるのである。言わば、両義的な在り方をしているところにあるのである。体験相に即して考察するなら、子どもの許にあろうとしていた私は、遊ぶ在り方をしつつ目的遂行の在り方をしていたというのが実態である。保育者は、この異なる二つの在り方の間を絶えず揺れ動いているのである。

さて、保育者が取る目的遂行の在り方は保育世界への「気遣い」という在り方と一体となる。保育者は、自分自身が保育者であろうとすることにより、絶えず、そして自ずから、他者である子どもたちに対して気遣いを働かせている。

ハイデガー(Heidegger, M.)は人間存在を「現存在」と規定し、その本質的存在を「気遣い(Sorge)」[2]と規定した。ハイデガーによると、「現存在とは、彼の存在において、この存在そのもの〔をめぐりてそれ〕に関わり行く〔態度・交渉・関係・関心する〕底《てい》の存在者である」(Heidegger 1993/1960, S. 191/323 頁)。しかも、「現存在は彼の存在においてそのつどすでに彼自身に先んじ・先立って vorweg 在《い》る」(Heidegger 1993/1960, S. 191/323 頁)のである。現存在のこのような存在を、ハイデガーは「気遣い」と呼んでいる。すなわち、現存在はいつでも既に自己の存在可能について気遣っているのである。そして、現存在は気遣いとして存在している故に、いつでも既に世界内に存在している他者や事物に気遣いの作用を働かせている。

ハイデガーは、現存在は常に世界と交渉をもっていると言う。その交渉のもち方が「配慮的な気遣い(Besorgen)」と「顧慮的な気遣い(Fürsorgen)」である[3]。「配慮的な気遣い」において出会われる存在者が「道具(Zeug)」である(Heidegger 1993/1960, S. 68/118 頁)。共同存在としての他の現存在が出会われるのが「顧慮的な気遣い」においてである(Heidegger 1993/1960, S. 121/206 頁)。すなわち、現存在は自己自身の存在に関わることに根本的な関心をもちつつ、諸事物に対して配慮的な気遣いをなし、それらを道具として現れさせており、他者に対しては、「その人のため」という顧慮的な気遣いをなしているのである。

ハイデガーの言う「気遣い」は現存在の存在そのものをめぐる現存在の在り方のことである。したがって、そもそもこの概念は役割存在としての人間の存在に焦点を当て、その存在の仕方に関わる問題として提示されているわけではない。しかし、私たちは他者との関係の許に生きている時には、常に役割存在として生きている。その時、私たちは役割存在として存在しうるか否かが自己の存在に関わる問題となっている。その意味では、役割存在は気遣いとして存在していると言える。したがって、保育者であろうとする者は自己の保育者存在に対する気遣いとして存在しているのである。それは同時に、保育者は自己が保育者であるために、世界に対して「配慮的な気遣い」と「顧慮的な気遣い」をなしているということでもある。

例えば、【場面49】(保育室に私を迎え入れてくれた子どもたちと私がいろいろな遊びをする)において、私は子どもたちと一緒に冠作りを行ったし、Hk男の求めに応じて彼に代わって文字を書いてやった。この時、私は明らかに「道具」と出会っていた。私は、「製作をするため」という目的の許に、テーブル・椅子・紙・鋏・ペンなどを関連づけている。また、「文字を書くため」という目的の許に、紙・ペンなどを関連づけている。すなわち、私はある活動ができるようにと、配慮的な気遣いを行っていたのである。さらには、これらの配慮的な気遣いには、「子どものため」という気遣いが伴っている。すなわち、私が製作活動をするにしろ、子どもに代わって文字を書くにしろ、それらの活動の背後には、「子どもの生活を充実させるため」という気遣いが働いているのである。このように、保育的状況においては、保育者は道具と出会うことを通して子どもと出会っているのである。その意味で、道具への配慮的な気遣いは子どもへの顧慮的な気遣いと無縁ではないと言える。顧慮的な気遣いの別の側面として、次の場面における担任の行為を見てみよう。

**【場面51】園庭で新入園の三歳児たちと私が遊ぶ**

子どもたちは担任のYm先生と三歳児クラスの保育室前の小さな庭で遊んでいた。砂場で先生と山を作っている子どもたちもいれば、砂場の外で泥水のジュースや砂のケーキを作っている子どもたちもいる。全体的に、子どもたちは幼稚園に慣れてきた様子で、明るい表情で遊んでいる。

私はジュース作りをしている子どもたちに笑顔で近づき、黙ってしゃがみ込む。私に気付いたYm先生が子どもたちに呼びかけるように「こんにちは」と言うと、子どもたちも私に笑顔を向けて「こんにちは」と言う。私も「こんにちは」と返事をする。ジュース作りなどをしていた子どもたちは、即座に私に関わってくる。Td男は「コーヒー」と言って、私に自分の作った飲みものを差し出してくれる。他の子どもたちも、次々と「ジュース」「コーヒー」などと言って私に勧める。私は「わー、美味しいな」「どうしたらこんなに美味しく作れるのかな」などと、一人一人に応じる。すると、子どもたちは何度も私に飲みものを勧める。私たちのやりとりを見ていたYm先生は、その中にいるDa男に「Daちゃん、美味しいケーキ作ったのよね。榎沢先生にも食べさせてあげたら」と話しかける。Da男は笑顔でいるが、他の子どもたちのように積極的に私に関わってきてはいなかった。Ym先生に勧められたDa男は、皿にのせた砂のケーキを私に差し出してくれる。私が「美味しい。何のケーキかな?」と聞くと、「キャロットケーキ」と小さな声で答える。私は「先生、キャロットケーキ好きだよ。ほら、先生の服と同じ色でしょう」と言う。Ym先生は「人参さんの色ね」と話しかけてくる。そして、Ym先生は私と遊び始めた子どもたちを意識しながら、彼らを私に任せるようにして砂場に戻り、他の子どもたちと砂山を作る。砂山を作りながら、時どきこちらに視線を送ってくる。

この場面で、私は砂場でYm先生と遊んでいる子どもたちの側に行き、黙ってしゃがんだ。私のこの行動は、入園したばかりの子どもたちにとって私は見知らぬ存在である故に、要らぬ緊張を与えないようにと気遣って取った行動である。すなわち、子どもたちと私が「疎遠な関係」にある故に生じた行動なのである。私がそのようにしてその場にいることに気付いたYm先生は、子どもたちに私の存在を気付かせるかのように、私に対して「こんにちは」と挨拶した。当事者である私には、Ym先生の挨拶は私への個人的な挨拶という意味を超え、子どもたちに呼びかけた挨拶の言葉として、直観的に感じられた。そして、実際に子どもたちはYm先生の挨拶に誘われて、即座に私に挨拶をした。私も子どもたちに挨拶を返すことで、私たちは「親しい関係」「遊び相手同士の関係」になった。さらに、Ym先生は、子どもたちと私のやりとりを見ていたDa男に「Daちゃん、美味しいケーキ作ったのよね。榎沢先生にも食べさせてあげたら」と話しかけた。Ym先生のこの促しで、Da男は私にケーキを差し出し、私と「遊び相手同士の関係」になった。その後、Ym先生は子どもたちと私のやりとりを意識しながら、他の子どもたちとの砂遊びを続けた。

これら一連のYm先生の行為には子どもたちへの顧慮的な気遣いが含まれている。まず、私に対する挨拶では、子どもたちと私を近づけ、遊び相手同士としての関わり合いが生じるように気遣っている。これは、私が子どもたちと親しい関係になれるようにとの私への気遣いであると同時に、子どもたちが見知らぬ大人と親しい関係になれるようにとの子どもたちへの気遣いでもある。次に、Da男への話しかけでは、私に関わりたいと思いながら関われないでいるDa男がその思いを実現できるように気遣っている。最後に、Ym先生は子どもたちとの砂遊びに戻るのだが、子どもたちと私のやりとりに時どき視線を向けてくる。それは、子どもたちがどれだけ充実して遊んでいるか、どのように遊んでいるかを、保育者として知りたいという思いがあるからである。子どもの様子を見ること自体に、既に子どもへの気遣いが働いているのである。

ここで見られた子どもたちへの気遣いにはものへの気遣いは含まれていない。もちろん、子どもたちと砂遊びをしている際には、Ym先生は砂やスコップなどに関わっているのであり、それらのもの（道具）への配慮的な気遣いを行っている。しかし、保育者の子どもへの気遣いには、ものへの気遣いを含まない、子どもの行動や在り方そのものへの気遣いもあるのである。

ハイデガーは、他者への顧慮的な気遣いの積極的な様態として二つの極端な可能性を指摘している。一つは「尽力的―支配的な(einspringend-beherrschend)顧慮」であり、他の一つは「垂範的―開放的な(vorspringend-befreiend)顧慮」である。前者は、本来他人が自分自身において気遣うべきことを、代わりに引き受けて気遣うことであり、たいていの場合は、他人の代わりにものへの配慮的な気遣いをすることである。後者は、他人からその人自身の気遣いを取り払うのではなく、その人が自ら気遣いとして生きること、すなわち実存として存在できるように手本を示すことである(Heidegger 1993/1960, S. 122/207-208 頁)。

保育者が子どものためになす、ものへの配慮的な気遣いは「尽力的な顧慮」にあたるのだが、それが行きすぎてしまうと、子どもは保育者に支配されることになり、実存としての存在可能を奪われ、ただ単に用意された環境により制限付けられた可能性の中にのみ留まる在り方をすることになる。一方、「垂範的な顧慮」は、子ども自身の行動や在り方の可能性を開く援助であり、子ども自身の実存の可能性を支える援助である。

例えば、【場面51】において、Ym先生は私に「こんにちは」と挨拶した。それは、子どもたち自身が初めて出会った他者との関係を結んでいく可能性を開く援助である。Ym先生は自ら行動することにより、子どもたちに在り方の手本を示したのである。また、Da男に対してなした援助も同質である。Ym先生はDa男に「榎沢先生にも食べさせてあげたら」と言葉で促した。この時、Ym先生は自らの行動で手本を示したのではないが、言葉によってDa男の実存としての可能性を開いたのである。

このように、保育者は子ども自身が自らの行動や在り方を変えていけるような垂範的―開放的な顧慮をもしているのである。保育者は子どもへの顧慮的な気遣いとして、尽力的な顧慮と垂範的な顧慮をなしているのだが、ハイデガーもその両者を極端な可能性と言っているように、現実には、保育者はこの両者が結びついた仕方で顧慮的な気遣いをなしているのである。

このように、保育者は「気遣いの在り方」をしている。その気遣いは、自分自身が保育者であろうとすることに発する気遣いである。保育者であろうとすることは「子どもの充実した生活を支えようとすること」であるし、究極的には「子ども自身の発達を支えようとすること」である。したがって、保育者のなす気遣いは、単に自分自身の活動目的のためだけに限定されるような配慮的な気遣いにはならない。保育的状況を生きる保育者にとっては、共同存在としての子どもの存在が絶えず問題となっているのである。保育者は子どもが現前していようがいまいが、常に子どもとともにいるのである。それ故、保育者の気遣いは「子どもの存在可能のため」という顧慮的な気遣いなのである。それが究極的には、「保育者自身の存在可能のため」の気遣いになるのである。

以上のように、保育者は「遊ぶ在り方」をする一方で、「目的遂行の在り方」ないし「気遣いの在り方」をしている。遊ぶ在り方は現在の戯れに身を投じることであるのに対して、目的遂行の在り方は戯れから身を引き、未来へと先駆けていくことである故に、基本的に両者は相反する在り方である。だが、保育者はこの相反する両義的な在り方をしているのである。

ところで、私は先に、「保育者は子どもとともに・子どもの許にあろうとしている」と述べた。この「子どもの許にある」ということは、一方では、子どもの遊びに参与し、遊びの世界をともに生きようとすることを意味している。それ故、保育者は容易に子どもと「遊び相手同士の関係」になるのである。他方で、「子どもの許にある」ということは、子どもに対して顧慮的な気遣いを働かせているということを意味している。子どもの遊びに参与しようとすることにおいても、子どもに対して顧慮的な気遣いを働かせることにおいても、子どもの身体と保育者の身体の間の物理的な距離の大小は本質的問題にはならない。「子どもの許にある」ということは、子どもの存在が生成しているところへと、保育者が自分自身の存在を投げ出していることなのである。すなわち、保育者が子どもへと絶えず実践的な関心を向けているということなのである。そして、この「子どもの許にあろうとすること」が、遊ぶ在り方と目的遂行の在り方という相反する在り方を結びつけ、保育者の両義的な在り方を生み出しているのである。

## 二　不確定性を生きる不安な在り方と確定性を生きる安堵した在り方

第1章で考察したように、保育者はそれ自体で保育者として存在できるわけではない。役割存在を規定し合う子どもとの関係の生成において、保育者は初めて保育者として存在するのである。したがって、本来、保育者であろうとする者は、自分自身が保育者として生成しうるか否かを気遣わざるをえない。すなわち、保育者であろうとする者は常に自己が保育者として生成しうるか否かという不確定性を生きることになる。それは保育者であろうとする者にとって、自己の存在可能についての不安を感じさせることになる。経験を積んだ保育者であっても、新年度に新たに子どもたちを迎え入れる時には、この不確定性に直面することになる。子どもと自分の関係に対して敏感な保育者であれば、この不確定性を強く感じ、子どもに対して無頓着に接することはできなくなる。

例えば、【場面51】（園庭で新入園の三歳児たちと私が遊ぶ）は新年度早々の時期で、新入園の三歳児たちと私が初めて関わった場面である。この場面では、私は砂場で遊んでいる子どもたちに近づき、黙ってしゃがんだ。この私の行動には、子どもたちへの私の気遣いが働いていたことは事実である。しかし、それのみには尽きない。私は、子どもたちが私にどのように応じてくれるのかを強く意識していた。もしかしたら、子どもたちは私を無視するかも知れないのである。すなわち、私は自己の保育者としての存在が可能か否かわからないという不確定性を生きていたのである。この自己の存在についての不安が、私に静かな行動をさせたのである。私は不安を生きつつ、なおかつ保育者であろうとして子どもたちに近づいた。それは、私が保育者としての存在の生成を賭けたということである。すなわち、保育者であろうとする者は、自己の存在についての不安を生きつつも自己の存在を子どもたちに賭けるという生き方をするのである。子どもがその賭けを引き受けてくれた時に、保育者は不安から解放され、安堵の内に生き生きと存在できるのである。Ym先生の手助けにより子どもたちと挨拶を交わし合った後の私は、子どもたちと自由に関わるようになった。それは私が保育者として生成し、不安から解放されたからなのである。

このように、保育者が新入園の子どもたちに初めて接する場合には、不確定性を生きる保育者の不安が最も明瞭に顕在化してくるのである。保育者が子どもたちと慣れ親しみ、保育が日常化していくことで、不確定性は保育者自身においても意識されなくなっていく。しかし、不確定性は日常的な保育においても決して消滅しているわけではない。それは潜在化しているだけであり、時おりその存在を仄めかすのである。

【場面51】において、私が三歳児のクラスに行った時には、子どもたちとYm先生は保育室前の庭で楽しそうに遊んでいた。彼らに遅れてそこに行った私には、園庭のその空間は、「既に子どもたちにより所有されている」と感じられた。そこはいまだ「私自身の空間」ではなかった。私が子どもたちの一員としてそこに住み着き、そこを私自身の空間とするまでは、私はそこに安んじて存在することはできないのである。自分の存在が定まらない居心地の悪さを感じてしまうのである。これと同じことが、日常の保育においても生じうる。子どもたちにより所有されている空間に、保育者が後から入っていく場合には、一時的にもせよ保育者がそこを「他者の空間」として体験してしまうことが起こりうる。その時、保育者は自己の存在の不確定性を垣間見るのである。通常は、不確定性が垣間見られた次の瞬間には見えなくなっていくのである。それ故、保育者は自己の存在が不確定になったことを忘却してしまうのである。しかし、少なくとも、保育者がその日初めて子どもと接するまでは、保育者としての存在は不確定なのであり、日々、自己の存在の不確定性に触れているのである。

津守は、自分自身が実践者として子どもたちと関わった経験から、「前日まで継続して子どもと接していても、朝、その同じ子どもと出会うとき、子どもも私も、今日は昨日とは違う新たな存在である」と述べ、保育者は「きょう新たに子どもと出会う」と言う（津守　一九八七、一五八頁）。この言葉で津守が言おうとしていることは、子どもと保育者は毎日新たな存在となっていくのだから、保育者は毎日新たな気持ちで子どもと出会い、改めてお互いに心を通い合わせる関係を作らなければならない、ということである。これは、明言されてはいないが、保育者は日々子どもとの間に改めて「子ども—保育者関係」を取り結ぶということに他ならない。保育者が「新たに子どもと出会おう」と意識して子どもの前に立つということは、子どもと出会うことによって初めて「子ども—保育者関係」が生成するということを非措定的に意識しているということである。それ故、「子ども—保育者関係」を取り結ぶまでは、保育者は自己が保育者として生成していない事態に暗々裏に耐えることになるのである。その意味で、保育者は、日々、自己の存在の不確定性に触れる体験をしているのである。

保育者は、本来的には、自己の存在の不確定性に発する不安を生きざるをえない。この不安から解放されるのは、保育者が保育者として生成する時である。この時、保育者は保育者としての自己の存在が確定された安堵に浸ることができる。すなわち、保育者として存在することは、「保育者存在への投企が絶えず充実し続ける」という安堵の内に生きることなのである。

この安堵は、本来、保育者存在が不確定である故に生じるものである。それ故、保育者として存在することにとって不確定性は重要な契機である。しかし、日常的には保育者はこの不確定性に囚われて生きることはない。通常、日常化した保育においては、保育者が微かに不確定性を感じたとしても、子どもと保育者が何気なくまなざしを向けあった瞬間に、いとも容易に「子ども—保育者関係」が生成してしまう。そして、保育者は自己の存在の確定性という安堵の内に生きることになり、本来は自己の存在が不確定であることを忘却してしまう(4)。すなわち、保育者は安堵の内に生きることに慣れてしまうことで、本来的には感じるはずの不安を感じなくなり、自己の存在の確定性を素朴に信じるようになるのである。

例えば、【場面49】（保育室に私を迎え入れてくれた子どもたちと私がいろいろな遊びをする）において、私は四歳児の保育室に入っていった。それは、前日にそのクラスの子どもたちと縄跳びをして遊び、彼らが「あしたもなわとびしてね」と私に言ったからである。すなわち、この日、私は「子どもたちが再び縄跳び遊びに私を誘わないにしても、昨日一緒に遊んで親しい関係になったのだから、私を積極的に受け入れてくれるだろう」というような期待を抱いていたのである。それ故、私は「今日も四歳児クラスに入ろう」と最初から意志が固まっていたのである。この私の姿勢は、「一度子どもたちと親しく関わった以上は、私は子どもたちにとって特別な際立つ存在・自ら関わりたくなる存在であるに違いない」という素朴な確信が私の中に存在していることを示している。言い換えれば、一度生じた「親しい関係」「子ども—保育者関係」が今も存続していることを素朴に信じているのである。だが、この確信は私がそう思い込んでいるだけであり、確定しているわけではない。本来的には、それは不確定である。しかし、実際には私の期待は、私に対する子どもたちの笑顔と呼び声により充実し、私は自分の確信が正しいことを確認した。こうして、私は子どもたちと私の関係が存続していること、すなわち、私が保育者であることが既に確定していることをますます信じるようになるのである。

このように、保育者は自分と子どもたちとの間に「親しい関係」「子ども—保育者関係」が常時存続していることを素朴に信じているのである。すなわち、保育者は「自分自身が保育者であること」が確定的事実であると思い込んでいるのである。そのような確定性を生きている故に、日々、保育者は不安に駆られることなく、安堵して子どもたちに関わっていくことができるのである。だが、実はそれは保育者の誤認であり、確定性の根底には絶えずそれを揺るがす不確定性が横たわっているのである。保育者存在の確定性は、役割存在としての保育者存在への投企が絶えず充実し続けるかぎりにおいて保証されているのである。そして、その投企の充実が実現しているかぎりにおいて、保育者は真に安堵することができるのである。

日常化した保育においては、保育者は安堵の内に存在している。本来、保育者はそれ自体で保育者として存在できるのではなく、その存在可能は子どもに賭けられている。それ故、本来的に保育者の存在は不確定であり、不安を孕んでいる。ところが、安堵の内に生きることに慣れてしまった保育者は、本来的に自己の存在に孕まれている不安を忘却してしまう。それは、自己の存在の根拠（子どもとの関係の内に保育者は存在しうること）を忘却してしまうことなのである。すなわち、自己の保育者存在を物象化し、それ自体で自存しようとすることなのである。しかし、日常性に埋没させられた保育者の存在の不確定性は決して消滅してしまうことはない。日常的な子どもとの関わりにおいて、この不確定性は時おりその存在を仄めかしてくるし、時には明瞭に自己主張してくる。日常性においても、保育者は自己の存在の不確定性に触れる体験を繰り返しているのである。その意味で、不確定性は顕在化していなくても、常に潜在的に存在していると言える。したがって、保育者は自己の存在の確定性を生きながらも、潜在的に自己の存在の不確定性を生きているのである。

## 三　子どもの在り方の感知と自己の在り方の非措定的感知

保育者は保育者であろうとするかぎり、常に子どもの許に存在し子どもに意識を向けている。保育者の意識が向けられている子どもとは「物体」としての子どもの肉体ではない。また、「物体」としての肉体の動きでもない。保育者の意識が向けられているのは子どもの意識であり、そこに子ども自身の存在が生成しているありよう、すなわち子どもの存在様態・在り方である。保育者が子どもの在り方に常に意識を向けているというのは、子どもの在り方を観察の対象として客観的に認識しているということではなく、「子どもの許にあること」において、絶えずそこに生成し続けている子どもの在り方に保育者自身の身体が触れるというような仕方で感知しているということである。保育者が子どもの在り方に対して特に敏感になるのは、入園当初の子どもたちに対してである。そこで、次の場面を取り上げて保育者の在り方を考察しよう。

### 【場面52】三歳児の保育室で私が製作中の三人の子どもと関わる

新年度が始まり、私は今日初めて三歳児のクラスに入る。少し緊張していた。入り口の側のテーブルでは三人の子どもが紙で製作をしている。その隣の畳のコーナーでは、二人の子どもが粘土で遊んでいる。園庭に面した広い場所では数人の子どもが、また別の場所では大型積み木で遊んでいる子どももいる。担任のYm先生は園庭の子どもたちの相手をしている。室内では、補助のSn先生が製作と粘土遊びをしている子どもたちについている。

私は姿勢を低くして、にこやかに「こんにちは」と静かな声で言いながら、保育室に入る。Sn先生が笑顔を返してくれる。私は、まず、テーブルの近くにひざまずき、棚に両肘を付いて、製作中の三人の子どもたちを見守る。私と向き合う位置にK子とSt子、私に背を向けてHa男がいる。二人の女児は静かで、私を見るが、少し気後れしている様子。Ha男は元気がよく、おしゃべりしながら製作している。私がさらに近づいてテーブルの前まで行くと、Ha男は積極的に私に話しかけてくる。「せんせい、だれ?」と聞くので、私は「先生は、榎沢先生って言うんだよ」と答える。Ha男は画用紙を鋏で切ったり、それにビニールテープを貼ったりしている。K子とSt子は、それぞれ折り紙を折り、それにテープを貼ったりしている。三人とも交流があるわけではなく、それぞれが製作をしている。私は、特におとなしい二人の女児に注意が向く。私は終始にこやかな表情を二人に向け続ける。K子が小さな声で「はい」と言って、自分の作った作品を私に差し出す。私は「わっ、すてきなのができたね。Kちゃん上手だね」と応える。「先生も作ってみたいな。Kちゃん教えてくれる？」と頼むと、K子はうなずき、紙を折り始める。私は「どうやるの？」と聞きつつ、K子の真似をして折る。その間も、私の隣で製作しているHa男が「～レンジャー」などと私に話しかけてくる。私は彼に「ほんと。レンジャーって強いの？」などと応じる。私はHa男の相手をしながらも、意識的にK子に話しかける。「Kちゃんもうできちゃったの。今度は切るんだね」と言うと、K子はうなずく。St子はK子よりももっとおとなしい。K子の隣で私とK子のやりとりを見ているが、私に働きかけてはこない。でも、私に視線を向けてくるので、私に関心はある。そこで私は「Stちゃんは何作ったの？」と聞く。St子は無言で私に作品を見せてくれる。私は「わー、Stちゃんもすてきなの作ったね。飾っておきたいね」と言う。St子は返事はしないが、確実に私に意識を向けている。そして、自分のペースで製作を続けていく。私が「先生もStちゃんみたいの作ってみよう。こうやって折るの？」と聞くと、St子はうなずいて応える。一方、K子は折った紙を私に差し出し、「うちわ」と言う。私は「ほんとだ。うちわだ。先生も作ろう」と応じる。K子は笑顔にはならないが、積極的に私に働きかけてくる。そして、ついに自分の作った財布を「あげる」と言って差し出す。私は「わっ。嬉しいな。ありがとう」と応える。すると、それまで自分の方から私に働きかけてこなかったSt子が自分の作品を「あげる」と言って差し出す。K子が私に「カブトムシのバッチをカバンにつけてきたの」と言うので、私は「ほんと。見せて」と応じる。そしてSt子に「Kちゃん、カブトムシのバッチを鞄につけてあるんだって」と言う。すると、それまでとは打って変わって、St子は勢いよく顔を上げ「えっ！」と驚いたような声を出す。興味津々の様子。そして、急に動作が活発になる。私は「Kちゃんがカブトムシ見せてくれるんだって。行ってみよう」とSt子を促す。それを聞いて、他の男児も加わり、みんなで廊下に見にいく。

この場面において、私は新年度が始まったばかりの日に三歳児の保育室に入った。そして、それぞれ何らかの活動をしている子どもたちの中で、テーブルで製作をしているK子、St子、Ha男の側に行った。それは、他の子どもたちは比較的活動的に遊んでいるのに対して、この三人は静かに過ごしており、三人の在り方が気になったからである。私は保育者として彼らの許にいようとしたのだが、この時私は彼ら一人一人の在り方に対して細心の注意を向けていた。そして、それぞれの在り方に即して応答し、働きかけていた。

まず、私はK子とSt子に「静かで、かつ、見知らぬ私に対して気後れしている感じ」を受けた。すなわち、私は二人に「緊張している在り方」を感じたのである。一方、Ha男は自分から私に話しかけてきたし、おしゃべりしながら製作していた。それ故、私は彼に対しては「少しの気後れもない積極的な在り方」を感じた。そこで、私は緊張しているように感じられるK子とSt子に対してもう少し寛げるように接しようと思い、私の方からあまり強く働きかけずに見守るようにした。すると、K子は自分の作品を私に差し出すなど、自ら私に働きかけるようになった。その様子に、私は彼女の「私と関わろうとする意欲」とともに「寛いできた在り方」を感じた。そして、私の方からも彼女に話しかけるというように、働きかけるようになった。その一方では、同時に私はSt子の在り方を感じていた。St子はまだ自ら私に働きかけることはできないようだが、私への関心は強まってきているようだった。私はSt子の在り方を、「まだ気後れし消極的ではあるが、私への関心が強まりつつある」と感じていたのである。そこで、私は、私の方から働きかけることがSt子が私に関わるきっかけになるだろうと思い、話しかけた。その結果、緊張は十分には解けないものの、St子は自ら作品を私に見せ、言葉に出して教えるというように、私に対して積極的になっていった。

このように、入園したばかりの三歳児は、当初は打ち解けていない緊張した在り方をしやすい。それ故、保育者は彼らに関わる時には自ずから彼ら一人一人の在り方に注意が向き、それを敏感に感じ取り、子ども一人一人の在り方に応じた関わり方をしようとする。そして、子どもたちの在り方が次第に打ち解けた寛いだ在り方・積極的な在り方へと変容していくように関わるのである。

保育者の子どもの在り方の感知は、入園当初のような特別な場合にのみ働くわけではない。もちろん、そのような場合には、「注意を向ける」というように能動的な意識の作用が働いてくる。このような「能動的に感じ取る」というような仕方で子どもの在り方を感じ取ることは、日常化した保育においては減少していく。しかしながら、保育者は子どもの許にある時には、常に暗々裏に子どもの在り方を感知しており、時には能動的に注意を向けるという仕方で子どもの在り方を感じ取ることもしているのである。日常化している子どもとの関わりの場合として、次の場面を見よう。

【場面53】四歳児の保育室で子どもたちと私が七夕飾りを作る

先ほど少し関わったYk男と再び廊下で出会い、彼と一緒に四歳児クラスに入る。保育室では子どもたちがいろいろな活動をしている。部屋の中央には、床に広げた大きな紙に七夕祭りのプログラムを書いている子どもたちがいる。そのすぐ脇には、脚をたたんだテーブルで七夕の飾りを作っている子が数人いる。

私が入っていくと、即座に子どもたちが何人か関わってくる。私は彼らに応じながら、七夕飾りを作っているところに行く。子どもたちは作った飾りを見せてくれる。私が提灯を「これはタコでしょう」と言うと、子どもたちは口をそろえて「ちがう」と答える。さらに私が「こうするとタコの口でしょう」と言って、提灯を口に当ててみせると、子どもたちは笑ったり、「ちょうちん」と私に教えたりする。Yk男も提灯を私に見せるので、「これ、Ykちゃんが作ったの？」と聞くと、「うん」と答える。「先生も作ってみようかな。Ykちゃん教えてくれる？」と頼むと、「うん」とうなずいて教え始める。一緒に作っている子どもたちが私に教えてくれる。私は子どもたちに教えてもらいながら手伝うというように関わる。いつの間にか、Yk男は他の場所に遊びに行ってしまう。

そうやって子どもたちと関わっていると、Ay子が私を見つけてやってきて、「なにしてるの?」と聞く。「先生、提灯作っているんだよ」と答えると、自分も作り出す。Ay子は意欲的に作る。上手くできないところは私が手伝ってやる。Yk子がいまだ友達と遊んでいない様子でやって来たので、私が「Ykちゃん、おはよう」と声をかけると、Yk子はそのまま私の許に来て、自然に抱きついてくる。私は彼女を抱き寄せるようにする。Yk子はみんながしている提灯作りを見て、「わたしもつくりたい」と繰り返し言う。私が「作っていいんだよ」と言うと、Yk子は私の隣に座る。しかし、作り方がわからないらしく、「どうするの?」と聞いてくる。私が「折り紙の線を引いてあるところを鋏で切ればいいんだよ」と教えてやると、自分の道具箱から鋏を持ってきて作り始める。Yk子は私に聞きながら提灯作りに取り組む。一方、Ay子は積極的に自分で作っていく。上手くできないところだけ「せんせい、これきって」などと頼む。作り終わると、持っていた空き缶を「せんせい、これあずかってて」と言って、他の場所に遊びに行く。Yk子はAy子に比べると、かなり私に依存しながら製作する。何とかできあがると、自分の道具棚に行って、なにやら探している。私の許に戻ってきて「カスタネットがない」と言うので、一緒に行って調べてやる。「お友達のカスタネットもないから、なくてもいいんじゃない」と言ってやるが、Yk子は心配そうな様子。

そうこうしているうちに七夕コンサート(母親のコーラスグループが行う)の時間になり、Nr先生が子どもたちに片付けるように言う。Yk子は自分の母親も来るのかと私に聞く。私は「Ykちゃんのお母さんもきっと来るよ」と答える。Yk子は急に母恋しくなったようで、私にもたれてしきりに母親を気にしだす。そして、「Yk、せんせいといっしょにいく」と言ったりする。私は「一緒に行こうね」と応える。

この場面は七月であり、子どもたちと私は十分に慣れ親しんでおり、私にとってもこのクラスの子どもたちと関わることは慣れたことになっている。したがって、保育者としての私は子どもたちに対して日常化された関わりをしていると言える。

四歳児の保育室では子どもたちは既にいろいろな活動をしており、保育室に入った瞬間に、私は活動的な雰囲気を感じた。それは子どもたちの在り方が活動的であるということである。子どもたちの「活動性」「他者への積極性」を彼らの行動に感じる故に、私は彼らの働きかけに対して少しの逡巡もなく、気楽に応答した。子どもたちは次々と私に関わってくるのであり、そういう子どもたち一人一人に対して、私は能動的な注意を向けることはしなかった。私は子どもたちの活動的な在り方を直感的に感じ取る中で、いわば反射的に応答したのである。

そのように子どもたちと関わっているところに、Ay子とYk子がやってきた。私はYk子が私の許に来て抱きつくという行動をした時には、既に彼女の在り方が他の子どもたちと全く異なった「依存的で心許ない在り方」であることを直感した。この直感は、最初からことさらYk子に能動的な注意を向けていた故に可能になったのではない。Yk子の様子が私の視野に入っただけで、また、何らかの相互的な応答が二人の間に生じただけで、私は彼女の在り方が他の子どもたちとは異なることを直感したのである。

Ay子とYk子は私の許で製作を始め、私はこの二人に注意を向けて関わることになった。Yk子が依存的であると直感した時から、私はYk子の在り方に能動的な注意を向け、彼女の在り方を敏感に感じつつ関わるようになった。それはYk子の在り方が気になったからである。同時に私はAy子には積極的な在り方を感じつつ応答した。

このように、日常化した保育において、保育者はことさら子どもの在り方に能動的な注意を向け続けているわけではないが、子どもの在り方は保育者の暗黙の関心事となっている。すなわち、保育者の中で、絶えず子どもの在り方への潜在的な関心が働いているのである。それ故、保育者は常に直感的に子どもの在り方を感知しているのである。そして、直感的に感知された子どもの在り方が気になる時には、保育者はさらに能動的な注意を向け、子どもの在り方を能動的に感知するのである。

このような保育者による子どもの在り方の感知は保育者の実践的態度の許で、すなわち、保育者が子どもとの相互的な応答に身を置くことで、それと一体となって生起しているものである。保育者は子どもとの関わりを断ちきった観照的態度において、子どもの在り方を把握しているのではない。そのような把握は子どもの在り方を理性の対象とすることである。保育者は子どもの許にあろうとすることにおいて、子どもを理性の対象にすることはない。保育者が子どもの許にあろうとすることにより、子どもの存在は保育者の許に生成する。保育者は自分の許に生成してくる子どもの在り方を、自己の身体において感知するのである。

ところで、保育者は子どもの在り方を感知しつつ、自分自身の在り方をもある意味では感知していると言える。前項で考察したように、保育者とは常に自分自身の存在（保育者としての存在可能）を問題にしている存在である。その問題の仕方は、自己の存在を主題化するという仕方ではなく、暗々裏に、すなわち「非措定的に」という仕方である。私が存在するのは、常にある在り方において存在するのであるから、私が自己の在り方を非措定的に問題にすることは、私が自己の在り方を非措定的に感知することと不可分である。保育者は保育者であろうとしているかぎり、常に自己の在り方を非措定的に感知するという仕方で、その在り方を問題にし続けているのである。

【場面52】（三歳児の保育室で私が製作中の三人の子どもと関わる）において、新入園の三歳児たちに接しようとした私は、彼らの「緊張した在り方」を感じる故に、努めて「控えめな、積極性を抑制した在り方」をした。そして、二人の女児の在り方が「寛いだ積極的な在り方」へと変容することに即して、私も徐々に「積極的な在り方」に変わっていった。そして、私の具体的な働きかけが、二人の女児の在り方に合わせて、慎重になされたことからわかるように、私の在り方の変容は意識的になされていった面が強い。私がある程度意識的に自分の在り方を変容させることができるのは、私が自分の在り方を主題化していなくとも、常に自分の在り方に気付いているからである。

慣れ親しんでいる子どもたちとの関わりの場面である【場面53】においては、子どもたちの在り方は「積極的で活動的な在り方」であった。私自身の在り方も、最初から子どもたちと同じような在り方であった。すなわち、私は自分の在り方を意識的に子どもたちの在り方に合わせようとするのではなく、子どもたちとの身体的同調に身を任せ、同じ在り方に浸っていたのである。それ故、私は慎重にではなく、気楽に子どもたちに応答していたのである。気楽さに身を任せていた私は、この時、自分の在り方をほとんど問題にしてはいなかったように思われる。

ところが、他の子どもたちとは異なった「依存的な在り方」のYk子が現れたことで、私の在り方はそれまでとは異なるものになった。私はYk子に対しては、「積極性を抑制した在り方」で接したのである。この時、私はやはり自分の在り方をある程度意識的にYk子に合わせていた。私が自分の在り方を子どもに合わせて微妙に変化させることができたということは、身体的同調に身を任せて子どもたちと同じ在り方に浸っていた時においても、私は自分の在り方を非措定的に感知していたということを意味しているのである。

このように、保育者は自己の在り方を子どもの在り方に即して変化させる時でも、子どもと同じ在り方の内に浸っている時でも、常に自己の在り方を感知しているのである。その感知の仕方は、自己の在り方自体に注目しているわけではない故、非措定的な仕方なのである。

また、私自身の体験相に立脚してみると、子どもたちの前にいる私は、自分の存在・自分の在り方が子どもたちにどう感じられているのかを意識していた。言わば、子どもの在り方の内に自己の在り方を見取っていたのである。すなわち、子どもの許にいる保育者は、自己の在り方が子どもにどう感じられているのかを意識するという仕方で自己の在り方を意識しているのである。それは、保育者自身の在り方が子どもの在り方により常に反照されているということである。このように、反照されるという、いわば間接的な仕方で感知されている自己の在り方は非措定的なものである。つまり、保育者の在り方は子どもの在り方に反照されるという仕方で、子どもの在り方に結びついており、その自己の在り方を保育者は非措定的に感知しているのである。

保育者は子どもの在り方に応じて自己の在り方を意識的に変えることができる。それは、根底的に保育者が自己の在り方を常に非措定的に感知しているためである。しかし、その裏腹として、保育者の在り方は子どもの在り方と常に結びついている故に、自ずから子どもの在り方により変えられてしまうことにもなる。すなわち、保育者が子どもの在り方を感知しつつ自己の在り方を非措定的に感知していることにより、能動性と受動性が一体化する仕方で、保育者の在り方の変容が生じるのである。

# 終章　保育者が対話を生きること

ここまで幼稚園における子どもたちと保育者の関わり合いを対話として捉え、その特質や対話における子どもと保育者の生《せい》のありさまを描いてきた。その結果として改めて認識されたことは、我が国の幼稚園教育は実に対話的であり、それ故に子どもたちと保育者は豊かに生きているということである。

ところで、子どもとの対話を生きることは保育者にとっていかなる意味をもつのだろうか。幼稚園は子どもと保育者がともに生きる場であるとともに、保育者による教育活動の場でもある。それ故、保育者は対話の中に子どもとは異なる意味を見いだす可能性がある。そして、それは保育者として生きることに何らかの影響を与えるに違いない。そこで、最後に前章までの探究成果を保育者の立場から捉え直し、保育者にとって子どもと対話することがいかなる意味をもちうるのかを考察することで、本研究のまとめとしたい。

## 一　保育者であることの根源への回帰

第2章の注(1)でも述べたが、廣松渉は「能為的主体の他の能為的主体の期待に応えての行動」(廣松 一九九三、九九頁)を役割行動と規定し、「学知的見地から見て、能期待者の期待に応えての、所期待者の応対的行動という構制が認められるかぎり、当の行動を「役割行動」と呼ぶことにしたい」(廣松 一九九三、一〇〇頁)と言う。すなわち、対面状況での相互的応答を役割行動と考えるのである。そして、「われわれは原理的には「役割行動」の「役柄・部署・地位」への先行性を主張するが、用在世界という〝人生劇場〟における日常的・既成的な場面では殆どありとあらゆる行動が社会学者流に言えばstatus and role（地位と役柄）に応じた役割演技として営まれているのが現実である」（廣松　一九九三、一〇六頁）と言う。すなわち、相互的応答として行われる行動（役割行動）が役柄や部署、地位などに固定化されることで、役割演技が生まれるのであり、日常生活は役割演技で満ちていると言うのである。固定化された行動に関しては私たちは容易に自覚できる。例えば、父親の役割、母親の役割、保育者の役割などというように。廣松は挨拶や食事の仕方なども含め、「人間行動の様式は文化共同体に内属する他人たちによって期待されている行為方式に応ずる役割演技の構制になって」（廣松　一九九三、一〇七頁）いると言う。それに即するなら、保育者は役割演技としての役割行動を取っていると言える。そのことは、保育者をして「保育者として～するべきである」「保育者として～あるべきである」と意識させることになる。これは、序章で述べた物象化の問題である。廣松は、「当為」と「当在」について、次のように論じている

当為的意識というものは、元来は特定主体に対して或る一定の遂行的行為（Handeln）を促迫／禁制する意識なのであるが、所与の舞台的情況で当為的に〝冀求《ききゅう》〟される行為が定常化すると、誰であれ当の一定行為を遂行すべきことから、促迫／禁制の向けられる主体が非人称化・脱人称化されて、もっぱら斯々の行為が当為とされるようになる。更には、主体的行為というよりもむしろ一定の在り方が当為的必然とされ、斯く在るべし《ザイン・ゾレン》という相にまで推及されるに至る。が、当在（Sein-Sollen）はあくまで当為（Tun-Sollen）における行為主体の〝無化〟ならびに行為様式ないし行為所産の〝内自有的相在化〟に因るものであって、元来は、当為から独立的に当在が存立するわけではない。（廣松　一九九三、五九頁）

正義たるべしと謂うのは、正義に適うよう行為すべし、乃至は、実現される事態が正義になるよう行為すべしの謂いとなろう。畢竟するに、当在とは当為の相在化的物象化の機制に俟つもののように看ぜられる。（廣松 一九九三、五九頁）

すなわち、「保育者として〜するべきである」と社会から行為主体に強制されていた当為が繰り返されることにより特定の人格から切り離され、社会に存在するようになり（すなわち、それは行為が物象化されたことに他ならないが）、「保育者として〜あるべきである」という当在が生じるのである。このような当為・当在の意識は、物象化の世界を生きる者の意識なのである。

このように、物象的世界においては、私たちは保育者であるならば社会的に期待された役割行動をすることが当然であると思うようになり、それを実行していれば自分は保育者であると素朴に思うようになるのである。それは、子どもとともに生きることから遊離する可能性をはらんでいる。

一方、「自ずからある在り方をすること」は当在の意識を伴ってはおらず、反省以前の在り方である。すなわち、生成の世界を生きること、他者の生に相即して生きることにより生じる在り方である。保育者は子どもとともに生きている時には、「当在」よりも「自ずからの在り方」の方が優位である。しかし、その反面、保育者は物象化された自己の生（当在）の意識に囚われることも事実である。その意味で、保育者は二重の生き方をしていると言える。つまり、生成の世界と物象的世界を繰り返し生きているのである。

第7章で論じたように、保育者であることは遊ぶ在り方をするとともに目的遂行の在り方をするという、両義性を生きることである。両義性のうち、後者においては保育者は社会的に期待される保育者の役割を意識している。それ故、保育者は常に物象的世界において保育者であることを自明とする生き方をする可能性を有しているのである。保育者であることを自明なこととして生きるということは、自分が真に保育者であるかどうかを不問に付すということである。すなわち、保育者であることの根底を見失っているということである。保育者であることの根底を見ない者は保育者として自存する故に、自己の存在可能を疑うことなく、その世界に安住する。それは、ハイデガーが明らかにした非―自己本来的な生き方であろう。ハイデガーは人間の日常的な存在の仕方について次のように言う。

> 現存在自身が存在するのではなく、他人が現存在からその存在を奪ひ取ったというべきである。他人の御意が現存在の日常的存在諸可能性を左右する。この他人とはそのさい特定の他人ではない。反対に、他人の各自が他人等を代表しうるのである。要はただ、現存在が共同存在であるために測らずも彼自身によりすでに引受けられている、他人等の目立たない支配という点にあるのである。（Heidegger 1993/1960, S. 126/214-215 頁）

日常において私たちは不特定の誰か（世間）に支配され、世間がするように行動しており、世間と同じように振る舞うことに安住しているのである。その意味で、私たちは自分を見失っているのである。この不特定の誰かを、ハイデガーは「das Man（世人）」（Heidegger 1993/1960, S. 113/194 頁）と呼び、そのような自己を見失っている存在の仕方を「非―自己本来性（Uneigentlichkeit）」（Heidegger 1993/1960, S. 128/218 頁）と呼んでいる。ハイデガーに即するなら、日常性を生きる保育者は、世人保育者に自己を同一視し、彼らの意志に支配され、彼らと同じように行動することで、自分が保育者として生きていると思い込んでいると言えるのである。そして、世間の中に自己を見失っている保育者は、本当は自分が何者であるかを問うことはしないのである。

一方、対話においては保育者は単に物象化された役割を遂行しているわけではない。子どもと相互に応答し合うことを通して、その都度、保育者へと生成している。すなわち、対話に生きる保育者は、世人保育者に支配され、世人保育者の意に沿って行動しているのではない。世人保育者から自由になることで自己の存在を問うことのできる主体としての自分を取り戻し、汝である子どもと相互に認め合うことで保育者として自分がいかに生成しつつあるのかを感知し、その喜びと不安を覚える。それは、非―自己本来的に生きることで隠蔽されていた真理(保育者であることの真の意味)を体験することである。特に、その意味は「保育者として存在できるかどうかの不安」において開示される。

生成は消滅(死)と対をなしている。生成の世界においては、自己が保育者であることは確定した事実ではない。保育者であることは生成消滅する出来事である。そのことに気付いた保育者は、「今日、自分は本当に保育者として存在できるか」という不安を覚える。何故なら、生成の世界を生きる保育者は、明日も保育者として生成するためには、今日、消滅しなければならないが、消滅は必ずしも生成を保証するわけではないことを知っているからである。それ故、生成の世界を生きる保育者は、保育者として生成するために覚悟を決めるのである。津守真が「私は子どもたちの中に出てゆくとき、きょうの一日を子どもとともに過ごそうと覚悟をきめる」(津守 一九八七、一一八頁)と言うのは、子どもと過ごす時間は生成消滅する掛け替えのない時間と思っているからに他ならない。まさに津守は生成の世界を生きているのである。

以上のように考えると、保育者が子どもと出会うことを意識して保育に臨むことは本来的な保育者の存在意味を感知していることを意味する。すなわち、子どもと出会うことを心掛ける保育者は、保育者としての自己本来的生き方に開かれているのである。それ故、その保育者は、毎日を自分が新たに生成する契機として受け止め、保育での出来事を新鮮なものとして体験できるのである。

## 二　未決性を生きることによる創造性

ガダマーは、序章で紹介した対話論の中で、経験(Erfahrung)の本質を「否定性(Negativität)」と考え、次のように言う。

真の経験はつにね否定的である。ある対象について経験をするとき、それはわれわれが事柄をこれまで正しく理解しておらず、それがどうなっているかをより正しく知るにいたる、ということを意味する。だから、経験の否定性は独特な意味で生産的な意味をもつ。(Gadamer 1990/2008, S. 359/547 頁)

厳密に言えば、同じ経験に二度と〈遭う〉ことはできない。たしかに、繰り返し確証されるというのは経験の本質に属する。反復によってこそ経験はいわば獲得される。しかし、反復され確証されたものとしては、経験はもはや新たに遭われることはない。(中略)ただ別の予期しないことこそが、経験を所有するそのひとに新しい経験を与える。(Gadamer 1990/2008, S. 359/547 頁)

経験するとはこれまでの認識を否定され、自分のものの見方が変わることなのである。予期された通りのことが生じるだけでは自分が変わることはなく、それは経験とは言えないのである。このことは経験においては未来が確定せず、開かれていることを意味する。それ故、ガダマーは「経験豊かなと呼ばれるひとは、単に多くの経験によって(durch)そうなったというだけでなく、新しい経験に向かって(für)開かれてもいる」(Gadamer 1990/2008, S. 361/550 頁)と述べ、経験が新たな経験に向かっての開放性(Offenheit)をもたらすことを指摘する。そして、経験の開放性は「問い（Frage）」と切り離せないとして、次のように言う。

事態が最初に思ったのとは違っているという認識は、明らかに、「事態はこうなのかそれともああなのか」という問いを経ていることを前提としている。経験の本質に属する開放性（Offenheit）は、論理的に見ると、まさに、こうなのかそれともああなのかという未決性（Offenheit）である。（Gadamer 1990/2008, S. 368/560 頁）

すなわち、対話をする者は新たな経験に向かって常に開かれており、答えを未決の状態にして生きているのである。もしも、問いの答えがわかっているのであれば、それは対話とは言えないし、確定した答えを求める問いは対話的な問いとは言えないのである。子どもと保育者がある事柄（テーマ）をめぐって「ああかも知れないし、こうかも知れない」と考えながら宙づりの状態を生きている時、両者は対話をしている。しかし、保育者が子どもを誘導しようとするなら、対話は成り立たなくなる。何故なら、この時、問いの答えは保育者により決められているからである。子どもと保育者の間に対話が成立していないなら、子どもは「教えられる存在（教育活動の対象）」となっている。子どもは保育者に教えられることにより知らなかったことを知り、知識の量を増やす。そのかぎりにおいて子どもは成長する。しかし、そこまでであり、子どもが経験への開放性を生きることはない。同じことは保育者にも言える。

保育者は子どもと対話をすることにより未決性を生きることもできるが、子どもを教える対象と化することにより既決性に陥ることもある。保育者自身が未決性を生きる時、保育者は新たな経験に対して常に開かれている。それ故、保育者は事柄の新たな意味を発見することができる。それは創造的に生きることであり、自己の世界を新たなものに変容させることなのである。この創造性に関わる事柄として、ガダマーは芸術作品の存在の仕方について次のように言う。

われわれがテクストを理解するときにのみ——少なくともそのテクストの言語に精通しているときにのみ——、テクストはわれわれにとって言語芸術作品たりうるのである。また、例えば、絶対音楽を聴くときでさえ、われわれはそれを〈理解する〉必要がある。そして、われわれがそれを理解するとき、すなわちそれがわれわれに〈明らか〉であるときにのみ、それはわれわれにとって芸術的創造物として存在する。(Gadamer 1990/1986, S. 97/131 頁)

芸術作品とは現前する事物自体のことではない。私たちが他者と対話をする時と同じように、他者としての芸術作品と向き合い、それを理解しようとすることにより、芸術作品として生成するのである。したがって、事物としての芸術作品が理解者の存在と無関係に初めから所有していたものを、理解という方法によってベールを剝がすかのように白日の下にさらすのではない。理解以前には存在していなかったものが理解により生成してくるのである。それ故、ガダマーは芸術作品の本質として「機会性(Okkasionalität)」を重視し、次のように言う。

上演という出来事の中で起きているのは作品そのものである。上演の機会が作品をして語らしめ、作品の中にあるものを出現させるというように〈機会的〉であるのが作品の本質なのである。(中略)

したがって、戯曲や音楽作品の本質には、作品の上演とか演奏は時代が異なり、機会が異なるごとに違ったものであり、違わざるをえないということが含まれている。ところで必要な変更を加えれば、このことは影像芸術作品についてもあてはまることを認識しておく必要がある。影像の場合も、作品は作品それ〈自体で〉存在していて、作用だけがそのつど異なるというのではない。芸術作品そのものが、そのつど異なった条件のもとで異なった現われ方をするものである。（Gadamer 1990/1986, S. 152-153/214 頁）

つまり、芸術作品の意味は確定しているわけではないのである。それは、理解する者との出会いにより、その出会いの新たな光の下で生じてくるのである。芸術作品と理解する者とが出会う機会において芸術作品は新たな意味をもたらす。それ故、芸術作品の意味は絶えず更新されるのである。そのことは、理解する者の立場から言えば、芸術作品との出会いにより、新たな意味を創造し、自分自身が変わることを意味しているのである。

保育者が子どもや出来事を理解することは、そのことにより一つの意味世界が生成するということである。新たな意味の生成は機会が訪れる度に起こる。ガダマーは「芸術作品が、その本来の存在を獲得するのは、それが経験となり、この経験が経験する者を変化させる場合なのである」（Gadamer 1990/1986, S. 108/147 頁）と言うが、子どもの世界をテクストと考えるなら、保育者は子どもと出会う度に、子どもの世界の新たな意味の生成を経験し、自己の世界の創造的変容を被るのである。それは、保育者としての成長でもある。

## 三 より開かれること

自己の世界の創造的変容は保育者がより開かれた存在になることでもある。保育者が子どもと対話をするためには子どもに対して開かれた在り方をする必要がある。その一方で、保育者の在り方は子どもにより支えられ、より開かれたものになる。人を開かれた状態にするものとして、ガダマーは「教養（Bildung）」を取り上げて次のように論じている。

他者に対し、また、自分のとは異なったより普遍的な視点に対して開かれていることこそ、ヘーゲルにならって、われわれが教養の普遍的特徴として挙げたところである。教養には、自分自身に対する節度と距離をわきまえる普遍的な感覚がある。それゆえ、自分を越えて普遍性へと高められるのである。自分自身や自分の私的な諸目的を、距離を保って熟視するということは、実のところ、他人の目で見ることを意味する。

(Gadamer 1990/1986, S. 22-23/23 頁)

すなわち、教養があるということは自分とは異なる他者に対して開かれていることであり、自分自身を他者の目で見られることなのである。そして、教養は個人的な信念や考えではなく、個人を超えて伝えられてきているものであるから、それには普遍的な感覚(allgemeiner Sinn)があるのである。教養を身に付けるとはこのような普遍的な感覚を身に付けることなのである。それ故、教養人は自分を客観的に、普遍的な視点から見る(自分の考えに囚われない)ことができ、固定的な見方をせず、他者の言葉に耳を傾けることができ、物事の普遍的理解へと開かれるのである。そして、教養自体に普遍的な感覚があるのだから、教養人が普遍性へと高められるということは、他者を理解することを通して、その人の教養そのものがさらに普遍的なものになることを意味する。つまり、教養人は絶えず自分をより高い普遍性へと高めていくのであり、より開かれた存在となっていくのである。開在性は、このように、他者を受け入れることにより普遍的な視点に立てることであり、より開かれていくものなのである。

さて、ガダマーはテクスト解釈論の一部として、人文主義的教養の精神科学にとっての重要性を論じているのだが、私たちは教養を「自分とは異なった他者の視点」と読み替えることで、子ども理解が保育者にとってもつ意義を理解することができる。ガダマーは、教養人が開かれた態度で臨む普遍的な視点を「他人ならばもつかもしれぬ視点として想定されるのである」(Gadamer 1990/1986, S. 23/24頁)と説明している。保育者は子どもという他者と対話をする。子どもが普遍的な視点を有しているとは言えないかも知れないが、保育者とは異なる視点を有しているとは言える。そして、教養が私たちにより普遍的な視点を与えてくれ、視野を広げ、自分の視点を自覚できるようにしてくれるように、子どもは保育者の視野を広げ、個人の視点を自覚させてくれるのである。

保育者は子どもとともに生きることを体験する。それは子どもと出会うことである。子どもと出会うことは、子どもを自分とは異なる他者として体験することである。それ故、保育者は子どもとともに生きることを通して、他者である子どもによって、より普遍的な視点へと高められていくのである。保育者がより普遍的な視点に立つことができるようになればなるほど、保育者は子どもに対してより開在的であることが可能になるのである。

ただし、どこかに完璧な普遍的視点が存在し、保育者が段階的にそれに近づいていくわけではない。常により、普遍的になるのである。何故ならば、より普遍的な他者の視点に立つことは、他者の視点が次々に付け加わること(自己に取り入れた他者の視点の数が増加すること)を意味するのではなく、保育者の在り方が普遍性へとより開かれることを意味するからである。その意味で、保育者は子どもとともに生きることを通して、言わば教養人として成長していくのである。

# 注

## 序章

(1) 二〇〇六(平成一八)年に、幼稚園と保育所の両機能をもつ「認定こども園」が創設され、現在では法令上異なる三種類の機関・施設が存在している。

(2) このことに関しては、拙論「保育者の専門性」(榎沢 二〇一六)の中で論じている。明治時代、東京女子師範学校附属幼稚園においては教育を「保育」と呼んでいた。その理由は、幼児は心身一如を生きているので、身体への働きかけ(世話)と心・精神への働きかけ(教育)を同時に行うことができる「保育」こそが幼児期に適切な教育方法であると考えられていたからである。

## 第2章

(1) 廣松によれば、役柄存在としての自己は「他者にとって期待的にある私の対他的な在り方」なのであり、その意味でそれは第一次的に他者に帰属している。それを、私が対自的に整型化し表象する時、「私がそれであるべく私によって投企ent-werfenされる私の在り方」となり、私に帰属するのである。したがって、私は他者を無視して自ら役柄存在になるわけではなく、期待されているように行動することで役柄存在になるのである(廣松 一九七二、一六七―一六九頁)。後に廣松は「役割」と「役柄」を区別し、「役割的行動」を「能為的主体の他の能為的主体の期待に応えての行動を役割的行動と呼ぶ」(廣松 一九九三、九九頁)と定義している。そして「発生論的にも存在構造論的にも、その都度の期待的察知に呼応しての行為、すなわち、われわれの謂う「役割行動」が先件であり、役割的行動の綜合(synthèse sui generis)において「役柄」なるものが覚識される」(廣松 一九九三、一三一頁)と言う。つまり役割が自覚的に認識されることで役柄が生じるのだが、いずれにせよ、それらは対他的な在り方を意味する。本書では、そのような意味で「子ども」「保育者」を「役割存在」と考える。

(2) 竹市は空間を「客観空間」「行為空間」「存在空間」に分けている。「客観空間」とは客観的に観察する構えに応じて眼前に広がる事物の空間であり、「行為空間」は事物の存在性が目的論的指示連関の内で経験される空間である。「存在空間」においては、個体の存在性が「唯一性」において経験される(竹市 一九八五、一六八―一七七頁)。

私は「存在空間」という言葉を、簡単にいえば、「私が存在しうる空間」という意味で用いるのだが、私が存在すると感じるのは、私が事物のように、あるいは目的連関におかれた道具のように存在している時ではない。他者との関係の許に、独自性・唯一性において存在している時である。それ故、「私が存在しうる空間」は竹市の「存在空間」と通じるのである。

## 第3章

(1) このエピソードは、「魚釣りやアリ捕りに興じる子どもたちと筆者のかかわり」のタイトルで、以下の書物に紹介したエピソードの一部である。永井聖二、神長美津子編『子ども社会シリーズ2　幼児教育の世界』学文社、二〇一一年、四三―四四頁。

(2) 教師の意欲が子どもにより高められることは、教育において子どもと教師が対話的な関係にある場合には一般的に言えることである。例えば、藤田幹夫は灰谷健次郎の『兎の眼』を題材に、教師の子ども理解の最終段階として、子どもと教師の相互関係により、子どもの意欲の主体極が「私」から、教師を含めた「私たち」になることを明らかにしている(藤田幹夫「子どもを「わかる」――意欲理解の諸段階」吉田章宏編『教育心理学講座3　授業』朝倉書店、一九八三年、七一―九六頁)。

## 第5章

(1) 他者のまなざしを意識するということは、実際に他者が私を見ている時だけのことではない。それは他者の存在を意識するということ、さらには他者の意識が私に向けられていることを意識するということなのである。それ故、他者が私に背を向けていても、「他者がそこにいる」というだけで私は「見られている」と感じうるのである。

(2) サルトルは、私という主観と他者との具体的な関係として、二つの原初的態度を指摘している。つまり、相手を対象化することで自己の対自性を回復しようとする。他方、「私は、他者から自由というその性格を除き去ることなしに、この自由を取り戻し、この自由を奪い取ろうとこころみることができる」(Sartre 1943/1958, p. 412/314 頁)。私は自己の即自性を自らに引き受け(何故なら、私の存在は他者の現前において可能であるから)自己の存在の根拠になるのである。つまり、私は自己の内に即自性を保持しつつ対自性を回復しようとするのであり、したがって、他者と私はともに対自として存在することになる。

前者の場合、他有化の同時成立はありえない。何故なら、相手が対自である時に私は即自であり、私が対自である時には相手は即自であるからである。一方、後者の場合、「即自性」と「対自としての自由性」の共在、ないし統合が見られる。対面し合う二人の人間の内に、同時に、幾らかの即自性が保たれている状態があるならば、両者の間に、いわば「緩やかな他有化」が同時に生起しうるのではないだろうか。実際に、保育の現実を注視すると、「緩やかな他有化」と呼べる事態が生じ得るように思われるのである。

(3) 明治一五(一八八二)年に生まれ、昭和三〇(一九五五)年に死す。大正六(一九一七)年より、東京女子高等師範学校附属幼稚園の主事を二十数年にわたり務め、幼児教育の普及に努めた。

(4) 現代の解釈学においては、解釈者が自己の先入見の中でテクストを処理するのではなく、テクストからの問いかけに耳を傾け、テクストにより自己の先入見が揺さぶられ否定されることを受容する在り方が重要であると言われる。「相手に譲歩しうる」ということは、「相手により自分の考えが変えられることを受容できる」ということに近い。そういう意味で、「相手に譲歩する態度」は解釈者の在り方に近いと考えられる。

(5) 言分けによる他者理解が重要となる場合として、保育場面の客観的観察が挙げられる。客観的観察者は被観察者と共同感情を共有しない。それ故、被観察者を理解しようとすると、「主体の意図・目的」という視点から分析し、理解せざるを得ない。それ以外の情態感の水準での関わりについては、観察者は実感的に捉えることができないので、単なる推測に終わらざるを得ない。単なる推測の不確かさを避けるなら、情態感の水準での関わりは捨象せざるを得ないのである。共同感情の共有は、このような主知主義的他者理解の限界を超える理解をもたらすのである。

(6) シュッツは、私たちの世界は、いくつもの「限定的な意味領域」から成っており、一つの意味領域にはそれ固有の認知様式があることを論じている(Schütz and Luckmann 1973, p. 23)。それは、すなわち、私たちは一つの世界を生きている時には、その世界で生じる出来事を理解できる状態にある、ということである。そのかぎりでは、私たちはその世界で生じることに対して受け止める用意をしていると言えるだろう。

(7) 中田は、対話における「不意討ち」について考察している(中田 一九九七、一一〇―一一二頁等)。これは、私たちの在り方としての「開放性」の問題である。本稿では、そこまで視野に入れているわけではなく、我々関係にない者と関わりをもつ際の体験として、不意打ちを取り上げている。

(8) この応答が正しいと言うのではない。あくまでも有意義であるということである。子どもの生み出したものに注目し、それを評価することが有意義であることもある。また、保育者自身が子どもたちの遊びに深く関わることや、子どもの不意打ち的な働きかけに対して、遊びへの呼びかけとなる応答をすることはせず、遊びの展開を子どもたちに任せることが有意義であることもある。このように状況により、保育者の応答は異なる。

## 第6章

(1) 先に引用したように、シュミッツは状態感の共有をコミュニケーションの基盤と考えている。また、市川浩は「身分け」という概念を用いて、自・他の分節化以前の認識、すなわち、前意識的レベルの認識から意識的レベルの認識が成立する仕組みを論じている(市川 一九八四、一一―一七頁)。市川によれば、「身体感覚」は前意識的レベルのもので、気分も身体感覚に近い。私たちの言語的理解の根底には、このような前意識的レベル・感性的レベルの認識が一つの「認識・理解」として働いていると考えられるのである。

(2) 鯨岡は、乳幼児と養育者(母親)との相互的応答の場面を数多く観察し、それを「感性的コミュニケーション」として考察している(鯨岡　一九九七)。それらは、対面状況における子どもと保育者の相互的応答が感性的理解と一体のものとして展開していることを示している。

(3)　吉田章宏は、目の前の「この子」の感情と表現を私たちがわかるという事態を考察している。要約すると「わたくしがこの子をわかるのは、わたくしとこの子とのさまざまなかかわり方、関係の中のひとつのあり方にすぎないのであり、例えば、この子を愛している、憎んでいる、馬鹿にしている、この子を育てている、この子に教えているなどの、かかわり方・関係の違いによりわかり方は決まってくる」と言うのである(吉田　一九八七、二七―二九頁)。保育者は、子どもを保育するという関係を生きているのだが、それ以外にも多様な関係が生じてくるし、それとともに理解の仕方が変わり、理解の内容が変わるのである。

(4)　塚本正明は現代の解釈学の問題構制を整理して、解釈学的循環について述べている。現在では、解釈学的循環の問題として、「解釈するもの」と「解釈されるもの」の相互転換性、可逆性が視野に入ってきていると言う。対話における話し手は、語ることにおいて「解釈するもの」でありつつ、同時に、聞き手にとって「解釈されるもの」として現れているという仕方で解釈が展開すると言うのである。言語化が伴わない子どもと保育者の相互的応答においても、このような理解の循環は妥当するだろう(塚本　一九九五、二一八―二二〇頁)。

(5)　津守は「自らも人生の形成(アイデンティティ形成)の途上にある大人が、子ども自身の人生の形成(アイデンティティ形成)を助ける営み」を「保育的関係」と定義している(津守　一九八八)。

(6)　市川浩によると、そもそも認識とは関係の一形態であり、関係を超えた認識などあり得ない。「われわれが世界内存在であるかぎり、身によって世界が、世界との関係によって身が、相互に限定される」のであり、この相互限定という関係のもとで認識が成り立つのである(市川　一九八五、二一六頁)。それ故、「客観的理解」も関係の一形態にすぎないのであり、神による超越的認識のように、他のすべての認識の基準としての特権的地位が与えられるわけではないのである。

(7)　クワントは、「ことばは他のすべての意味形式を考察の対象とすることができ、したがって、それらにあたらしい存在様相をあたえることができるのだ」(Kwant 1965/1972, p. 34/61 頁)と述べて、言葉により生きられた意味の存在の仕方が変わることを指摘している。それは、「すべての意味は言語をつうじて「伝達可能」なものとなる」(Kwant 1965/1972, p. 35/62 頁)ということである。すなわち、生きられた意味が言語化されることで、誰もがそれを扱うことができるように確かな存在となるのである。その意味で、一つの現実が存在にもたらされたのである。

同じように、ボルノウは、「言語は、語られた言葉において現実を創造するのである。それは言い表すという活動において、それ自身、創造的である」(Bollnow 1966/1969, S. 174/215 頁)と述べ、言語により、意味が存在にもたらされ確かなものとなることを指摘している。

(8)　記述したように、ガダマーは、解釈者はテクストの発する問に耳を傾けなければならないと言っていた。また、彼は、テクストと解釈者を対話における パートナーと見なしており、テクストは解釈者を通してのみ自己を表現してくると考えている。そして、それが生じる対話を「解釈学的対話(das hermeneutische Gespräch)」(Gadamer 1960/1984. S. 365/p. 349)と呼んでいる。

(9) 大人が子どもの身体空間の広がりを感知することは、幼稚園だけではなく、小学校などの学校教育の場においても生じていることである。優れた教師は、特にそのことに敏感である。例えば、斎藤喜博は、島小学校の卒業式の時には退場する卒生一人一人の間隔を一〇メートルにしたが、境小学校では一メートルにした。その理由は、島小学校の子どもたちは一人一人の力が前後五メートルずつはおよんでいたのに対し、境小学校の子どもたちは前後二・五メートルくらいずつしか力がおよばず、一〇メートルの間隔をおくと、子どもと子どもの間にむなしい空間ができてしまうからだ、と言う(斎藤 一九六九、一八二頁)。斎藤が言う「子どもの力のおよぶ距離」は身体空間の広がりであると言えよう。

なお、齋藤孝は身体の膨張について興味深い考察をしており、身体の膨張によって捉えられる空間を「触覚的空間」と名付けている。これは、あらゆる知覚において、物理的距離を隔てたものにさえ触れているかのような感覚を感じる空間のことである。齋藤は、そのような空間に子どもと教師が「ともにいる」時(齋藤はそれを「一緒に息をする」とも表現しているが)、互いの身体の膨張を感知することができる、と論じている(齋藤 一九九二、一一〇、一二六頁)。

(10) 廣松は、二者の間で展開される共軛的役割行動も表情性感得の機制に基づいている、と述べている(廣松 一九八九年(a)、一〇一頁)。したがって、共軛的関係にある場合、私たちは他者を知覚すると同時に、その他者の期待に応じるように身体が動いてしまうと言える。

(11) シュミッツは、コミュニケーションにおける身体について考察し、自己の身体と他者の身体は一時的な「統一体」を形成していると指摘し、その統一体を「身体的対話構造を内蔵する全体」とか、「より包括的な身体」とも呼んでいる(シュミッツ 一九八六、六一―六二、六七、一四八頁)。

(12) シュミッツは、より包括的な身体に自己の身体が組み込まれることを「身体的自己移入」と呼んでいる(シュミッツ 一九八六、六二頁)。

(13) 解釈学では、既に漠然とではあるが直観的にわかっていることを「了解(Verstehen)」と言い、それを明瞭に、概念的にわかることを「解釈(Interpretation)」と言う。例えば、ハイデガーは、現存在は自分が存在することにおいて漠然とではあるが存在について了解しており、その了解を解釈することで存在とは何かが解明できるとして、現存在の解釈学として存在論を展開した(Heidegger 1993/1960)。すなわち、了解においては意識の能動的働きは弱いが、解釈においては意識は能動的に働くことになるのである。本章では、「理解」という言葉を用いるが、能動的な意味付与だけではなく、直観的にそのように見えるというような了解的な働きをも含意した広義の意味で用いることにする。むしろ、了解的な働きの方が、実践的に生きる者の理解の常態であると考える。

(14) 木村敏は「主体」「主体性」について、通常の捉え方をかなり拡張した捉え方を提示している。彼は「犬が飼い主を識別して尻尾をふるのも主体的行為だし、アメーバが触手を延ばして食物を摂取するのも主体的行為である」と述べ、「環境の変化にそのつど対応して自分自身を変化させて生きている」ものはすべて主体であると言う(木村一九九二、二九頁)。これは、主体性の座を意識に限定する考え方を大きく超え出ている。さらには、木村は群をなして飛ぶ渡り鳥を例に出して、主体の個別性を超えて、群全体を主体と捉えることができるという(木村　一九九二、三〇―三一頁)。そういう意味で、個体の主体性よりも高次の主体性として「生命的主体性」(木村　一九九二、四七頁)とか「集団的主体性」(木村　一九九二、四八頁)という概念を提示している。そして、メルロ＝ポンティの言う幼児の社会的癒合性もこのような次元での主体性であると言う(木村　一九九二、四七頁)。鳥の群の行動にしろ、幼児の社会的癒合性にしろ、主体を個別的意識の座に置いた意識主体の行動としては捉えがたい。それらは、人間にかぎれば、身体主体の行動と言うのが適切である。身体主体は意識主体が出現するよりも先に、根源的な主体として存在していると考えられる。このように、意識主体よりもより広い領野に現れるのが身体主体と言えるだろう。

(15) そもそも私が援用した解釈学的開在性はガダマーの概念である。ガダマーは解釈者とテクストの関係を考察するために、「遊び」の考察から始めている。そして、遊びの完成した形態として「芸術」を位置付け、芸術作品と解釈者の関係を論じている(Gadamer 1960/1984)。ガダマーは「遊びの運動そのものは、いわばそれを担う基体を欠いたものであり、そこでは遊んでいる主体を確定することはできない」(Gadamer 1960/1984, S. 99/p. 93)とか「遊び本来の主体は、遊ぶ者ではなく、遊びそのものである」(Gadamer 1960/1984, S. 102/pp. 95–96)と述べ、遊ぶ者の主体性の喪失、あるいは遊びと遊ぶ者の一体化を遊びの本質と捉えている。この「遊びと遊ぶ者との関係」が、「芸術と観客の関係」、あるいは「芸術作品と解釈者の関係」として展開されて、「解釈学的開在性」の概念にいたっている。したがって、解釈者の在り方としての開在性は、遊ぶ者の在り方と同質である、ないし遊ぶ者の在り方を基盤にしていると言えるだろう。

(16) キュンメルは、解釈者がテクストと出会うことで「持参された前理解」、すなわち先入見から解放され、初めてテクストを理解する可能性を得るのだ、と述べている。すなわち、解釈の相手であるテクストの存在なしに(テクストとの出会いなしに)解釈者一人で開かれた状態であることはできないということである。私たちが開かれるには相手を必要とするのである(Kümmel 1965/1985, S. 46–47/86–87 頁)。

**第7章**

(1) 西村清和は、遊びには遊びが生じる余地と、その余地の内部であてどなく揺れ動く往還の反復の振りがあるとして、余地を「遊隙」、余地の内部での運動様態を「遊動」と呼んでいる。そして、「遊動」は「算定不能な多義性」であるとしている(西村一九八九、二四―二五頁)。この「遊動」は現象として起きている運動を意味している。私は遊ぶ在り方における保育者の応答は、具体的な行動としてそれが生じる以前から予め多義性の可能性を帯びている、あるいは、行動の生起に先立ってその行動の多義性が予描されていると考えるので、ここでは敢えて、そのことを含意して「ゆとり」「余裕」と言うことにする。

（2）Sorgeの訳語としては、必ずしも確定したものがあるわけではないようである。松尾啓吉は「慮」と訳している。一方、渡辺二郎等は「気遣い」と訳している（渡辺 一九八〇）。本稿では、一般に馴染みのある言葉である「気遣い」を用いたい。

（3）本稿で参照するハイデガーの翻訳書は、松尾のものである。松尾はBesorgenとFürsorgenを「配慮作用」と「顧慮作用」と訳しているが、本稿では、渡辺二郎等の訳語である「配慮的な気遣い」と「顧慮的な気遣い」を用いることにする。

（4）ハイデガーは現存在の日常的な在り方を「非―自己本来性（Uneigentlichkeit）」「頽落（Verfallen）」と規定している。日常的には、現存在は「配慮された『世界』の許にbei存在すること」で、「自己本来的な自己存在可能としての彼自身からは、当初はいつも既に脱落して『世界』に頽落（アプゲファレン）してしまっている」のである（Heidegger 1993/1960. S. 175/298頁）。すなわち、現存在は他の現存在や道具に気遣うことで、自分自身の存在に直面しなくなっているのである（渡辺 一九八〇、六二―六三頁）。役割存在としての保育者は、同じように、日常性（子どもとの関わり）に埋没することで、自分自身の存在がいかに可能であるかを見失っていくと言えるだろう。

# あとがき

最初に本書の構想を考えたのは七年以上前である。その後、何度も構想を練り直し、ようやく出版まで漕ぎ着けることができた。一書を上梓するまでの期間としては、長すぎたのかも知れない。しかし、今振り返ってみると、それも貴重で必要な時間だったと思える。何度も構想を練り直したのは、内容の構成に納得のいかない点があったからである。ある程度納得のいくところまで内容を再考し、吟味することを通して、あたかももやが晴れるかのように私自身の考えが徐々に整理され、明確になってきた。その結果として、私なりの幼児教育の理論を提示することができたと思う。本書の執筆を通して、改めて一つのテーマについて繰り返し考え続けること、歩みが遅くても探究を止めないことの大事さを実感した次第である。

ところで、本書で私は、保育世界は対話の世界であることを示そうとした。しかし、当然のことではあるが、全ての保育者が子どもと対話をしているというわけではない。予め立てた計画に沿って活動を展開させようとしている時には、対話は難しい。時間に追われている時も対話をする余裕はない。現実には、保育者が子どもと対話をしている時もあれば、そうでない時もある、というのが実態である。しかしながら、多くの保育者が子どもとともに生きようとしていることは事実である。そして、そのように生きている保育者は子どもと対話をしているということを、本書では示したかったのである。それ故、本書で示した保育世界は理想の世界ではなく、現実の世界なのである。

幼児教育（保育）の理論に関して、私が強い影響を受けたのは、倉橋惣三先生と津守真先生である。倉橋先生は東京女子高等師範学校（現・お茶の水女子大学）で、津守先生はお茶の水女子大学で教鞭を執られた研究者である。倉橋先生は欧米の科学を学びながらも、独自の幼児教育理論を確立した。そして、津守先生は倉橋先生の幼児教育理論を継承・発展させた。それ故、両者には共通する柱がある。それは、一言で言えば「子どもとともに生きること」である。この保育者の在り方については、現在も多くの保育者が実行しようとしている。すなわち、「子どもとともに生きること」は日本の幼児教育（保育）界においては、幼児教育（保育）の基本となっていると言える。その意味で、日本の幼児教育（保育）の発展に対して、倉橋先生と津守先生は非常に大きな貢献をしたと言える。

私は倉橋先生と津守先生から学んだ「子どもとともに生きる在り方」をもって、実践者としても研究者としても子どもに接してきた。その体験の積み重ねを通して、ともに生きることが子どもと保育者の生を豊かにすることを確信するようになった。そして、ともに生きることが対話に等しいと考えるようになった。改めて、対話の視座から保育世界を見ると、子ども同士、子どもと保育者の間にどれほど豊かな出来事が生じているのか見えてきたのである。本書は、子どもとともに生きる保育世界を対話の視座から描き出すことにより、幼児教育（保育）にとって、子どもとともに生きることがいかに意義深いことであるのかを明らかにしようとしたものである。

私は、倉橋先生以来、日本で発展した幼児教育（保育）理論は時を経ても色褪せてはいないと考える。時代とともに教育の在り方が移り変わることは避けられないことである。その変化はいつでも「改革」とか「改善」などと言われる。しかし、改革は必ずしもよい結果をもたらすとは言えない。逆に、教育の大事な部分を忘却させたり、偏った方向に教育を押し進めるという弊害をもたらすこともある。そのような弊害を避けるためには、改革が声高に叫ばれる時こそ、温故知新が必要であろう。僭越ながら、本書はその役割を果たそうとするものである。そして、「教育とは何か」「幼児教育（保育）において大事にするべきことは何か」という本質的な問題を考えるきっかけを作ろうとするものでもある。私のこの思いに共感してくださる読者のみなさんとともに過去に学びつつ対話をし、幼児教育(保育)の本質について探究できるならば、これに勝る喜びはありません。

最後に、本書の刊行にお力添えいただいた方々に謝意を申しあげたい。この研究が成り立ったのは、私を快く受け入れてくださり、実践と観察の場を提供してくださった教育機関および関係者の方々のお陰である。東京大学名誉教授の吉田章宏先生と中田基昭先生、宮城教育大学の田端健人先生、また淑徳大学元学長の長谷川匡俊先生には論文発表の場を与えていただいた。そして、岩波書店編集部のみなさんのご尽力で本書の刊行が実現した。特に編集部の田中宏幸氏には助言をいただくなど、大変お世話になった。これらの方々に、この場をお借りして心からお礼を申しあげたい。

二〇一八年初秋

榎沢良彦

# 引用文献


麻生建『解釈学』世界書院，1985 年.
市川浩『精神としての身体』勁草書房，1975 年.
市川浩『〈身〉の構造——身体論を超えて』青土社，1984 年.
市川浩「直接的認識と間接的認識」大森荘蔵他編『新・岩波講座　哲学 2　経験・言語・認識』岩波書店，1985 年，205-247 頁.
上川路加奈子「充分に生きる体験——M 夫とのつきあいから」第 42 回日本保育学会研究発表論文集，1989 年，634-635 頁.
榎沢良彦『生きられる保育空間——子どもと保育者の空間体験の解明』学文社，2004 年.
榎沢良彦「保育者の専門性」日本保育学会編『保育学講座 4　保育者を生きる——専門性と養成』東京大学出版会，2016 年，7-25 頁.
加藤繁美『対話的保育カリキュラム〈上〉　理論と構造』ひとなる書房，2007 年.
加藤繁美『対話的保育カリキュラム〈下〉　実践の展開』ひとなる書房，2008 年.
木田元『現象学』岩波書店，1970 年.
木村敏『生命のかたち／かたちの生命』青土社，1992 年.
鯨岡峻『原初的コミュニケーションの諸相』ミネルヴァ書房，1997 年.
倉橋惣三「育ての心」『倉橋惣三選集　第三巻』フレーベル館，1965 年.
斎藤喜博『教育学のすすめ』筑摩書房，1969 年.
齋藤孝「息と空気に関する教師の身体感覚」『学ぶと教えるの現象学研究』四，東京大学教育学部教育方法学研究室，1992 年，105-130 頁.
佐藤公治『対話の中の学びと成長』金子書房，1999 年.
シュミッツ(Schmitz, H.)，小川侃編『身体と感情の現象学』産業図書，1986 年.
竹市明弘「個体の意味」大森荘蔵他編『新・岩波講座　哲学 4　世界と意味』岩波書店，1985 年，159-192 頁.
竹内敏晴『ことばが劈かれるとき』思想の科学社，1975 年.
竹内敏晴『からだが語ることば——α+教師のための身ぶりとことば学』評論社，1982 年.
塚本正明『現代の解釈学的哲学——ディルタイおよびそれ以後の新展開』世界思想社，1995 年.
津守真『子どもの世界をどうみるか——行為とその意味』日本放送出版協会，1987 年.
津守真「愛育養護学校の教育」『発達』No. 36，ミネルヴァ書房，1988 年，2-14 頁.
津守真『保育の一日とその周辺』フレーベル館，1989 年.
ディルタイ(Dilthey, W.)，久野昭訳『解釈学の成立』以文社，1982 年.
永井聖二・神長美津子編『子ども社会シリーズ 2　幼児教育の世界』学文社，2011 年.
中田基昭『教育の現象学——授業を育む子どもたち』川島書店，1996 年.
中田基昭『現象学から授業の世界へ——対話における教師と子どもの生の解明』東京大学出版会，1997 年.
中村雄二郎『臨床の知とは何か』岩波書店，1992 年.

## 引用文献


西村清和『遊びの現象学』勁草書房，1989 年.
野家啓一「言語と実践」大森荘蔵他編『新・岩波講座　哲学 2　経験・言語・認識』岩波書店，1985 年，139-171 頁.
畑山陽子「脳腫瘍の娘から教えられた親の心」『婦人公論』No. 8，中央公論新社，1986 年，210-219 頁.
廣松渉『世界の共同主観的存在構造』勁草書房，1972 年
廣松渉『存在と意味』岩波書店，1982 年.
廣松渉・増山眞緒子『共同主観性の現象学』世界書院，1986 年.
廣松渉『表情』弘文堂，1989 年(a).
廣松渉『身心問題』青土社，1989 年(b).
廣松渉『存在と意味　第二巻』岩波書店，1993 年.
藤田幹夫「子どもを「わかる」――意欲理解の諸段階」吉田章宏編『教育心理学講座 3　授業』朝倉書店，1983 年，71-96 頁.
ボルノー(Bollnow, O. F.)，浜田正秀・島田四郎・福井一光・関口宏道・鈴木甫・倉岡正雄・渡辺康麿訳『教育者の徳について』玉川大学出版部，1982 年.
丸山圭三郎「言語と世界の分節化」大森荘蔵他編『新・岩波講座　哲学 2　経験・言語・認識』岩波書店，1985 年，35-64 頁.
吉田章宏『学ぶと教える――授業の現象学への道』海鳴社，1987 年.
吉田章宏『子どもと出会う』岩波書店，1996 年.
渡辺二郎編『ハイデガー「存在と時間」入門』有斐閣，1980 年.
Bollnow, O. F.; *Die Pädagogische Atmosphäre: Untersuchungen über die gefühlsmäßigen zwischenmenschlichen Voraussetzungen der Erziehung*, Quelle & Meyer, 1964.(森昭・岡田渥美訳『教育を支えるもの――教育関係の人間学的考察』黎明書房，1969 年)
Bollnow, O. F.; *Sprache und Erziehung*, Kohlhammer, W., 1966.(森田孝訳『言語と教育――その人間的考察』川島書店，1969 年)
Buber, M.; *Ich und Du*, 15. Auflage, Gütersloher Verlagshaus, 2010 (1. Auflage, Insel-Verlag, 1923.).(野口啓祐訳『孤独と愛――我と汝の問題』創文社，1958 年)
Dilthey, W.; *Plan der Fortsetzung zum Aufbau der geschichtlichen Welt in den Geisteswissenschaften*, Wilhelm Dilthey Gesammelte Schriften Band 7, B. G. Teubner, 1973.(尾形良助訳『精神科学における歴史的世界の構成』以文社，1981 年，155-293 頁)
Gadamer, H.-G.; *Wahrheit und Methode: Grundzüge einer Philosophischen Hermeneutik*, 1. Auflage, J. C. B. Mohr, 1960. 4. Auflage, J. C. B. Mohr, 1975. 6. Auflage, J. C. B. Mohr, 1990. *Truth and Method*, trans. and edit. by Barden and Cumming, Cross-road, 1984.(轡田収・麻生建・三島憲一・北川東子・我田広之・大石紀一郎訳『真理と方法 I』法政大学出版局，1986 年．轡田收・巻田悦郎訳『真理と方法 II』法政大学出版局，2008 年)
Heidegger, M.; *Sein und Zeit*, 17. Auflage, Niemeyer, 1993 (1. Auflage, 1927).（松尾啓吉訳『存在と時間　上』勁草書房，1960 年．同訳『存在と時間　下』勁草書房，1966 年)
Husserl, E.; *Ideen zu einer reinen Phänomenologie und phänomenologischen Philosophie, 1. Buch: Allgemeine Einführung in die reine Phänomenologie*, Herausgegeben von Walter Biemel, Martinus Nijhoff, 1950.(渡辺二郎訳『イデーン I - I　純粋現象学と現象学的哲

学のための諸構想《イデーン》　第1巻　純粋現象学への全般的序論』みすず書房，1979年）
Kümmel, F.; *Verständnis und Vorverständnis: Subjektive Voraussetzungen und objektiver Anspruch des Verstehens*, Berg-Verlag GmbH, 1965.（松田高志訳『現代解釈学入門——理解と前理解・文化人間学』玉川大学出版部，1985年）
Kwant, R. C.; *Phenomenology of Language*, Duquesne University Press, 1965.（長谷川宏・北川浩治訳『言語の現象学』せりか書房，1972年）
Merleau-Ponty, M.; *Phénoménologie de la Perception*, Gallimard, 1945.（竹内芳郎・小木貞孝訳『知覚の現象学1』みすず書房，1967年．竹内芳郎・木田元・宮本忠雄訳『知覚の現象学2』みすず書房，1974年）
Merleau-Ponty, M.; *Les relations avec autrui chez l'enfant: Les cours de Sorbonne*, Centre de documentation universitaire, 1962.（滝浦静雄・木田元訳『眼と精神』みすず書房，1966年，97-192頁）
Sartre, J.-P.; *L'Être et le Néant: Essai d'ontologie phénoménologique*, Gallimard, 1943.（松浪信三郎訳『存在と無——現象学的存在論の試みⅠ』人文書院，1956年．同訳『存在と無——現象学的存在論の試みⅡ』人文書院，1958年．同訳『存在と無——現象学的存在論の試みⅢ』人文書院，1960年）
Schütz, A.; *Der Sinnhafte Aufbau der Sozialen Welt: Eine Einleitung in die Verstehende Soziologie*, Julius Springer, 1932.（佐藤嘉一訳『社会的世界の意味構成——ヴェーバー社会学の現象学的分析』木鐸社，1982年）
Schütz and Luckmann; *The Structures of the Life-World*, trans. by Zaner and Engelhardt, Jr., Northwestern University Press, 1973.（那須壽監訳『生活世界の構造』筑摩書房，2015年）
van den Berg, J. H.; *A Different Existence: Principles of Phenomenological Psychopathology*, Duquesne University Press, 1972.（早坂泰次郎・田中一彦訳『人間ひとりひとり——現象学的精神病理学入門』現代社，1976年）

榎沢良彦
1954年生まれ．東京大学大学院教育学研究科博士課程単位取得退学(教育学修士)．現在　東京家政大学家政学部児童学科教授(幼児教育学・保育学)．
著書に『新しい時代の幼児教育』(共編著，有斐閣)，『生きられる保育空間──子どもと保育者の空間体験の解明』(学文社)，『岩波講座　教育　変革への展望　3　変容する子どもの関係』(共著，岩波書店)，『倉橋惣三「児童心理」講義録を読み解く』(共著，萌文書林)他．

幼児教育と対話──子どもとともに生きる遊びの世界

2018年12月18日　第1刷発行

著　者　榎沢良彦《えのさわよしひこ》

発行者　岡本　厚

発行所　株式会社　岩波書店
〒101-8002 東京都千代田区一ツ橋 2-5-5
電話案内 03-5210-4000
http://www.iwanami.co.jp/

印刷・精興社　製本・松岳社


ISBN 978-4-00-025473-1　　Printed in Japan